U0113660

千古帝范

唐太宗李世民

纳兰佩鸿◎著

中国文史出版社

图书在版编目（CIP）数据

千古帝范：唐太宗李世民／纳兰佩鸿著．－－北京：
中国文史出版社，2022.12

ISBN 978-7-5205-3936-4

Ⅰ．①千… Ⅱ．①纳… Ⅲ．①李世民（599-649）-
传记 Ⅳ．①K827=421

中国版本图书馆 CIP 数据核字（2022）第 207954 号

责任编辑：刘华夏

出版发行：**中国文史出版社**

社	址：北京市海淀区西八里庄路 69 号 邮编：100142
电	话：010-81136606 81136602 81136603 81136642（发行部）
传	真：010-81136655
印	装：廊坊市海涛印刷有限公司
经	销：全国新华书店
开	本：787×1092 1/16
印	张：21.5
字	数：259 千字
版	次：2023 年 8 月北京第 1 版
印	次：2023 年 8 月第 1 次印刷
定	价：78.00 元

唐朝是我国古代一个辉煌的朝代,文化艺术空前繁荣,国家机构和政治经济制度相对完备,在当时的世界上获得了极高的声望。直至今天,西方国家的语言中,还有以"唐人"称呼中国的习惯。

在唐朝,能算是有作为的皇帝,能被后人称为千古一帝的皇帝,李世民算是一个。

作为大唐王朝最主要的开创者,李世民有诸多可圈可点的非凡经历。十八岁随父起兵,二十六岁平定天下,二十九岁登基成为大唐第二位皇帝。他一生征战无数,先后平定了薛仁杲、刘武周、窦建德、王世充等势力,在唐朝的建立与统一过程中立下了赫赫战功。

李世民是唐高祖李渊的次子,按嫡长子继承制,他与皇帝宝座是无缘的。但因其在反隋建唐的战争中起着领导作用,下一任皇帝似乎又非他莫属。他威望甚高,被哥哥太子李建成和四弟齐王李元吉视为最可怕的政治对手;他感念手足情深,在发动玄武门之变后,亲历兄弟相残、父子相逼,血雨腥风的政治斗争在他内心留下了挥之不去的深刻印记,结下了一个永远解不开的死结。李世民深知皇位来之不易,于是积极听取群臣的意见,对内以文治天下,虚心纳谏,厉行节约,劝课农桑,使百姓能够休养生息,由此国泰民安,开创了中国历史上著名的贞观之治;对外开疆拓土,攻灭东突厥与薛延陀,征服高昌、龟兹、吐谷浑,重创高丽,设立安西四镇,采用怀柔的政治手段处理民族问题，使各民族融洽相处，被尊称为"天可汗"，为后来唐朝一百多年的盛世奠定了重要基础。

李世民似乎在向世人证明，他治国安邦的能力远在李建成和李元吉之上。所以，可以肯定地说，李世民这个皇帝当得不容易，他一方面要承受内心的煎熬，另一方面要勤奋执政，试图洗去玄武门之变的污渍。

开创了贞观盛世，原以为这种心结会随着时间流逝而消失，但政治是无情物，处在政治旋涡中心的皇帝更是不能动情。面对帝位传承的问题，李世民不得不开始诛杀功臣，尽管他与后来的明朝开国皇帝朱元璋不可相提并论，也没有改变他在人们心中的明君形象，但这些情况毕竟是他不愿看到的，这又一次给他留下了心结。而后来的废立太子之争，把他的心结彻底结死。李世民立李承乾为太子，却又宠爱魏王李泰，差一点重演玄武门之变的悲剧。在太子与魏王两败俱伤之际，只好另立懦弱的晋王李治为太子。

历史跟李世民开了一个大玩笑，当年他发动玄武门之变的结果是李渊不愿看到的，而他为自己身后大事所做的精心安排，也没有按照他的意愿发展，但已无力回天。

从起兵反隋到玄武门之变到开创大唐盛世再到晚年的无可奈何，李世民的一生充满了传奇色彩。他开创了任何一个帝王都梦寐以求的时代，同时也演绎了任何一个帝王都不愿演绎的历史。让我们一起走进唐初的刀光剑影，走进贞观盛世的兴盛繁荣，走进李世民的内心深处，领略一代帝王的丰富情感和丰功伟绩。

家世真的不简单

李世民出生在一个官宦家庭，家里有权也有钱，到李世民时，其家族事业已历经数代苦心经营。

从李世民往上数八代，也就是公元四世纪中叶，是中国历史上的十六国时期，有个厉害人物叫李暠（hào）。

这个李暠不简单，他趁中原大乱，率一队人马在敦煌、酒泉一带站稳了脚跟，不但建立了一个西凉国，还自称凉公，也就是历史上的凉武昭王。

他没敢称皇帝，可能是因为实力不够，但敢称公称王，对他们老李家来说就已经非常了不得了。在他之前的先人，只能称臣，没人敢称公称王。

李暠的祖先据说是西汉名将李广。李广的父亲多数人都不知道，但李广的爷爷还是有人知道的，他爷爷叫李伯考。李伯考之父名叫李仲翔，是汉朝初期的一位将军，因为奉朝廷之命讨伐叛羌，一不小心就在素昌（即狄道，在今甘肃临洮，系陇西李氏祖籍）阵亡了，于是李伯考就跑到素昌给他父亲料理后事来了。

李伯考料理完父亲的后事就没回去，不但在素昌定居了，而且广置田产、生儿育女，成了西凉大户，后来就有了李广。

这些事离李世民的年代比较远，还是说回到李暠上来吧。

凉武昭王李暠死后把位置传给了儿子李歆（xīn），但李歆当上凉公后就开始倒霉了。

当时正赶上匈奴比较强大，西凉国被匈奴贵族沮渠蒙逊建立的北凉三下两下就给灭了。李歆在战乱中没跑出去，他的儿子李重（chóng）耳腿快，一溜烟就跑了，算是捡了一条命。

当时东晋已经没了，中国分裂成南北朝，南边正是宋，李重耳就逃亡投奔宋，宋任命其为汝南太守。

跑到宋也不稳定，人家君臣就是客气客气，实际上都不拿李重耳当回事。所以李重耳的日子是相当不好过。

后来北魏攻克豫州，李重耳以城降魏。到北魏以后，他也没实力称公称王，心里只想着能安安稳稳、老老实实地活着就行。但北魏待他还是不错的，任命其为弘农太守。

本来呢，这算是安定下来了，不用被匈奴人追来赶去了，也不用看宋朝人的脸色了，还有个很体面的官当着，日子也算是安逸了。

谁承想呢，宋朝人心里还总惦记着祖国统一大业，派了个叫薛安都的将军北伐，没费多大劲儿就把离宋朝最近的弘农给打下来了，又把李重耳抓走了。后来趁着魏太武帝拓跋焘南伐，李重耳才又跑了回去。

要说北魏皇帝真挺够意思。弘农丢了，不但没治李重耳的罪，还给一个豫州刺史的官当着，让他终于不再到处跑了，彻底稳当了。

李重耳的儿子李熙长大后，当上了金门（在今河南洛宁县南边）

镇将。李熙的儿子李天赐，当上了北魏幢主。

李天赐有三个儿子，其中次子李虎很牛，当上了左仆射（相当于武丞相），后来被封为陇西郡公。这个时候的李虎有官位有兵权，不用像他太爷爷李重耳那样到处跑了，但这回轮到北魏孝武帝跑了。

孝武帝为什么跑呢？是被一个叫高欢的重臣给欺负跑的。

这个高欢很霸道，手里有兵有权，下敢欺平民、上敢欺皇帝，整个北魏被他欺负得鸡犬不宁。孝武帝无奈之下就到关中去了。

但孝武帝比李歆还倒霉，跑出了高欢的魔掌，却没料到身边还有个阴险大将宇文泰，不久就被宇文泰在关中不声不响地给弄死了。

宇文泰搞政变弄死了孝武帝，自己也不好马上当皇帝，就假惺惺地扶持了一个傀儡皇帝元宝炬，开启了被后人称为西魏的朝代。

政变成功，李虎不但成了西魏的开国元勋，还和宇文泰、杨忠及太保李弼、大司马独孤信等人一道加官晋爵，被封为"八大柱国"之一，成了掌管兵权的太尉。

这个时候的老李家，声望和权势与李暠当凉公时比，可以说有过之而无不及。

宇文泰死后，他的侄子宇文护终于把挂在他家门口的那块遮羞布撕掉了，直接把西魏皇帝给踹了下去，拥立宇文泰的儿子宇文觉当了皇帝，建立了周（北周）政权。

宇文护顾念旧情，虽然李虎已经老死了，但觉得他佐周代魏有功，仍然给予极高礼遇，追封李虎为唐国公。后来李虎的儿子李昞（bǐng）承袭了唐国公，封柱国大将军。李昞死后，他七岁的儿子李渊也承袭唐国公。

李渊便是李世民的父亲。由此可见，李世民家世显赫，来历不凡。

外祖母家同样不简单

李世民的祖上都不简单，他外祖母家同样不简单，甚至比他们老李家还厉害，要不也配不上唐国公家世。

李世民的外祖母是北周武帝宇文邕（yōng）的姐姐襄阳长公主，这家世可比唐国公还要显赫。襄阳长公主有个女儿姓窦，就是李世民的母亲。

窦姑娘才貌双全，又聪明伶俐、乖巧可爱，她的舅舅周武帝特别喜欢她，从小就把她带在身边抚养。

窦姑娘也不负皇帝舅舅的厚爱，在很小的时候就曾向舅舅进谏，解决了一个大问题。

窦姑娘的父亲窦毅，是西魏骠骑大将军，豳州（今陕西咸阳彬州市）都督，授上柱国，见女儿"才貌如此"，那是相当满意。也不怪他志得意满，老婆是公主，小舅子是皇帝，女儿又是人中凤女中杰，换谁都得意。

窦毅认为女儿不能轻易嫁人，要嫁也得嫁一个知书达理、独霸一方的人（不可妄以许人，当为求贤夫）。

他为女儿求贤夫的办法也别出心裁，既不搭台抛绣球，也不等人登门提亲，而是在门屏上画两只孔雀，凡是来求婚的人，每人给两支箭，能射中孔雀眼睛的，才允许婚配。

窦家有女初长成，射中雀眼能娶回。这事一传十，十传百，窦家门前很快就聚来几十个小伙儿，都跃跃欲试想把窦姑娘娶回家，却都在射箭的环节上灰头土脸地回去了。

这日下午，李渊来了，只见他飞身下马，健步搭弓，两射两中，立马赢得窦姑娘的芳心、窦毅的放心。

自古美人配英雄。窦姑娘能找得李渊，那也算是豪门对阔户，可谓金玉良缘了。

此时，李渊已经不再靠北周皇室关照了，他有个亲姨夫对他的关照比谁都好。这个亲姨夫不是别人，正是隋朝开国皇帝杨坚。

当年西魏的"八大柱国"中，杨忠是杨坚的父亲，李虎是李渊的爷爷。后来，杨坚和李渊的老爸李昞分别娶了独孤姐妹，于是杨坚就成了李渊的亲姨夫。再后来，杨坚自己当了皇帝，建立了隋朝。

就在这种安逸的生活中，李渊的大儿子李建成、二儿子李世民出生了。后来，三儿子李玄霸（《隋唐演义》里李元霸的原型）、四儿子李元吉也相继出生。让李渊高兴的是，这四个儿子都是窦夫人生的。

看来，李渊在窦家射出的两支箭真是太值了。

窦夫人生的四个儿子，最后长大成人的只有老大李建成、老二李世民和老四李元吉，而且个个都是出手就建功的厉害角色。那个在《隋唐演义》里被列为隋末群雄第一霸、武艺出众、力大无比的李元霸，其实在十六岁就去世了。所以看《隋唐演义》里的李元霸，当故事看就可以了。

第二章　隋朝江山有点难

摁住葫芦起了瓢

大开始的二十几年还不错，杨坚凭借他的节俭和清明的治国政策，把江山打理得顺顺当当，百姓丰衣足食。

但是呢，杨坚能抢别人的天下，别人也就能抢杨坚的天下。这个别人其实不是外人，是杨坚的儿子杨广。

公元 604 年，太子杨广谋杀了其父隋文帝杨坚，自己当了皇帝，是为隋炀帝。

虽然是谋杀，做得比较隐秘，但天底下哪有不透风的墙呢？第一个察觉不对劲的是杨广的五弟杨谅。

当时杨谅是并州（太原附近）总管。文帝在世时曾与杨谅约定暗号，杨广伪造文帝书信召杨谅却没有暗号，杨谅识破杨广阴谋。

情况危急，怎么办？

杨谅思来想去，终是起兵造反了，心想他杨广抢得，我也不能坐以待毙。都是杨坚的儿子，谁头上都没多长犄角、脑子都没少根筋。

但事实证明，杨谅脑子是真少了根筋。

本来，杨谅的"造反事业"开展得不错，各地纷纷响应，一时间兵源充足、战将如云、旌旗猎猎，一路排山倒海、势如破竹，大有直捣京师抢得皇帝宝座的架势。

但不知道他脑子里少了哪根筋，行军至蒲州时开始按兵不动了。

这就让杨广逮着机会了。杨广派出大将杨素统兵镇压，杨谅最终兵败被囚而死。

这边把五弟杨谅摁下去，刚过了几年安稳日子，那边又冒出来个礼部尚书杨玄感起兵造反了。

本来，杨玄感官至礼部尚书，没必要造反。但他就是反了。

杨玄感是谁？杨素的儿子。

杨谅起兵造反，杨广就是派杨素前去镇压的。但杨素回来却没落个好下场，在他生病时，杨广表面派名医给杨素治病，实际上却因为杨素位高权重，恨不得他马上就死。

杨广的心思，杨素看得清清楚楚，所以索性就不好好治病了，也不肯吃药，病重而死。

杨素的死，对杨玄感打击很大。

一方面，丧父之痛，令他悲伤至极。另一方面，杨玄感看清楚了，杨广心狠手辣，谁跟着他都没好。

当年，杨坚抢夺皇帝位的时候，杨素就积极响应，并且成了隋朝的开国元勋。杨广抢夺皇帝位的时候，杨素也没少卖力气，可最终也没逃出杨广的魔掌。

一想到这些，杨玄感就感觉自己也不会有好下场的，思来想去，他也学了杨谅——造反。

但杨玄感的军事能力实在让人不敢恭维。

刚起兵时，杨玄感号呼为天下解倒悬之急，也得到了很多人的响应，形势一片大好。但他不懂得集中优势兵力打歼灭战的道理，率兵渡过黄河后就开始打防守力量很强的东都洛阳。结果被牵制了四五十天，给了杨广喘息时间。

杨广军事能力很强，当年就是他南征北战，协助杨坚统一了天下。现在面对杨玄感，杨广如同骑马进了瓜地，三下五除二就把杨玄感收拾了。

内部烽烟四起

杨谅和杨玄感造反，杨广似乎没感觉到多大危险，而是继续当他的皇帝，继续经营他的"不朽"业绩。

杨广的业绩，概括起来就三项。

一是大拆大建，从全国抽调 200 多万壮丁（当时全国人口一共才 5000 多万），要建一个像样的大城市——东都洛阳。

二是大搞旅游工程，挖通了大运河之后，带了 20 万随从乘船去江都（扬州）旅游，根本不计较一路上的花销。

三是发兵征高丽，仗着自己家大业大，杨广曾三次发动征高丽战争，都乘兴而去，败兴而归。

杨广的这些"业绩"，给老百姓带来了灭顶之灾，多数老百姓也没办法，只能忍。

有人不忍。

不忍的人初始虽然不多，但没多久就把以前忍的人都带动起来了。山东、河北、河南、江淮、山西、关中等地都燃起了反隋斗争的熊熊烈火。

这时，杨广如梦初醒，把征辽的军队也撤回来了，专心"剿匪"。

但匪越剿越多、越剿越强，到公元 617 年，七年中会聚起三支规模较大的农民武装力量，他们分别是河北窦建德的起义军，河南翟让、李密领导的瓦岗军，杜伏威领导的江淮义军。

这时，一些王公富豪看到隋朝的这堵墙要倒，于是纷纷出力推一把，加入了反隋斗争当中，各怀心思想要建自己的墙。

大业十二年底，也就是公元 617 年年初，罗艺（《隋唐演义》里秦琼的姑父）在幽州（今北京市西南）起兵反隋；十三年正月，山东豪族徐圆朗攻破东平郡（今山东郓城县）；二月，朔方（今陕西靖边县）豪族、鹰扬郎将梁师都杀郡丞起兵；马邑（今山西朔州朔城区）校尉刘武周杀太守王仁恭起兵；四月，金城（今甘肃兰州市）校尉薛举起兵；七月，武威（今甘肃武威）豪族李轨拥众起兵；十月，巴陵（今湖南岳阳市）校尉董景珍、雷士猛起兵，拥罗县县令萧铣为王。

这个时候，杨广的日子很不好过。

别以为杨广日子不好过就是个无能的主儿，他可不弱，残暴是残暴了一些，但绝对是个文武全才式的人物。看到全国烽烟四起，杨广迅速调集兵马、将领征剿起义军，企图稳住江山。

被调集的将领之中，就有他的表哥李渊。

外有突厥来犯

作为隋朝的军事将领和隋朝皇帝的直系亲属，李渊在烽烟四起的隋朝末年是忠于隋朝政权的。皇帝杨广虽然对他多有提防，但面对风起云涌的起义浪潮，也不能不使用李渊这个将领为他抵挡一番。

在杨玄感兵变时，杨广果断撤掉了杨玄感的亲信——弘化郡（今甘肃庆阳县）留守元弘嗣的职务，把自家人李渊派过去了，并且让他兼领关右十三郡之兵。

此时的杨广，不管内心里怎么想，表面上对李渊是充满信任的。

大业十一年（615）四月，杨广发现山西（太行山以西）、河东（山西省西南部）的农民军闹出了不小的动静，对他的江山威胁很大，就把李渊从弘化郡调到山西、河东任抚慰大使，专职镇压农民军。

李渊不负期望，一到任就把毋端儿等几支农民起义军给收拾了，让杨广高兴不已。

北方形势刚见好，杨广就开始嘚瑟了，非要去边境巡视巡视，搞个万人大阅兵。结果真应了那句话：不作死就不会死。

杨广这一嘚瑟，立马就把突厥人给惹毛了，十万突厥骑兵排山倒海般涌来，把杨广带去的两三万人团团围在了雁门（今山西代县）。

被困在雁门的杨广，再也不敢嘚瑟了，赶紧向附近的李渊求援，要李渊赶快派兵勤王。

李渊救不救呢？

当然得救了。那么多人反隋，李渊不能反，或者说，现在还不到反的时候。这是李渊的大智慧，他要等待时机。现在李渊要做的事情是救隋。

于是，李世民出场了。

只有十六岁的李世民，奉李渊的命令，带兵前去解救隋炀帝杨广。此时，隶属屯卫将军云定兴麾下也接到了勤王命令，正往雁门城进发，两支勤王军在城外相遇。

他们面对的是几十万如狼似虎的突厥骑兵。这个仗，不好打。

不好打也得打。李世民此刻就只能是没有条件创造条件也要上了。

创造啥条件呢？李世民创造的条件就是"扯虎皮拉大旗"。

听说皇上杨广被困，当时有很多勤王军向雁门驰援，但距离都比较远，如果不等其他勤王军到达，以李世民和云定兴的一万人马去打十万突厥骑兵，结果必定跟拿鸡蛋打石头差不多。

"扯虎皮拉大旗"就是把一万勤王军一字排开，白天摇旗呐喊，晚上击鼓喧哗，给突厥人以各路勤王军都已到达的假象，使他们不敢轻举妄动。

这个办法有效吗？有效。

突厥兵先是停止了围攻，原地驻守，随后又一窝蜂地向北撤了。

雁门解围，杨广才深刻意识到，原来他们老杨家天下不只是内忧，还有外患，坐这个江山有点难。

失意之际，杨广把国都长安的事务交给年幼的越王杨侗（杨广的孙子），自己索性跑到扬州"度假"去了。

等待时机

杨广不知道，对他来说，威胁最大的不是杨谅、杨玄感，不是农民起义军、王公富豪，也不是突厥骑兵，而是身边的李渊父子。

早在杨玄感起兵反隋之前，就有雍州名士宇文士及深夜造访李渊，与他密谈天下大事，分析隋朝命运。杨玄感起兵反隋后，李渊被任命为弘化郡留守，手里握有关右十三郡重兵，拥有很强的反隋军事资本。他的大舅哥窦抗看准了时机，劝他起兵：人生能有几回搏，此时不搏，更待何时？

但李渊没听从窦抗的话，用几句轻描淡写的话把窦抗给搪塞过去了。

不要以为李渊是个平庸之辈，其实他是个"有经纶天下之心"的人物。这种人物的性格特点是，要么不做，要做就做成功。窦抗劝他起兵的时候，他觉得时机还不够成熟，一旦时机成熟就起兵反隋，谁想拦都拦不住。

李渊认为的时机，包括三个问题需要解决。一是隋炀帝杨广要彻底失去民心成为一只困兽，二是起义军的势力足够大，三是自己要网罗一批人才。

随着起义军节节胜利，杨广大为光火，天天阴着脸在宫里不是骂人就是杀人。大业九年、十年两年时间，先后杀了宿将鱼俱罗、董纯，名将吐万绪也被他逼死了。大业十一年，大将军李浑全家三十多口被杨广抄斩。

李渊的处境也不好，因为杨广对他已经起了疑心。

为了消除杨广对他的怀疑，李渊索性装呆卖傻，每天不是喝酒就是听曲儿，一副毫无作为的样子。

尽管情况危急，但李渊心里却越来越有底。杨广已经到了丧心病狂的程度，现在他就是一只困兽，蹦跶不了几天了。

在全国各地，起义军已经燃起熊熊烈火，直奔长安烧过去。翟让、李密领导的瓦岗军攻克金堤关，横扫荥阳郡，并一举击溃隋朝宿将张须陀劲旅，兵锋直逼东都洛阳。河北的窦建德、江淮的杜伏威两支强大的农民军，与瓦岗军遥相呼应，如同三把钢刀，一齐向杨广的心窝捅了过去。起义军的势力已经足够强大了。

剩下的一步就是网罗人才了。

能人刘文静

李渊在赴太原上任时，特意留下长子李建成和四子李元吉看守河东，并且叮嘱他们，要多结交英雄豪杰，扩大老李家的力量，准备和杨家一决雌雄。到了太原，李渊告诉一同前往的二儿子李世民，要利用各种社会关系招揽豪杰，以图大事。

不久，李世民就聚集了一批名人贤士，其中要数裴寂和刘文静最出名，也最得力。

裴寂是晋阳宫副监，和李渊早就认识。这次李渊调太原任职，还兼着晋阳宫监的职务，和裴寂属于上下级关系。早就关系不错的两个人，在太原相遇，关系就更不一般了。没事的时候经常聚在一起喝酒下棋，彻夜聊天。

裴寂喜欢下棋，还喜欢赌棋，总想赢对方俩钱。这个小尾巴被李世民给发现了，于是李世民就找来龙山令高斌廉，让高斌廉故意输棋给裴寂。至于钱嘛，那是小事，要多少李世民给多少。

时间久了，裴寂就发现了背后的猫腻。虽然是赢了高斌廉，但那都是李世民的钱，也不那么心安理得，感觉着吃人家嘴短了，所以就跟李世民搞得很近乎。

李世民见裴寂已进套儿，就在一次酒后故意将反隋意图透露给裴寂，想试探试探裴寂的反应。

裴寂精着呢，心里的小算盘打得比谁都响。见李世民给他设了一个套儿，他也反手设了一个套儿，把晋阳宫两个顶级美女送给了李渊。

晋阳宫是什么地方？那是杨广的行宫。晋阳宫里的美女，那都是杨广的女人。把杨广的女人送人，那还得了？敢要杨广的女人，那也是罪不可赦，不被灭九族也得全家抄斩。

你以为李渊父子和裴寂都糊涂吗？绝对不是。这三个都是人尖子，比谁都精。他们这是互相设套儿、互相试探。试探的结果是他们都故意搞成了一根绳上的蚂蚱。

有一次在一起喝酒，裴寂对李渊说："二郎（李世民）有心思举旗反隋啊！"

李渊赶紧装出很吃惊的样子，问裴寂："这可咋办啊？请裴先生给出个主意吧！"

裴寂于是起身说："二郎之所以想反，是因为现在有两位晋阳宫的美人在侍奉着您哪，这是死罪。现在天下大乱，如果您能出来主持工作，我们肯定会以死力保，到时候皇帝宝座就是您的了。"

但是只有裴寂还不够，还要有更多的人才，于是裴寂向李渊推荐了铁哥们儿刘文静。

刘文静曾经任晋阳令很多年，不但足智多谋，而且对太原城内的情况了如指掌，是李渊父子筹划起兵反隋不可缺少的重量级人物。但此时的刘文静已经不是晋阳令了，因为和瓦岗军大当家的李密有姻亲关系，被杨广下令关进了太原监狱。

请刘文静出来谋划大事，这次又是李世民出马。到监狱探望一个没有犯过罪的犯人，这事对李世民来说一点难度都没有，不用请示不用汇报，更不用翻墙撬门，大大方方直接就进去了。

进到监狱也不用啰唆，直接跟刘文静明侃："今天我来看你，不为别的，是想和你一起谋划起兵反隋的事。"

刘文静知道自己的处境，即使不死，杨广也不会让他好好活着出去。所以看见李世民他也就不客气了，坐在监狱里开始分析天下大势：李密率领的瓦岗军正在围困洛阳，杨广已经躲到扬州去了。势力大的反对派已经吞并了好几个州，占山为王的小蟊贼不计其数。整理这乱哄哄的江山，需要有真龙天子现身啊！这个真龙天子只要顺应民意，举旗大呼，天下一定是他的。要想起来干大事，你得有人。现在，太原四周的老百姓为了避难，都涌进了太原城。只要你们父子大旗一举，马上就能聚集十万人，再加上你们手里的几万兵马，乘虚杀入关中，用不了半年，帝位可图。

在历史上，有个著名的"隆中对"，是诸葛亮在刘备三顾茅庐后分析天下大势的战略思想。现在，刘文静和李世民上演了一出"狱中对"。后来李渊起兵，基本是按照这个"狱中对"的战略意图打下了江山。所以，不能不说刘文静确实是个能人。

招兵买马

李渊率兵驻扎在太原，这是杨广亲自委任的，目的是让李渊为他阻挡起义军和突厥骑兵的进攻，保大隋江山稳固。但杨广心里很清楚，李渊是个人物，他那几个儿子也都是人中龙凤，弄不好会反手给他一闷棍，所以他特意派了亲信高君雅和王威做太原副留守，暗中监视李渊。

正当李渊父子积极活动、准备举事时，杨广派出的特使跑到太原来了，见面就要羁押李渊。理由是有一次高君雅和突厥人打仗打败了，要拿李渊这个主管领导问责。

这事急坏了李世民。眼瞅着大事在即，忽然插进来这么一杠子，如果不早决断，怕是要被杨广关进监狱把牢底坐穿了。他要求刘文静和裴寂好好劝劝李渊，不用再准备了，提前动手。

经过李世民和刘文静、裴寂三个人两天苦苦劝说，李渊终于下定决心，提前动手，在太原起兵，把杨广轰下皇帝宝座。

有人说，李渊在这件事上有点优柔寡断，不是干大事的料。其实不然，李渊的心机比谁都重，他这是在众人面前演戏，连二儿子李世民都差点被他给骗了。

太原是隋朝西北边防重镇，形势险要，历来是兵家必争之地。隋末战乱，各地豪强都跑到太原躲避，成了李渊父子最可结交的力量。但是要想举旗干大事，有将无兵不行，这也是李渊迟迟不能动手的原因。

家底薄、兵不够怎么办？刘文静有办法。

刘文静自从被李世民从监狱里放出来，铁了心跟着李渊父子干了。这时候，他以晋阳令的身份假造了一个杨广的诏令，谎称朝廷要在太原、河西、雁门、马邑等地征兵打高丽，凡年龄在二十岁以上、五十岁以下的男子都在被征之列，必须在年底到涿郡集结。

征兵告示一贴出，老百姓立刻就慌了。谁都知道，征高丽不但是个苦差事，而且基本上有去无回，死了都不知道有没有人给理。

为了不去征高丽，很多人都跑到李渊的手下当兵。反正是响应朝廷号召当兵了，在太原比征高丽强得多，这点事儿，谁都能想明白。

刘文静要的就是这个效果，强征不好使，让你自愿来。这就是计谋，或者也可以说是他的损招。

这时候，马邑人刘武周也赶来帮忙了。

其实，刘武周心里根本没有帮助李渊的意思，他看隋朝天下要不行了，就把马邑太守王恭仁给杀了，举旗反隋，自己抢了个皇帝名号，还取了个国号叫"定杨"。刘武周联合突厥人，攻陷了楼烦，占领了汾阳宫。这就给李渊大规模征兵提供了借口。

汾阳宫是什么地方？那是杨广听了风水先生的话，亲自命人建设的离宫，在杨广心里的位置极不一般。

皇帝离宫被占，咱得打呀，不打不就是不忠于朝廷、不忠于皇上了吗？不忠于皇上，那就是谋逆，就得满门抄斩。

这些话是李渊故意说给高君雅和王威听的，说得这两人不知所措。

现在皇上正在江都"疗养"，若要皇上从江都发兵来救，必定力不能及。再说了，皇上手里边兵员不足，还得经过盘根错节的农民军地盘，哪有那么容易过来呀？

高君雅和王威都没辙了，眼巴巴地看着李渊，就等李渊给拿个主意呢。

见他们已经进套了，李渊说，远水解不了近渴，咱们就地征兵吧，这样还能为朝廷保住太原城，弄好了还能把汾阳宫夺回来。

身为太原留守，李渊有征兵的权力，这是杨广给的。而且形势紧迫，不征兵也不行了。于是，高君雅和王威说唐公您自己看着办吧，只要能保住太原城就行。

如此一来，李渊便放开手脚，没几天工夫就征了好几万兵丁，分别由长孙顺德、刘弘基、窦琮统领。

征完兵，李渊又开始做军事部署了。

高君雅，负责巡视城池和军械保养工作，不能过问军务。王威兼任太原郡丞，调离军事岗位。而"军马铠仗、战守事机、招募劝赏、军民征发"这些军事大权，都由李渊和李世民亲自掌管。

做完了这些事，李渊派出密使赶往蒲州和长安，要李建成、李元吉兄弟和女婿柴绍迅速赶赴太原。

锄奸行动

借着保卫太原的名义大量征兵，还把两个儿子一个女婿偷偷找来了，高君雅和王威感觉心里没底，尤其是看到李渊重用右勋卫长孙顺德、右勋侍刘弘基、左亲卫窦琮等人，心里更加疑惑重重。

这三个人是啥人啊？长孙顺德和刘弘基是不愿当炮灰，从征高丽前线跑回来的逃兵，窦琮也是犯了案子来太原城躲避的，重用他们不就是和朝廷对着干吗？看来李渊确实是有反心了。

高君雅和王威在一起捉摸李渊的心思，总感觉捉摸不透，于是想到去和武士彟商量商量，要把长孙顺德、刘弘基和窦琮都抓起来。

武士彟足智多谋，而且与高君雅、王威之间的私人关系也不错。武士彟是谁？这个人现在是太原富商，后来是唐朝的工部尚书，封应国公。武士彟有个大名鼎鼎的女儿叫武则天。

令高君雅和王威没想到的是，武士彟和李渊、李世民父子关系也不错。听了高君雅、王威的心里话，武士彟说他们都是唐公的人，在唐公管辖的地面上抓唐公的人，恐怕不好吧？

这句话明着是劝高君雅和王威，危急时刻要以和为贵，实际上是在吓唬他们。在李渊的地盘上抓人，不怕李渊收拾你们吗？

但高、王两位还真是不怕收拾，他们的信条是忠于隋朝，现在李渊父子想反，那就得下手干掉他。

高君雅和王威给李渊下了个套——请他去晋祠求雨，想利用这个机会与晋阳乡长刘世龙等人一起干掉他。

作为镇守太原的最高领导，去晋祠求雨是李渊责无旁贷的工作任务。求雨必定不会带兵带武器，即使有李世民在旁边，高君雅和王威他们动起手来也不会太难。

可以说，这个计谋还是不错的，也证明了他们两个人有些头脑，可惜选择刘世龙做合作伙伴，最终证明了他们是十足的蠢材。

和武士彟一样，刘世龙和李渊的私人关系也不错。前脚送走了高君雅和王威，刘世龙后脚就把这个消息告诉给李渊了，而且还受李渊之托，回到高君雅和王威身边做了卧底，把这两个蠢材的一举一动都报告给了李渊。

接下来，李渊就开始演戏了。

大业十三年（617）五月十五夜，李渊命令长孙顺德、赵文恪从招募的新兵中挑选出五百人，和李世民率领的精兵埋伏在晋阳宫东门外，防止高君雅和王威手下人反抗。同时，安排刘文静和鹰扬府司马刘政会前来告密状。

这时，高君雅和王威还在为设计好的铲除李渊计划沾沾自喜，甚至准备向杨广请功了。

当刘政会告状时，李渊故意让王威去取状纸。刘政会说："这次是告副留守的，必须要唐公亲自看。"

李渊假装惊讶，看完密状后又递给了高君雅和王威，铁青着脸对他们说："你们勾结突厥，阴谋反朝廷。"

直到这时，高君雅、王威才醒悟过来，可是已经晚了，早被人五花大绑投进了监狱。他们手下的人见主子被抓，还没来得及反抗就被李世民带人缴械了。

抓了高君雅、王威，李渊随即打出"拥代王，反杨广"的旗号，宣布起兵造反，不久又自称大将军，任裴寂为长史（管文书），刘文静为军司马（管军务）。不久，李建成、李元吉兄弟和柴绍也都带兵赶到了太原，壮大了起义队伍。

突厥又来犯

历史充满巧合。抓高君雅、王威时，是假借他们勾引突厥来犯的名义，结果宣布起兵才三天，突厥真的来犯，这时的高君雅和王威，长一百张嘴也说不清楚了，只能等死。

突厥几万骑兵呼啦啦闯进太原外城，如入无人之境，从北门进来，一通挑衅后，轻轻松松地从东门出去了，还捎带脚把出城迎战的王康达给斩了。这王康达是李渊辛辛苦苦收编过来的义军首领，结果一出城就被突厥人给斩了，把李渊气得肺都要炸了。

如果你手里兵不如人家勇，将不如人家硬，那就只能站在城墙上跺脚，肺气炸了也没有用。但李渊毕竟是李渊，如果只会站在城墙上跺脚，就不是李渊了。

此时，李渊站在城墙上，心里想出了一个绝佳办法。他让裴寂、刘文静一面严加防守，一面打开城门，偃旗息鼓，搞起了"空城计"。这还不算，乘着月黑风高，李渊悄悄从城里派出小股部队在城外隐蔽起来，然后又在大白天敲锣打鼓地入城，在突厥人眼皮子底下搞起了"李家忽悠术"。

这种"李家忽悠术"一连搞了好几天，同样的一股部队，晚上出去，白天进来，把在太原城外骑马遛来遛去的突厥人彻底搞蒙了。这是咋回事啊，李渊哪来的这么多援兵？

那时还没有《三国演义》这本书，而且突厥人也根本就不知道历史上还有个董卓也这样做过，着实摸不透李渊兵力的底细了。

看来太原城也不是个好玩的地方。

打得过就打，打不过就跑，这套路子，突厥人比谁玩得都好。于是呼啦啦几万人又如潮水般退去。

此时的李渊被太原城的老百姓给捧上了神坛，同时也有人被推上了祭坛，那就是高君雅和王威，等他俩明白是咋回事的时候，脑袋也搬家了。

联合突厥

太原城暂时解围了，但李渊却没被胜利冲昏头脑，他冷静地分析了自己所处的形势。

太原北面有强悍的突厥，还有与突厥狗扯羊皮的刘武周，他们随时都有可能南下攻击太原。

太原南面的西河地区是进入关中直取京师的要道，但现在被隋朝将领高德儒把守，随时都有可能北上攻击太原。

李渊心里很清楚，谁是他的敌人，谁是他夺取天下必须要铲除的对手。

是突厥吗？不是。突厥人心里可没惦记他老杨家的大隋朝天下，他们惦记的是能不能获得更多的金银财宝。既然如此，不妨以利益交换，以换取突厥的联合。

于是李渊派出能说会道的刘文静出使突厥，说隋朝天下我李渊要了，人和土地归我，隋朝的金银财宝给你突厥。这买卖对习惯于见利忘仇的突厥始毕可汗来说，应该是非常有诱惑力的。基于共同的利益，两个人迅速结成了盟友。

成为盟友的始毕可汗出手很阔绰，一下子就派出两千骑兵归李渊调遣，同时赠送李渊一千匹好马以互市。

拿下高德儒

稳定了突厥始毕可汗，李渊开始把南面的高德儒纳入了射程范围。他坐镇太原，派出儿子李建成和李世民带兵攻击高德儒。

这个时候的李世民才十八岁，李建成也才二十八岁，在军中将领眼里还都是半大孩子。起兵后就把两个半大孩子派出去打第一仗，将领们心里没底。李渊心里也不踏实，临行前特意叮嘱了一番，说你们俩年纪还小，有些事还不太懂，在此之前我观察你们一段时间了，感觉还行，有一定的领导能力，以后要继续努力。

听父亲这么说，李世民和大哥李建成心中大喜，心说终于给我们出去建功立业的机会了，这回得出去好好施展施展拳脚，甩开膀子大干一场。以前虽然也带过兵打过仗，但带兵和带兵不同，打仗和打仗也不同，以前那是给隋朝打仗，现在是给自家打仗，打出来的好处都是自己的。

既然父亲这么信任，总得有点表示吧，于是李世民和李建成这哥儿俩扑通一声跪下了，跟李渊说，我们从小就听从父亲的教诲，不敢有差错。现在给自己家办事，是忠是孝都得掂量好了再下决定，如果做不好，有违父亲心愿，甘愿受军法处置。

带兵打仗这种事，说得好不如做得好，说一万句冠冕堂皇的话，不如打个胜仗回来让人信服。这个道理，李建成懂，李世民也懂。

但李建成和李世民哥儿俩率领的这支军队，想打胜仗可不容易，都是仓促集结起来的，军官没配齐，士兵也大多是扔下锄头躲"征高丽"的那伙人，是一点军事素养都没有的杂牌军。现在部队已经带出来了，若再想搞军事训练、提升军事素养是来不及了。

要想打胜仗，得有新谋略新手段。李建成和李世民坐在一起商量，最好的办法就是发布新军令，整肃军纪，以求得到百姓的拥护。这些军令归纳起来有三点：一、不得骚扰百姓；二、吃老百姓的瓜果要给钱；三、如果发现有偷老百姓钱物的行为，要做出赔偿。

虽然看起来都是鸡毛蒜皮的事情，但细节能决定成败。只有注重细节，才能打造出有纪律的强大军队，才能赢得天下。

老百姓以前见着的隋朝军队，大老远就弄得鸡飞狗跳，他们从未见过纪律这么好的军队。于是大军所到之处，老百姓箪食壶浆，前来慰军。更有人高兴得把自己家的牛都宰了，送到军营里犒赏三军。但李建成和李世民等人坚决不受，遇到有放下东西就走的人，也要追出老远，非得把等价的钱给人家不可。因此，李家军赢得了老百姓的拥护，士兵也斗志昂扬。

部队开到西河城附近，李建成和李世民身先士卒，连铠甲都没穿就跑到前线侦察敌情去了。回来后给所有将士下了一道命令：攻城时不许伤害城内百姓。

第二天，部队开始架梯攻城。士兵的战斗热情早就被调动起来了，一个个跟放出笼子的老虎似的，争先恐后，蜂拥而上。早有事先被策反的郡司法书佐朱知瑾等人做内应，引领军队入城。西河守将高德儒还没弄清是咋回事，就稀里糊涂被蜂拥而来的军队给砍了脑袋。

这一仗打得漂亮，除杀了一个守将高德儒，攻城的和城内其他人都毫发无损，西河被纳入李家地盘，从此打通了西入关中、直取长安的道路。

攻取西河，从出兵到回师太原，只用了九天时间，就取得了别人用九十天都不一定能得到的巨大胜利。李渊欣喜非常，连说若照此用兵打仗，就可以横行天下了。

西河大捷后，李渊开始大封官吏，任长子李建成为陇西公、左领军大都督，领左三统军，并任太原郡守；次子李世民为敦煌公、右领军大都督，率右三统军。同时允许两人各自设置官属。

从两个人官职的实惠性来看，古人以左为大，况且李建成还兼任太原郡守，李世民显然不敌李建成。但这也是没有办法，毕竟李建成是长子，从出生那天开始就比李世民占优，所以这也成了李世民内心的一个死结。而各置官属，又为两人后来一决雌雄埋下了伏笔。

这次封官，鞍前马后追随李渊的裴寂被任为长史，刘文静被任为司马，善于见风使舵的武士彟被任为铠曹，配合李渊演了一出告状好戏的刘政会被任为户曹，长孙顺德、刘弘基、窦琮被分别任为左右统军、副统军。其余文武人员随才授任。

总之是人人欢天喜地，个个兴高采烈，都想跟随李渊、李世民父子大干一场。

忽悠李密

反隋可不是小事，如果失败了，全家都得被杨广砍脑袋，并且不只是李渊全家，是所有参与起事的人的全家。所以既然把事干出来了，就得干成。要想干成事，就得定个战略目标，好好谋划谋划下一步该怎么办。

其实这个战略目标也算明确，就是直接进军关中，打进长安去。

拿下长安的好处太多了。首先，长安是都城，一旦拿下长安，所有人都会震惊。长安都被攻下了，这大隋天下不就没了吗?!

这是最大的政治影响。

其次是经济方面的考虑。打仗不但要有人，还得有钱有物，离开钱和物，谁都玩不转。而长安地区恰恰储备着大量的粮食和其他物资，拿下长安就有钱有物了，打仗时心里才有底。

再有一点，关中地区是李渊老家，那里潜伏着相当多的亲戚，到时候可以作为内应。

所以，拿下长安是建立李氏政权的关键性一步。如果这步棋走好了，下面的事情就都好办了。

七月壬子，李渊在稳定了太原的局势后，马上开始部署进军关中的事情。以李元吉为太原太守，留守根据地，又让李建成和李世民分领左右两大军，负责与隋军作战。然后，在太原城里开了一个有声有色的誓师大会，把兵士的劲儿都鼓得足足的，浩浩荡荡开出晋阳，沿着汾河河谷一路南下，直奔潼关。

潼关就在关中门口，拿下潼关就打进关中地区了，进而拿下长安就如同探囊取物一般。

但是想夺取天下哪有那么容易呀！如果一心想着天上掉馅饼，就容易掉进地下的陷阱。

现在，李渊既要想着天上的馅饼，又要防止掉进地下的陷阱，既要准备与隋军作战，打通进军长安的通道，又要防备有人捣乱，从侧面杀过来。所以，脑子不清醒是万万不行的。

而此刻这个要捣乱的人就是离潼关不远的李密。

李密可不是个简单人物。咱们前边说过，在西魏建国时，李渊的祖父李虎立了大功，被封为八大柱国之一，同时被封为柱国的还有一个叫李弼的人，李密就是李弼的后人。到了隋朝，李密世袭了蒲山公的爵位，那也是名门望族。

但李密没有李渊会做人，所以一直不受杨广的待见。据说杨广刚当上皇帝的时候，给李密封了一个亲卫大都督、千牛备身的官。别看给李密封了官，其实杨广根本就不认识他。

有一次，杨广问手下大臣宇文述："刚才在左边宿卫队里那个小黑孩是谁呀？"

宇文述说："他是已故蒲山公李宽的儿子，叫李密。"

杨广那是见过大世面、阅人无数的人，于是说："从眼神上看，这小子很不一般，别让他在宫里担任宿卫了。"

不让当官也就算了，当个空头蒲山公一辈子吃好玩好也不错。偏偏这李密还有点小抱负，总想出人头地，于是在杨玄感起兵造反时他也掺和进去了，并在杨玄感兵败后被捕，要押送到杨广那里砍脑袋。

如果仅仅是这样，那么李密充其量也就是头脑发热罢了。后来的事实证明，李密不但不是头脑发热，而且非常有头脑。他竟然用计从押送官员的眼皮子底下跑出来了，后来见翟让的瓦岗军势力比较大，就投奔瓦岗军了。

那时的瓦岗军是一支文化程度不高的农民军队，李密加盟后，帮助瓦岗军网罗了大批小股武装，又给翟让出谋划策，多次打败隋军，连隋朝大将张须陀也给杀了。

现在，李密手下有好几十万人马，而且在跟隋军作战时缴获了大批好马和武器，装备十分精良。这还不算，在围困洛阳时还占了好几个大粮仓，真算得上是兵精粮足。

此时的瓦岗军可以说是全国实力最强、影响力最大的一支武装力量。而李密也是踌躇满志，非要打进长安不可。

只是，李密的人马都在东都洛阳跟隋军作战，一时顾及不了入关的事，所以给了李渊一个绝好的机会。

但顾及不到不等于看不到，眼看着李渊就要捷足先登了，李密就给李渊写了一封信，想稳住李渊。

李密在信中说，我和李渊大哥你现在虽然不是一个派系的，但我们的根本目的是一样的，都是想推翻大隋朝。我这个人吧，虽然没啥本事，但天下英雄都推举我当盟主。既然当了盟主，就得带领大家勠力同心打进长安去，做一些诸如当年在咸阳捉拿子婴、在牧野打败纣王的伟大事业，那多快活呀！

单凭这几句话就能稳住李渊，这个想法有点幼稚。李密没那么幼稚，他在信里要求李渊带领几千人马到他附近的河内郡面结盟约。

李渊比谁都狡猾，所以去河内郡面结盟约的傻事，他是不会干的。但不去结盟，李密也不干啊。怎么办？李渊又拿出了他屡试不爽的"李家忽悠术"，开始忽悠李密了。

于是李渊给李密回了一封信。

信中一方面大肆吹捧李密，称他是当今天下救世主；一方面又自称年老力衰，将来能封个唐王就很满足了。然后说自己打算在太原地区安度晚年，掩盖了抢先夺取关中的意图。在信的最后，李渊又找了一个漂亮的理由，婉言拒绝了去河内结盟的邀请。

其实就辈分来说，李密应该喊李渊老叔。因为同是西魏柱国，李虎是李渊的爷爷，而李弼是李密的太爷爷，到李渊和李密时正好差一辈儿。

但李渊不会计较这些的，既然李密称他为大哥，还自称天下盟主，李渊就坡下驴，使劲儿忽悠李密，把李密忽悠得都不知道自己几斤几两了。

收到了李渊的信，李密大喜过望，以为真的稳住了李渊，从此再也不管李渊的事了，而是一门心思攻打洛阳。

其实，李渊放下身段忽悠李密，是一石三鸟。第一，留着李密打洛阳，可以牵制大量隋军；第二，使李密没有精力分兵进军关中，李渊就少了一个竞争对手；第三，有李密横在洛阳，其他山东（华山或太行山以东）豪杰都过不来，李渊就可以独享胜利果实了。

从这次李渊和李密过招来看，李密还是嫩了点，根本就不是当开国皇帝的料。

成败系于一念间

顺利忽悠住李密，不等于能顺利拿下关中，李渊还有很长的路要走。

得知李渊造反并且直逼长安，留守长安的代王侑（杨广的孙子）马上采取对策，派虎牙郎将宋老生率领二万精兵屯驻霍邑（今山西霍县），又派遣左武候大将军屈突通屯驻河东。两人成掎角之势构成一道前敌防线，阻挡李渊进攻。

七月，李渊率领人马走到了距离霍邑西北五十多里地的灵谷县，正要会会宋老生，没想到下起了雨，而且一下就是好几天，没法行军了。李渊只好下令就近在贾胡堡扎营，等待天气转晴。

没想到，这场雨下个没完，军中粮饷眼看着就不够用了，军心有些动摇。面对这种情况，当年曹操的办法是借口杀了军粮官，稳定了军心。但曹操那时是真没粮，李渊现在是真有粮。

粮饷在哪儿？在太原呢，派人返回太原，增运一个月的粮饷就解决问题了。

恰在这个时候，有传言说刘武周联合了突厥乘虚南下，要进攻李渊的大本营太原。

空穴来风，总会有个出处。此事还真的跟突厥有关。

在太原起兵时，李渊派刘文静到突厥低声下气地求始毕可汗，最终两家达成合作。都说突厥人不讲信用，但始毕可汗这次还真讲信用了，李渊前脚出发，突厥骑兵后脚就赶过来帮忙了。

当时，李渊只是想稳住突厥人，哪想到他们还真来帮忙啊！现在有口风说始毕可汗要乘虚进攻太原，李渊也有点蒙了。

李渊蒙是有原因的。如果从好的方面想，始毕可汗应该不会这么快就背信弃义打太原。如果从不好的方面想，那就麻烦了。不怕没好事，就怕没好人，始毕可汗一时半会儿不会背信弃义，但他旁边还有个刘武周呢。如果刘武周再给始毕可汗加码，许诺更多的好处，保不准太原就危险了。

在随后召开的军事会议上，大伙就这个问题展开了讨论。

裴寂认为，宋老生和屈突通正联兵挡在前边，不好对付；李密虽然暂时被忽悠住了，一旦他醒过神来，派一支人马来浑水摸鱼咋办？而突厥人给人的印象是一贯不讲信用，大家家属都在太原，万一太原失守，军心必然大乱。所以，裴寂主张回去救太原，等太原平安了再谋大事。

裴寂的观点不是没有道理。

但李世民却自有一番说辞。第一，现在粮已熟，派人去太原运粮就能保证军中供应；第二，前面虽然有宋老生拦截，但这个人心浮气躁，打仗没有谋略，打他毫不费力；第三，侧面的李密只是暂时稳住了，如果拖延时间过久，等李密打下洛阳或醒过神来进军长安，对我们是极大的威胁；第四，也是最重要的一点，虽然有消息说刘武周联合突厥，但刘武周一向与突厥始毕可汗面和心不和，刘武周要偷袭太原，他就不怕突厥偷袭他的老巢吗？

一番缜密分析之后，李世民开始慷慨陈词：这次起兵，目的就是要夺取长安号令天下。现在遇着一点小问题就撤回太原，恐怕刚聚集起来的队伍就要解散了，还谈什么保太原啊？有的人想撤回去，无非是担心家属，这种鼠目寸光的言论根本就不值得采信。要想成大事，就得树立威信；今天一定要做个决断，雨停了就进军，如果杀不了宋老生，攻不下霍邑，我以死谢罪。

这番陈词，有理有据，足见李世民的决断能力远在众人之上。

在一旁没吱声的李建成也意识到了问题的严重性，开始支持二弟李世民，反对北撤太原。

但最终的裁量权还是握在李渊手里。李渊认为裴寂的话更有道理，回撤太原可保家属安全，以后再举兵起事也来得及，如果丢了太原就什么都没有了，于是开始催促李世民和李建成带兵北撤。

这次军事会议结束后，李世民还是觉得不能回撤，又去找李渊争论。不巧的是，李渊已经睡觉了，李世民不好打扰，又不甘心大好局势就这样被断送了，急得在李渊帐外大哭起来。

哭声惊动了李渊，他把李世民叫进行军帐细问缘由。李世民说："我们举兵起义，好不容易找到了一个正当理由，一鼓作气就能打下长安，如果回撤，起兵的理由就没了，兵士也就散了，再有宋老生出城追击，我们父子的命都保不住了。"

睡醒一觉的李渊，头脑总算清醒过来了，感觉到李世民的话更有道理。可是，左军已经出发回太原了，怎么办？

李世民说："现在右军还没动，左军虽然撤了，估计也没走远，派人追回来就行。"

于是李渊命令李世民和李建成兄弟两人骑上快马，立即把左军全部追回来。

后来，突厥始毕可汗来帮忙的人马也赶到了，更证明了李世民判断的准确性，避免了一场大错。

事后，李渊开始埋怨裴寂："你个笨蛋，差点坏了我的大事！"

同时也在心里反思：我李渊向来都是忽悠别人的人，这次差点被别人给忽悠了。要不是有二儿子李世民力劝，后果不堪设想啊！

玩死宋老生

不管怎么说，毕竟是没酿下大错。没多久，太原的粮饷就运到了前线。此时雨也停了，太阳也出来了，可是李渊又不进军了。他想干啥？

晒衣甲。

一连好几天大雨，兵士的衣甲都湿漉漉的。要想穿上干爽的衣甲，只能在太阳底下晾晒，没有别的办法。

第二天，衣甲都晒干了，李渊父子开始行动，率领骑兵趁着漫天大雾，沿着傍山小路神不知鬼不觉地穿插到了霍邑城前。

这个时候，宋老生一点都没察觉，还躺在霍邑城的被窝里睡大觉呢。

不要以为宋老生懒，其实他是以逸待劳。

李渊兵马长途奔袭，最希望速战速决，而霍邑城高墙厚，最适合打持久战，坚守不出才是宋老生最聪明的选择。

这个时候，李世民看出了门道，给李渊出主意："宋老生这家伙的长处非常突出，打仗勇猛，敢打敢杀，但缺点也非常突出，不动脑子。我们可以派出小股骑兵到城下挑衅。如果他还不出来，就诬陷他和我们私通。他手下那帮人都是鼠目寸光之徒，肯定会猜忌宋老生。这样的话，宋老生想不出来都不行了。"

这个办法实在是妙。

李渊马上采纳，派出几十人的小股骑兵，在城东南至西南一线巡视，做出要安营攻城的样子。又派出李世民和李建成率领小股骑兵进至城下挑衅，大骂宋老生是缩头乌龟，连个娘儿们都不如。

同时，老谋深算的李渊派大将殷开山去催后面的步兵部队，一定要加快行军速度，火速赶到霍邑城下。

躲在霍邑城里的宋老生被李世民等人骂得两眼直冒金星，怒气冲顶地率领兵马从东门和南门出来应战。

宋老生一出城，李渊就笑了。鱼儿上钩了。

为防止宋老生再跑回城里，李渊命令殷开山率领步兵收缩阵地，引诱宋老生离开城门列阵。同时命令李世民和李建成率领骑兵部队从两翼抄宋老生的后路。

这时候的宋老生不出李渊所料地离开了城门。他本想与李渊决战，但完全没料到，李渊还会用更损的招数玩他。

古代打仗，绝对不是《三国演义》里说的，双方大将单挑，将领败了就愿败服输，而是几万兵马绞在一起的混战。

正在混战中，李渊又开始玩宋老生了。他派人突然在阵中大喊："宋老生被斩了，宋老生被斩了……"

正在拼杀的宋老生听到自己被斩的消息，心知是被李渊算计了，他想稳住部队，大声喊："我没死，我没死。"

可是军心已经散了，他一个人怎么喊都没有用。正在与李家军激战的隋军，听说宋老生被斩，都不敢再战了，丢盔弃甲往霍邑城里跑。

这时候，早已埋伏在城门两侧的李世民和李建成已经堵住了隋军回城的路。宋老生也想跑回去，但是刚跑到城门口，城门就被城里的部队给关上了。他硬着头皮绕到了城墙下，让守城兵士放下一根绳子，他想攀绳上城。

哪还来得及呀！李家军蜂拥而至，宋老生被斩于乱刀之下。

主将被斩，霍邑城里的官兵都成了瓮中之鳖，负隅顽抗之后，下场实在是惨。《大唐创业起居注·卷二》记载：血流蔽地，僵尸相枕。

一般来说，每次重大战役结束后，胜利方的头领都要视察一下战场，安抚部众，总结经验。李渊父子也不例外，看到霍邑城里的惨状，李渊总结说："这也是没有办法的办法，以后要避免杀生，能谈的尽量不要打。"

这句话堪称经典，后来也成了大唐帝国的政策：偃武修文。

拿下霍邑，突破了关中唯一算是坚固的外围防线，通往关中的大门被彻底打开了。这一仗，为李渊父子献上了一份厚礼。可以说，获得这份礼物，有李世民一大半功劳。

直捣长安

好事接踵而至。

拿下霍邑后，李家军乘胜沿河直下河东（黄河以东）。八月，抵达龙门（今山西河津市）的时候，事先去突厥做战略联合工作的刘文静赶回来了，一起赶过来的还有突厥大将康鞘利和他带来的五百精兵、两千匹战马。

李家军实力大增，一路入临汾、克绛郡，势如破竹，锐不可当。沿河的隋朝守臣和孙华等农民义军纷纷来降，李渊则是来者不拒，不分职务高低、身份贵贱，全部授官赐赏。加官晋爵之后，李渊让孙华率部返回河西待命，他要下一盘好棋。

部队到达壶口时，李渊又开始玩"李家忽悠术"。

和打宋老生一样，李渊最担心屈突通坚守不战，所以他命令左右统军王长谐、刘弘基和左领军长史陈演寿率领六千人马先行渡过黄河，目的是引诱驻兵河东的屈突通出城袭击渡河部队，他好乘虚拿下河东。如果屈突通不出城，那么就让先行渡河的部队绕至河东对岸，控制蒲津桥，切断屈突通的后路。

这个战术可比忽悠李密时狠多了，屈突通无论出不出城，都难逃李渊掌心。

屈突通似乎也看到了这一点，与其坐以待毙，不如奋力一搏。屈突通比宋老生聪明，他自己不出城，派出虎牙郎将桑显和带兵过河袭击王长谐营地，想打破李渊的部署。但屈突通只看到第一步，没看到第二步，他没料到河西还埋伏着孙华这支伏兵，桑显和率部刚过黄河，还没来得及和王长谐交手，就被孙华从背后一顿猛攻，战败逃回河东。

这次交手，双方各有胜负。李渊没料到屈突通只派桑显和出城，所以他的忽悠术只能算成功一半。而屈突通虽然偷袭失败，但毕竟保住了主力部队，保住了河东城，所以只能算失败一半。

偷袭失败的屈突通学乖了，凭借河东城据险固守，搞得李渊一时也没了办法。

在随后的会议上，李世民提出了一个大胆想法：丢下河东，直取长安。他的理由是兵贵神速，在河东耽搁太久，一则会让长安有足够的调兵遣将时间，二来也不利于关中其他义军归附，不利于李家军壮大队伍。

这时，裴寂提出了反对意见。他认为河东的力量还很强，如果不能马上打下长安，屈突通就有了回援的机会，到时李家军就会腹背受敌。如果先拿下河东，长安城里的代王杨侑就彻底没了倚靠，想不投降都不可能了。

两人的意见都有道理。李世民看到了长安的空虚，不想在细枝末节上磨叽，是非常有谋略和胆识的。但缺点是过于冒进，风险太大。裴寂的观点是稳扎稳打，稳中求胜，缺点是容易丧失有利战机。

李渊综合了两个人的意见，留偏师围困河东，牵制屈突通兵力，他自己率领主力部队渡河直取长安。

很快，李家军占领了永丰仓，又与河对岸的先头部队会合。李渊命令李建成、刘文静率领王长谐等人马屯永丰仓、守潼关，布下对屈突通回援的第二道防线。同时命令李世民率刘弘基等数万兵马，沿渭河北岸一路西进，迂回包围长安。

此时，李渊在关中的族人和亲戚开始发挥作用。女儿平阳公主率领招募来的几千人马接应李世民。李渊从弟李神通联合了长安大侠史万宝，起兵响应。另一个女婿，左亲卫段纶也在蓝田起兵策应李渊。

这些人的举动，一方面牵制了隋朝的兵力，另一方面也给李世民西进扫平了障碍。李世民的西路军连克高陵、泾阳、武功，一路上没遇到什么抵抗，顺风顺水地到达了长安附近。

正值李家军欢欣鼓舞，有信心有能力拿下长安之时，远在河东的屈突通却慌了手脚。虽然杨广不在长安，但国都一旦失守，他这个左武侯大将军就得脑袋搬家。所以，屈突通不敢再据险固守了，赶快率领数万人马去解长安之危。

怎奈西去长安的路太不好走，先是在新丰被李建成和刘文静给揍了一顿，后来又在潼关被王长谐打得鼻青脸肿。

收拾了屈突通，李建成等人迅速西进，与李世民一起对长安形成钳形攻势，从东、北两面进攻长安。

此时的李家军共有二十五万兵力，是太原起兵时的八倍有余，其中李世民一个人就统领了近二十万。

本来，李渊想劝降守在长安城里的代王杨侑，但无论怎么谈怎么劝，杨侑都是"三不"政策：不回应、不出战、不投降。

十月二十七日，李渊向三军将士下达了总攻命令。

李建成负责攻打长安东、南两个方向，李世民负责攻打西、北两个方向。二十多万将士架起攻城云梯，冒着飞泻而下的滚木箭雨，拼命攀爬、厮杀。

大业十三年（617）十一月九日，对后来的"大唐"来说绝对是个值得纪念的日子。这一天，李家军终于攻进了长安城。

李渊称帝

守在长安城里的代王杨侑，只是个十三岁的孩子。生在帝王家的孩子都是金枝玉叶，非王即侯，但生在末世帝王家的孩子可就苦了，命运完全掌握在别人手里。

城破之时，杨侑正躲在皇宫大殿里不知所措，被李家军一把揪了出来。本来是闭眼等死的，没想到李渊却拱手施礼，说要匡复帝室，让杨侑当皇帝。

你都带兵打进来了，还要我当皇帝？杨侑不信。

但这是真的。

冒着全家被抄斩的危险，辛辛苦苦打进长安，不就是为了当皇帝吗？现在说匡复帝室，又是为何？

其实，李渊是连做梦都想着当皇帝，但他仔细分析了天下形势，认为现在还不到称帝的时候。

第一，当初在太原起兵，打出的口号是"拥代王，反杨广"，不能打进长安就把当初的口号弃之不顾，否则就是背信弃义，天下人不服气。第二，在李渊的周围强敌环伺，西边是薛举，北边是刘武周，东边是窦建德、李密、王世充，南边是萧铣、杜伏威，大家都有心问鼎，但到现在也都只敢称王称公，若李渊敢称帝，那不是让大家联合起来一致对"外"？

所以，心思深沉的李渊绝不会当没头脑的袁术，贸然称帝后被各路诸侯揍个半死，他现在要做的是仿效曹操，先不管各路人马听不听指挥，至少在名义上尊崇正统，是正义的力量。

大业十三年（617）十一月十五日，也就是攻进长安的第七天，杨侑被李渊推上了皇帝宝座，当了李渊在政治上的挡箭牌，是为隋恭帝。

同时，李渊被封为唐王，身兼假黄钺、使持节、大都督内外诸军事、尚书令、大丞相等要职。

第二年的三月，在江都"疗养"的隋炀帝杨广被亲信宇文化及杀死了。消息传出，萧铣马上称帝，改国号为梁。在此之前，薛举已经称帝了，国号为秦。现在，谁都不会在乎天下再多出来个皇帝。见条件已经成熟，李渊开始着手自己称帝的事。

有个问题需要解决。

杨侑虽然是个傀儡皇帝，但毕竟是自己拥立的，名分还在。如果现在废掉杨侑，李渊等于是抽了自己一个耳光，还会惹来天下人嘲笑。最好的办法是让杨侑自己腾出位置。

其实杨侑心里比谁都明白，他只是李渊手里的一只蚂蚁，随时都有被李渊捏死的可能。于是在李渊的吓唬和忽悠下，杨侑很识趣地搞了个仪式，把皇帝位置"禅让"给李渊。

公元618年五月二十日，李渊在长安太极殿正式登基，国号"唐"，改元"武德"。六月，立长子李建成为太子，封李世民为秦王、李元吉为齐王。

从太原起兵到正式当上皇帝，李渊只用了一年时间。但从称帝到大唐天下太平，还有很长一段路要走。这期间，秦王李世民发挥了相当大的作用。

父子家中对

说了这半天，一直在说李渊，似乎没有李世民什么事，其实不然。在攻进长安称帝之前，李渊是主角不假，但其中很多次战略性的布局，都是李世民谋划出来的，所以，李世民的作用不可低估。

现在，老爸当上了大唐的皇帝，大哥也当上了太子，两个人都要在京师处理军国大事，齐王李元吉还小。所以，平定天下的重任就落在了李世民肩上，他开始在沙场演主角了。

平定天下，不能像没头苍蝇似的乱飞乱撞，而是要谋篇布局，首先确定好征战方向。

李渊父子带决策层一起研究后，一致认为，成功夺取关中只是开端，今后大唐的战略布局应该是先平定陇右、代北地区，解除关中背面和侧面的威胁，同时积蓄力量，巩固关中。然后转身向东，夺取关东及江南地区，最终统一天下。

这个战略布局跟当初诸葛亮给刘备谋划天下有可比性，刘备诸葛亮是"隆中对"，李渊父子可称为"家中对"。

做完战略谋划，还得做具体的战术谋划。否则，即使战略再好，如果不能落地实施，都只能是空中楼阁，中看不中用。

战术谋划就是要知己知彼，李世民分析了自家和薛举的长短优劣：此时的唐朝方面，已经拥有了关中、巴蜀和山西等广大地区作为根据地，掌握着储备丰富的长安府库和永丰仓，还有赤岸泽牧监供给的大批战马。此外，学习了汉高祖刘邦的成功经验，占领长安后朝廷与老百姓约法十二条，免除一切苛捐杂税，得到了百姓的支持。可以说，唐朝方面府库充足，兵马齐备。

再看薛举方面，那就寒酸多了。陇右地区地少人稀，粮食供应不足，连兵源也不足，基本没有二线兵力。手里那点兵员，每打一仗都折损一大批。

但秦军也不是一点优势都没有，他们最大的优势就是人人善骑射，个个能征战，军中精骑骁将甚多。所以，想打败薛举，不拿出点真本事是不行的。

唐秦之战

唐军与秦军第一次交手是在李渊攻入长安的第一个月。那时的李渊，脚跟还没站稳，薛举就派儿子薛仁杲（gǎo）围攻扶风郡城，结果被李世民三下两下就给打跑了。

第二次是在唐武德元年六月，李渊刚登基当上皇帝，薛举亲自带兵来抢泾州。这一次，又是李世民出兵应战，薛举战败，跑回陇右去了。

薛举这个人是愣头青，前两次没捞到好处，他不死心，这次又来了。

七月，唐、秦两军在高墌（今陕西长武县北）列阵。唐军领队是李世民，秦军领队是薛举。高墌离唐后方近，离秦后方远。这次，秦军是客场作战，人吃马嚼，每天都得消耗大量给养，速战速决才是上策。但唐军领队李世民采取了深挖沟、高筑墙，闭门避战的策略，就是不给秦军速战速决的机会。

李世民避战不出，薛举也没啥好办法，只能在城外骂阵。没想到，这个被李世民用过的招数竟然奏效了，八万唐军从高墌城里出来，要与秦军一决雌雄。

难道李世民也和宋老生一样没头脑，让对手骂几句就火冒三丈了？

非也！

李世民是什么人物，那是人中龙凤、军中豪杰，岂能因为薛举骂几句就沉不住气。原来，在关键时刻，李世民突然患了疟疾，发烧不止，浑身无力，只得将军务委托给长史刘文静和司马殷开山，并叮嘱两人一定要坚持闭门不战的正确方针，一切等他病好了再说。

但事情还是坏在这两个人身上了。

殷开山号称"殷大胆"，作战勇猛，听薛举在城外不断叫骂，殷开山沉不住气了，于是就去忽悠刘文静，说咱们要是出城打败了薛举，没准秦王（李世民）的病就好了，那咱们可就立大功了。

刘文静本来是个稳重有谋略的人，此刻却被殷开山忽悠得头脑也昏了，胆子也大了，彻底忘记了李世民的叮嘱，决定和殷开山一起出兵会一会薛举。

其实不只这两个人，整个唐军从上到下都弥漫着轻敌情绪，都摩拳擦掌想大干一场。从太原起兵到长安建国，这些人从来就没吃过败仗，根本没把薛举放在眼里。

骄兵必败。

刘文静和殷开山率领唐军如出笼猛虎直扑秦军，一直追到了一个叫浅水原的地方，终于酿成了大祸。

浅水原是个开阔地，离高墌足足有八里。当初宋老生离开霍邑城不到三里地就被李世民抄了后路，难道李世民会做的薛举不会做？

后路断了，前面的路也走不通。薛举指挥能征善战的秦军马步兵一起上阵，把刘文静和殷开山带出的唐军打得尸横遍野，折损过半，还俘虏了大将军慕容罗睺、李安远、刘弘基。

无奈之下，李世民只好带着残兵撤出了高墌城，回长安休整。

李世民勇闯敌阵

高墌一战，唐军大败，但李世民总结了经验，吸取了教训，保持了清醒头脑，他准备从哪里跌倒就从哪里站起来。

本来，薛举是想乘胜追击，来个"宜将剩勇追穷寇"，在当年的八月就派其子薛仁杲围攻宁州（今甘肃宁县），打算下一步就直捣长安，当个真正的皇帝。

但薛举刚一出兵就得病暴死，薛举死后，薛仁杲上位，以迅雷不及掩耳之势占领了折墌城。

此时，李世民也开始进军，与薛仁杲手下大将宗罗睺在高墌对峙。

李世民吸取了上次兵败的教训，意识到自己刚败，士气受挫，而秦军刚刚打了一个胜仗，正是骄横跋扈的时候。如果这时和秦军硬碰，自己肯定吃亏。所以，不管秦军怎么叫骂，就是坚壁不出，就在那里跟宗罗睺耗着。

而刘文静和殷开山上次兵败后，被李渊给了个"留军察看"的处分，现在也不敢贸然行事了。军中别的将领倒是想出去碰碰宗罗睺，但都被李世民给挡回去了。

李世民就一句话：现在不是打宗罗睺的时候。

啥时是打宗罗睺的时候，众将不知道。其实李世民也不知道，但有两点，李世民是知道的：一是薛仁杲脾气不好，轻狂自负，容易出乱；二是秦军这次又是客场作战，依然会面临粮食紧缺的问题。等到薛仁杲君臣失和，粮草短缺，就是出兵的时候。那时别说打宗罗睺，就是薛仁杲也一并收拾掉。这就是李世民的高明之处。

一直耗了两个月，薛仁杲那里终于阵脚大乱，先是整天挨骂的大将牟君才和梁胡郎弃秦投唐，他们带来了一个好消息：秦军粮食供应出了问题。后来薛仁杲的姐夫钟俱仇也和薛仁杲闹掰了，投降了李世民。钟俱仇专门负责后勤保障工作，他投降后，秦军后勤供给彻底被断。

时机成熟，李世民号令三军：现在是我们夺取胜利的关键时刻，大家有没有信心战胜薛仁杲？

有！

被憋了两个多月的唐军将士迸发出了极高的战斗热情，嗷嗷叫着要和秦军一决雌雄。

见士气已经被调动起来了，李世民果断命令行军总管梁实带小股部队去浅水原扎营。

梁实到达浅水原，宗罗睺也跟过来了。

两个多月的僵持，宗罗睺也憋得够呛，总想寻找战机却找不到，现在梁实自己送上门来，他便要吃掉这支部队。但宗罗睺没料到梁实这么不好打，几次冲锋都没拿下浅水原。宗罗睺还没料到的是，右武候大将军庞玉也随即率军赶至浅水原，与梁实一起对他形成了夹击之势。宗罗睺只好先放下梁实，掉头来攻庞玉。这时，令他更没有料到的事情发生了，李世民率领唐军主力从浅水原背面猝然来攻。唐军铺天盖地，马步军一起上阵，彻底打乱了宗罗睺的阵脚。

前不久，刘文静和殷开山出兵浅水原，就是被薛举给断了后路，现在李世民也给宗罗睺断了后路。这种断人后路的战法，薛举玩得，李世民更玩得。别忘了，当初宋老生就是死于此战术之下。

战场上的李世民简直就是战神出世，领几十精骑率先杀入敌阵，左冲右突，刀劈枪挑，再加上后面主力部队和梁实、庞玉等人助攻，把宗罗睺杀得人仰马翻，损失数千人。

更要命的是，回高墌的路已经被李世民给堵住了，宗罗睺彻底蒙了。

但宗罗睺不愧是一员猛将，待他清醒了以后，马上做出撤兵折墌城的决定。毕竟主帅薛仁杲在折墌城，逃到那里会安全些。

李世民是不会给他喘息之机的。他马上点两千骑兵，杀奔折墌城，同时命令步兵随后赶上。此时，大将窦轨的头脑没那么热，他苦劝李世民不要贸然攻打折墌城，免得吃亏。

窦轨是李世民的亲舅舅，心里是真惦记，所以他说话还是有些分量的。但李世民早已看准了战机，此时不搏，更待何时？于是给窦轨扔下一句话："吾虑之久矣，破竹之势，不可失也。"

说完就拍马飞奔，迅速进至折墌城下，扼守泾水南岸，切断了宗罗睺残军的归路，使其不能和薛仁杲守城军队会合。

晚上，大唐步军赶到，把折墌城围得水泄不通，城外的宗罗睺想进却进不去，城里的薛仁杲想出却出不来。

剩下的事情就好办了——劝降。

唐军每天从早到晚在城外不厌其烦地劝，劝降中带着激将，也没忘了带着侮辱。

爱怎么侮辱就怎么侮辱，薛仁杲就是不出城，当起了缩头乌龟。但他手下的将士却不愿陪着缩头了，都把头探出来跟唐军商量投降的事。发现没有性命之忧，就乘着夜色一批接着一批地出城投降。仗打到这份儿上，薛仁杲也没办法撑下去了，第二天率领城内剩下的一万多名军士投降了。

在战后的庆功大会上，有人问李世民："大王一战而胜，在没有步兵支援也没有攻城装备的情况下，仅率领两千骑兵直逼折墌城下，我们都以为攻不下来，但您却不费一兵一卒就攻下了折墌城，这是怎么回事呢？"

这话明显有拍马屁的意思，是想给李世民架个梯子，让他站在高处好好出出风头。

李世民也不推辞，抬腿就上了梯子，说："宗罗睺率领的都是陇外强兵悍将，我在浅水原出其不意打败了他，但斩获不多，没有伤其筋骨。如果不乘胜追击，等他们都进了折墌城，就不好再打了。我追着打，宗罗睺没有救兵也没有粮草，只能跑回陇外。在城里孤军无援的薛仁杲，早就被吓破胆了，再加上咱们在城外诱降，折墌城还能不被攻克吗？"

看见了吧，这才是乘胜追击，一次战斗，彻底解决问题。所以，李世民的勇敢和谋略，实在令人佩服。

对阵刘武周

打败薛仁杲，拿下陇右，李世民又马不停蹄地赶赴山西前线，去对付另一个难缠的对手刘武周。

刘武周是摆在太原周边的一个劲敌，时刻窥视着太原这块肥肉，但以他自身的实力，还不敢轻易发动进攻。有时候不怕没好事，就怕没好人。刘武周一个人不敢做的事，赶来个居心叵测的突厥始毕可汗，坏事就做成了。

在李渊起事的时候，曾经和始毕可汗有约定，大隋朝的人口和土地归李渊，金银财宝给始毕可汗，并以此建立起盟友关系。但这种盟友关系是否牢固，还取决于对自身利益影响大不大。在始毕可汗眼里，如果李渊全盘接收了杨隋天下，必然会成为突厥的大患，要再多的金子银子都没有用，所以他不能坐视不管。

始毕可汗立马行动起来，他第一个动作就是派出五百精锐骑兵给刘武周，准备合伙攻打太原。

不过，始毕可汗运气不好，刚准备大干一场就病死了。接替始毕可汗的是他的弟弟处罗可汗，处罗可汗继续执行扶周灭李的政策，不过他也没啥好下场，当了可汗的第二年就因疽疮发作而死。

恰在这时，另一支反隋武装——宋金刚的部队被窦建德打败，投奔了刘武周。在突厥人和宋金刚的支持下，刘武周雄心勃勃，陷榆次，围并州，困晋阳，一路势如破竹。

见此情景，李渊赶忙派李仲文和裴寂领兵增援，结果刚一交手就被刘武周打得大败，连留守太原的李元吉也顶不住了，不得不放弃老根据地，跑回了长安。

此时，晋州以北，除了浩州，差不多都被刘武周收入囊中。武德二年（619）十月，宋金刚打下了浍州，夏县吕崇茂举兵响应，里应外合拿下了夏县，投降大唐的隋朝将领王行本也再现了他善变的本色，归顺了刘武周，大唐在山西的地盘只剩下晋西南巴掌大个地方了。

就在这生死存亡之际，战神李世民从陇右战场凯旋，东渡黄河后进驻柏壁，与占领浍州的宋金刚对阵。

两军对阵，各有优劣。

我们先看看刘武周的实力。

刘武周的人马长期驻扎在隋朝的边防要地，刀锋马壮，人也剽悍，而且还有以敢打敢杀著称的宋金刚，在人马方面占优势。而且，他们有突厥人站脚助威，气焰极为嚣张。另外，刘武周占领晋阳后，得到了晋阳城内大量的粮食和布匹，后勤保障充足。

刘武周的长处显而易见，他的短板也是明摆着的。

第一，不占地利。刘武周军队深入河东，属于外线作战，后勤保障困难。虽然拿下了大量粮仓，但浍州前线的士兵却没有粮食可吃，只能从晋阳运军粮，而晋阳到浍州之间除了山还是山，运粮不易，且容易被唐军切断粮道。

第二，不占人和。刘武周长期和突厥人勾结，名声不好。河东老百姓只要能过上安稳日子就好，但刘武周勾结突厥人，那就是吃里爬外，就得不到百姓的支持。

我们再看看唐军的情况。

唐军的短板是屡战屡败，士气低落。但也不是一无是处，论综合实力，还是唐军占优。

第一，唐军后方稳定，不但拥有巴蜀和关东，而且李世民又刚刚拿下了陇右、河西，势力范围比刘武周大得多，有充足的人力、物力、军力、财力保障。

第二，李家父子在河东驻扎时曾大肆封官授爵，又注意军纪，所以在将领和百姓中间拥有非常好的口碑。

第三，柏壁就在黄河边上，越过黄河就是关中这个稳定的大后方，后勤保障非常方便，不会有断粮的危险。

第四，唐军主帅是屡战屡胜的李世民，他在和薛举、薛仁杲父子作战中积累了丰富的经验，而且带出了一支优秀的军队。

李仲文和裴寂是主动出击，结果大败而归，李世民的策略是主力坚守不出，同时派出小股部队对敌人进行骚扰，让宋金刚无处下手又不得安宁。

对这种小打小闹的战术，军中将领大部分都不理解，也不知道李世民葫芦里卖的是什么药。

其实，李世民是在下一盘大棋。他首先要保住浩州，因为浩州的战略地位太重要了，可以说是赢则满盘皆赢，输则满盘皆输。

从晋阳到晋西南有两条路：一是西线，沿汾水西侧经清源、浩州，然后渡过汾水到达灵石，这是李渊父子太原起兵时南下的路线。二是东线，沿汾水东侧经榆次、平遥、介休，最后到达灵石，这是刘武周南下冒犯的路线。而浩州正是西线的要冲，对东线的牵制作用也非常明显。可以说，谁拿下了浩州，谁就拿下了战场的主动权，就是把匕首顶在了对手的咽喉上。所以，李世民对浩州特别看重，道理就不言而喻了。

面对浩州，投靠刘武周不久的宋金刚很想把避战不出的李世民拎出来痛痛快快地打一顿，可李世民就是耗着，坚壁不出。

小半年过去了，身强力壮的宋金刚总是找不到展现实力的机会，手下一帮兄弟开始泄气。恰在这时，唐军又来了个小袭击，把刘武周给前线将士运粮的小股部队给收拾了，顺便还攻克了处于介休和平遥之间的张难堡，彻底断了宋金刚的粮道。

如此一来，宋金刚只能后撤。但哪是说撤就能撤的，这次，李世民终于下达了进军命令。

于是，在山西战场上，宋金刚在前面拼命地跑，李世民在后面拼命地追，一昼夜竟然追出去二百多里。

追到高壁岭时，总管刘弘基拽住了李世民的马辔头，上气不接下气地说，大王啊，咱追到这儿就行了，这就是大功了，让将士们先休息休息，等我把吃的喝的都运到了，咱们吃饱喝足再追也不迟啊。

刘弘基是行军总管，负责部队所有人的吃喝拉撒睡，他不可能像李世民那样带着士兵像野兽一样狂追。但李世民也不可能像他那样等着吃等着喝，等着敌人和大好时机从眼皮子底下跑掉。

所以，李世民说，宋金刚现在已经是穷途末路了，咱们必须抓住这个有利时机。咱没吃没喝、人困马乏，他宋金刚也是没吃没喝，也是人困马乏，所以必须要乘胜追击，一举解决问题。

说完，又策马北进。

之前窝在城里的唐军，受够了宋金刚的嘲笑、辱骂，现在终于能酣畅淋漓地打个追击战，个个跟下山猛虎似的，嗷嗷叫着跟随李世民继续追击。

追到鼠雀谷时，终于追上了宋金刚，然后就是双方混战，宋金刚被打得丢盔弃甲，带领剩余兵士又跑了。晚上，李世民带的军队实在是追不动了，干脆露宿在鼠雀谷。

已经两天两夜没吃饭，战士们都感觉到肚子咕噜咕噜叫，腿也直转筋。但没有足够的吃食，只有一只羊，怎么办？是可着领导吃还是大家均分？李世民选择了后者，每人吃一小块羊肉垫补垫补肚子，枕戈待旦。

第三天，李世民带人追到了介休，到了这次追击战的终点。

宋金刚实在是不能再跑了。再往北就是太原，那是刘武周的老巢，要是让李世民追到太原去，那不是引狼入室吗，刘武周岂能轻饶他？

也许是一路上跑昏头了，到了介休城里，宋金刚清点人数才发现，手里还有两万多人呢。这两万多人要是都操起家伙来，那也能顶一阵子，至少不会被李世民追得如此狼狈。于是宋金刚的胆子又肥了，出城布阵，要与李世民一决雌雄。

这次，李世民把对付宋老生和宗罗睺的套路又复制了一遍，命令迎敌将领只许败不许胜，看见宋金刚追过来就撤，再追还撤。

这一撤，宋金刚顿时狂妄自信起来，认为李世民不过如此嘛，我要在此杀他个回马枪，让他看看我的厉害。

宋金刚的人生教训就是在关键时刻过于狂妄了。本以为杀个漂亮的回马枪，结果自己的七寸被李世民给捏住了，在城外十里处正在与唐军厮杀，没料到被李世民抄了后路，前进不行，后退不得，战争就此定局。

《资治通鉴·唐纪四》记载：世民帅精骑击之，出其阵后，金刚大败，斩首三千级。

这一仗，宋金刚输掉了刘武周的全部家底，两人收拾收拾，带领家兵家将投奔突厥了。本来指望突厥人能再给点资本，以卷土重来，没想到，突厥直接把这两个失去利用价值的人杀掉了。

刘武周和宋金刚都殁了，但介休城并没有马上就到了李世民手里，原因是有个猛将在守城，这个猛将就是大名鼎鼎的尉迟敬德。

刘武周的大秦被灭，但尉迟敬德依然在坚守岗位。此刻，李世民想代表大唐劝降尉迟敬德，于是派出族弟李道宗率领宇文士及等人前去做说客。

尉迟敬德这个人很忠诚，但不愚忠。其实，他打心眼儿里瞧不起刘武周这种人，一直期盼能遇见个高明领导，也好发挥自己的聪明才智。于是，劝降与投降就成了双方的战略合作洽谈，介休被顺利拿下。

捎带着被拿下的，还有晋阳。

当李世民以胜利者的姿态出现在晋阳街头时，远在长安的李渊正在为他准备庆功会。

这一仗，李世民打得非常漂亮，不但收复了山西失地，还拿下了代北，扩大了地盘，李渊十分高兴。其实远不止这一仗，更让李渊高兴的是，收拾掉了刘武周和宋金刚，标志着关内及附近的敌对势力基本都被肃清了，为接下来的全国统一打下了基础。

在庆功会上，李渊让宫廷乐师们编排了一个歌舞大曲——《秦王破阵乐》，在舞台上再现了李世民的战斗英姿。隆隆的战鼓，激昂的音乐，逼真的舞台设计，让每一位观看的人都心潮澎湃，也让大唐那段激情燃烧的岁月，在历史的长河中绽出最绚丽的一朵浪花。

四面楚歌

李世民收拾了刘武周、宋金刚，再加上之前收拾掉的薛举、薛仁杲父子，大唐在西北算是站稳了脚跟，但李渊的目标可绝不是在西北站稳脚跟，否则他就不会冒着杀头的危险起兵造反了。李渊的下一个目标是什么呢？

打到关东去！

秦汉到隋唐时期，关东指的是函谷关以东地区，那里地广人多，是坐天下的必夺之地。

但是，想打到关东去也不是件容易的事。首先，关东有劲敌李密，还有王世充、宇文化及、窦建德，个个都不是孬种，个个都有两下子。

当初，李渊直奔长安时，靠"李家忽悠术"把李密给稳定住了，现在想回过头来收拾李密，再靠忽悠是不行了，看来只能硬打了。

其实不用李渊打，李渊想打李密的时候，王世充、宇文化及等人也在想着打他呢。大家心里都明镜儿似的，对手不只是大隋的杨广，反杨广的各路豪杰也都是对手，这些人不可能眼看着哪一方当上皇帝。所以，那时的关东基本是各方势力混战。

李密先是在与宇文化及的对战中败了下来，后来又被王世充带人追击，彻底没有了瓦岗军的领袖风采。再后来，也就是李渊当上皇帝第一年的十月，在老部下魏徵的劝说下，李密率领残兵败将投降了李渊。再再后来，李密又后悔了，趁机跑到山东拉起杆子，想再大干一场，结果被李渊手下一个叫盛彦师的将领给斩了，一起被斩的还有《隋唐演义》里提到过的著名人物王伯当。

当时，李密投降了，他那些彪悍的部下还不知道信儿，要想通知李密的部下投降，得派一个得力人手去，于是淮安王李神通被任命为山东道安抚大使，带着魏徵，负责接收李密的人马。

开始时很顺利，在李神通的忽悠和魏徵的劝说下，没用一兵一卒就把徐世勣给招抚了，还顺便得到了大批军粮。

徐世勣就是《隋唐演义》里的"牛鼻子"军师徐懋功（徐茂公）的原型，世勣是名，懋功是字。但演义是演义，历史是历史，两者不能混淆。实际上，徐世勣根本就不是什么军师，而是瓦岗大寨主翟让手下大将，翟让把瓦岗寨头把交椅让给李密后，徐世勣就成了李密手下干将，控制着东到大海、南到长江、西到汝州（今河南汝州市）、北到魏郡的大片地区。徐世勣的归顺，让李唐政权的控制范围一下子得到了扩张，所以他是李唐的大功臣，不但被李渊封为黎州总管，还被赐了李姓，变成了李世勣，成了李世民手下最重要的军事将领之一。后因避李世民的讳，改名李勣。

后来，李神通的接收工作就不顺了，因为窦建德杀了进来。

在所有反隋队伍里，窦建德是一个很难对付的对手。和其他农民军领袖不同，窦建德政治目标明确，军事素养也高，所以他治下的地区出现了难得的政通人和景象。而窦建德本人也在杨广被宇文化及逼死的第二个月就建立了一个大夏政权，当上了夏王。

窦建德一进来就把宇文化及给收拾了，后来又顺顺利利地把李神通刚刚拿到手的地盘都给没收了，把李神通、徐世勣、魏徵等人从接收大员变成了阶下囚。

此时，另一个手握重兵的重要人物王世充也趁机把李唐在河南的另一部分地盘瓜分走了，让身在长安的李渊的心刚热乎起来就被泼了一盆冷水。

这些事，都发生在李世民和薛举、刘武周等人打得正热闹的时候。所以，尽管李渊的心拔凉拔凉的，那也得先凉着，李世民根本腾不出手来。

现在，西北大局已定，李世民率领李家军主力，士气高昂地跨过函谷关，踏上了收复关东的新征程。

就实力来说，窦建德、王世充比薛举、刘武周强百倍。同样都是和对手对抗，薛举和刘武周是越打越瘪，而窦建德和王世充则越打越盛，地盘扩充了，人马也强壮了。

当然了，此时的李世民也不是之前的李世民了。此时的李世民不但有勇有谋，而且兵强马壮。比较起来，窦建德和王世充这两支人马，哪一支都比不上李世民。

但是，如果窦建德和王世充联合起来，怎么办？还有，如果屯兵江南的杜伏威和萧铣也加入进来，联合作战，那又该怎么办？

对于这种可能出现的情况，精于谋划的李渊早就准备好了解决方案。

首先，李渊料到窦建德和王世充这两个冤家不可能团结起来对付大唐。事实也果真如此，先是王世充偷袭了窦建德的粮仓黎阳（今河南浚县），作为回应，窦建德攻下了王世充的重要据点殷州

（今河南获嘉县）。王、窦两人谁对谁都不客气，更不可能联合起来。

其次，对屯兵江淮的杜伏威，李渊用尽一切办法拉拢。自从反隋以来，杜伏威一直都是自己玩，把身边小的反隋力量都收拾掉了，却从来不跟王、窦联系。李渊正是看准了这一点，派了个能说会道的人，将杜伏威拉到了"大唐"这边来。

再次，江南的萧铣，力量不容小觑，但和杜伏威一样，萧铣也从来没联系过王世充和窦建德。为了防止这股力量生变，在李世民兵出函谷关之前，李渊就已派出赵郡王李孝恭带领大将李靖等人，从金州（今陕西安康）进入巴蜀地区，然后沿着长江一路顺流而下，攻克了信州（今重庆奉节东），直逼萧铣的老巢江陵，将萧铣牵制在江南，也等于是在王世充南侧安插了一支协同力量。

最后，通过多种方式运作，原隋朝在幽州的总管罗艺也归顺了李渊，等于是在河北的窦建德北侧安插了一支威胁力量。

到目前为止，李渊的战略部署已经完成，王世充和窦建德的东西南北都是李唐或倾向于李唐的人马。和当年项羽被围在垓下一样，王世充和窦建德此刻可谓"四面楚歌"。

下一步怎么打，可以由李世民自己谋划了。

一个谋战略，一个谋战术，李渊和李世民配合得相当默契，堪称完美。

围困洛阳

王世充和窦建德虽然已处于李渊设计好的包围圈里，但李世民想同时灭掉他们，那也是不太可能的事。他必须做出正确选择，各个击破，最终达到平定关东的目的。

此时，有人主张先灭掉窦建德。因为窦建德的势力范围在河北，灭掉他，就能使李唐首先统一中国北方。隋唐之前的两个乱世，三国和南北朝时期，都是先统一北方，再图谋南方的。

但李世民不同意这个观点。如果说由北方统一南方，那么王世充也是在北方，杜伏威和萧铣才是南方。李世民决定先吃掉王世充，拿下关东重镇洛阳，然后再挥师收拾窦建德。

在这里，我们不得不佩服李世民的战略眼光。

第一，就距离来说，窦建德远而王世充近，舍近打远，容易腹背受敌。

第二，窦建德在河北的地盘大，兵力多，而王世充的人马都集中在洛阳附近，只要打好一个歼灭战，就能彻底解决问题。

第三，洛阳是隋朝的另一个政治、经济、军事、文化中心，战略位置极其重要。拿下洛阳，对于提振士气的作用非常明显，以后再打仗就更得心应手了。

于是，倒霉的王世充首先进入了李世民的瞄准镜。

王世充这个人不简单。

王世充本姓支，祖籍在西域，是胡人后裔。在王世充父亲很小的时候，王世充的祖父就死了。后来，他祖母带着他父亲改嫁到了长安附近的王家，于是父亲改姓王，他也就姓王了。

说王世充不简单，当然不是姓氏的不简单，而是他的为人和经历。年少时的王世充没少读书，传统文人经常读的经史子集，他都读过；文人们不屑一读的兵书、卜筮、推算历法的书，他也没少读。

王世充读书的目的是当官，后来还真当上了江都丞兼宫监，很受杨广器重。

东都洛阳被李密的瓦岗军围困的时候，王世充正是那里的守将，当然也吃尽了李密的苦头。幸亏宇文化及瞅着李密不顺眼，跟李密过了几招，王世充才有机会出手打败了李密，还趁机扩大了自己的地盘。在李渊称帝的第二年（武德二年），王世充也在洛阳称帝，国号郑。

在郑军和唐军正式对决之前，咱们先看看两家的实力对比情况。

首先是郑军的优势。王世充在洛阳经营多年，人脉很广，郑军刚刚大败李密的瓦岗军，士气正旺。洛阳虽然无险可守，但正是因此，王世充一个劲儿地加固城墙和洛阳外围防线，把劣势变成了优势。

再看看郑军的劣势。

第一，王世充是隋炀帝杨广的亲信，杨广的名声不好，也连累了王世充。

第二，郑军内部不团结。王世充的手下有关陇过来的人，心思倾向于李唐；还有被俘虏过来的李密的人，比如秦叔宝、程知节（《隋唐演义》里的程咬金）、罗士信，这些人跟王世充三心二意，一有机会就想造反，后来彻底跑到李世民手下去了，气得王世充直跺脚。

第三，王世充虽然在洛阳的人脉广，但想在洛阳以外地区征兵、征粮，那就不好使了。那里本来就是你争我夺的地方，唐军来了就挂唐旗，郑军来了就挂郑旗，夏军来了就挂夏旗。所以，王世充指望这些人给他卖命，那是打错了算盘。

第四，更让王世充闹心的是，他的主力部队都是江都士卒，水战行，陆战不行；防守行，进攻不行。

最让王世充闹心的是，想防守却没有大纵深，洛阳距离新安前线连一百里都没有，根本分不出前线和后方。

优势少，劣势多，王世充这一仗不好打。

不好打也得硬着头皮打，因为，李世民的部队已经开到新安了。

唐郑对决，首战于新安东的慈涧。慈涧是进攻洛阳的必经之路，王世充不能不救，也不敢不救，不救就是自己等死。

令交战双方都没想到的是，这次救慈涧，差一点就"一救定输赢"。

那天，李世民派大将罗士信围困慈涧，他自己带着几个人到前线侦察敌情，然后就遇见了王世充的三万人马铺天盖地压了过来。

当时的情况非常紧急，四面八方都是王世充的人马，此时的李世民也拿出了看家本领，张弓搭箭，左右驰射，竟然把王世充的左建威将军燕琪给擒了，后来奇迹般地从郑军的包围中杀了出来。

回到营门的李世民很狼狈，已经没有人样了，灰头土脸，身上还沾着血迹，哨兵认不出来，差点堵着门不让进。

这次小小的遭遇战，王世充捡了个大便宜，士气一下就涨起来了，都以为打李世民易如反掌。

但王世充毕竟是王世充，他心里比谁都明白，李世民能只身从万军之中逃脱，那绝对不是一般人，况且他身后还有十万李家军呢。

此地风紧，咱回洛阳老家备战备荒去。

王世充备战很有一套。

他派齐王王世恽守南城，楚王王世伟守宝城，太子王玄应守东城，汉王王玄恕守含嘉城，鲁王王道徇守曜仪城。这都是洛阳城的要害，必须要守住。

除此之外，王世充还在外围布置了重兵。

他派魏王王弘烈守襄阳，荆王王行本守虎牢关，宋王王泰守怀州。如此便摆了个铁桶阵死守。

李世民也没客气，安排了五路人马。

第一路，行军总管史万宝自宜阳出发，占据龙门（洛阳南），切断洛阳和襄阳的联系。

第二路，将军刘德威自太行出发，围困怀州，同时切断通往虎牢关的道路。

第三路，上谷公王君廓进攻洛口仓，切断郑军粮道。

第四路，怀州总管黄君汉自河阴出发，进攻回洛城（今洛阳市孟津区东），切断洛阳与回洛城之间的粮道。

第五路，李世民亲率唐军主力，驻扎洛阳城北面的北邙山，牵制王世充，使其首尾不能相顾。

在李渊编织的大网里，李世民又给王世充编了一张更紧密的网。这次，王世充凶多吉少。

李世民的战事进展非常顺利。

武德三年（620）八九月份的时候，黄君汉攻下了回洛城，并且击退了大郑太子王玄应的援军，刘德威从怀州外城攻入内城，史万宝率军打到甘棠宫，王君廓一路攻城拔寨，打得王世充手下将领魏隐望风而逃，然后占据了管城（今郑州）。

王世充的战事非常不顺利。

郑政权的大小官僚见唐军势如破竹，都不再效忠王世充了，都清点自己的队伍跑到李世民手下听差去了。邓州、显州、尉州、杞州、夏州、陈州、随州、许州、颍州等三十二个州县都改旗易帜，使洛阳完全处于孤立状态。外围仅有的几个城池也都和洛阳联系不上，只能各顾各的。

本来，王世充已经成了瓮中之鳖，但这只鳖的想法有点天真，还在洛阳城里做着和谈的美梦。

在洛阳城西北青城宫，王世充隔河向李世民喊话："秦王殿下，现在隋朝已经灭亡了，你们李唐在关中，我在河南，我没向西去侵略你们李唐，你却带兵过来打我，这是什么道理？"

李世民懒得搭理王世充，派宇文化及的弟弟宇文士及跟他对话：

"现在所有人都敬仰我大唐，唯独你不拿我们当回事，所以才要过来收拾你。"

"我们都放下武器讲和吧，对我对你都有好处。"兵临城下，这时候想讲和，王世充的想法不是一般的天真。

宇文士及也不想搭理他了，扔下一句话："奉诏取东都，不令讲和。"然后就回营复命去了。

到了第二年，王世充的情况进一步恶化。先是侄子王泰扔下河阳城跑路了，留下来的怀州刺史陆善宗没跑，直接把城池送给了大唐。

太子王玄应的情况也不妙，派几千人到虎牢关运点粮食，想给守洛阳城的士兵解决一下吃饭的问题，结果走到半道，连人带粮都被李君羡劫了，血本无归。

守洛口的单雄信倒是挺猛。王君廓一个劲儿地攻，他是一个劲儿地守，眼看着守城成功，李世民却突然带兵杀过来了。敌众我寡，单雄信也学起了王世充的招数，望风而逃。

李世民织的小网里正打得热闹，李渊织的大网也没闲着。大将李大亮从南边攻了进来，把沮州、华州收入囊中。

现在，王世充的外围防线全被李世民突破了，唐军把洛阳里三层外三层地围成了铁桶。

此时，王世充的外围据点已经被李世民拔掉了，但洛阳还是城高沟深，防守严密，不是一时半会儿能打下来的。

当初，李密也把洛阳围住了，愣是没打下来，最后倒是让王世充来了个反击战，功败垂成。

现在，李世民也把洛阳围住了，差点没让王世充来个反击战，功败垂成。

事情从有一天说起。

有一天，李世民外出打猎，正赶上王世充的上万人马来攻，一场遭遇战就此展开。

当时的情况万分危急，王世充手下大将单雄信的马槊已经刺到了李世民眼前。虽然李世民是战神，但此时他手里只有一把短剑，根本就没法对付又长又锋利的马槊。

恰在这时，尉迟敬德从旁边插了进来，一鞭将单雄信打下马去，然后保护着李世民突出了重围。

这就是后来被无数次搬上戏台演出的《单鞭夺槊》。

突出重围后，尉迟敬德似乎觉得不过瘾，又带领来增援的骑兵冲进了郑军队伍，左冲右杀，竟然俘虏了六千郑兵，还活捉了王世充手下大将陈智略。

此仗，王世充打得憋屈，李世民打得精彩。

回营后，为了表示感谢，李世民拿出一筐金银赠送给尉迟敬德。

差点丢了性命的李世民，又在之后的战场上上演了惊险一幕。

二月，李世民将营房移到青城宫，还没安好寨，王世充就率领两万人马从方诸门出城，在谷水边排兵布阵，竟然想跟唐军决一死战。

善于防守的郑军主动打善于打运动战的唐军，王世充脑子是不是进水了？

其实，王世充脑子真没进水，是缺粮给闹的。洛阳的粮道都被堵死了，没有粮如何守城？所以，对王世充来说，与其困死饿死，不如放手一搏。

王世充主动出击，对李世民来说绝对是大好机会。当时，李世民的精锐骑兵都部署在北邙山，他站在魏宣武陵上瞭望敌情，对王世充的军事调动基本清楚。

此时不歼敌，更待何时？

他令屈突通率五千步兵过河迎敌，"兵交则纵烟"，交战便释放狼烟。

屈突通不负期望，刚与郑军交手就开始放烟。李世民见时机已到，马上率骑兵冲入敌阵，与屈突通兵合一处、将打一家。

但王世充也是一个劲敌，想打败他，也不是件容易事。尤其是几万人的大仗，很难摸清对方纵深情况。而李世民却急需这个，以便做出相应部署，于是便率数十精锐骑兵冲入郑军后方。

哪知，那里地形比较特殊，有废弃的马坊垣堑，易守不易攻。所以，你不得不佩服王世充，即使是进攻，也选择好了防守地形。

由于地形不利，李世民与骑兵小分队跑散了，身边只有丘行恭将军。四面八方都是王世充的人马。

这时，王世充也发现了这个稍纵即逝的战机，命令所有兵将，团团围住李世民，只要抓住这条大鱼，洛阳之围就可迎刃而解。

那仗打得凶。

李世民的坐骑中箭而亡，是丘行恭让出了自己的坐骑，手持长刀迎战，保护李世民突出重围，与大军会合。

王世充功败垂成。

了解敌人纵深部署的李世民没有半点停歇，马上指挥部队进攻。

王世充也不敢大意，拼死搏斗。就怕这次败了，连命都保不住。所以，部队被李世民打散了，集合起来再打，打散了，集合起来再打。一直从早晨打到中午，几次集合几次被打散，后来实在是支持不住了，才下令撤退。

李世民紧追不舍，一直到洛阳城下被城门挡住。

这一仗，王世充损失了七千多人。李世民最大的损失是手下大将段志玄被对方活捉了。

后来，李世民为这事没少闹心，不知身在敌营的段志玄是生是死，有没有遭罪。再后来，段志玄竟然奇迹般地从王世充那里跑回来了，连根汗毛都没少，令李世民非常欣慰。

而眼下的任务不是想段志玄，是抓紧时间攻城。

咱们说过，守城是王世充的特长。

王世充凭什么守城呢？其一是城高沟深，其二是准备了各种大规模杀伤性武器——重五十斤，能打出二百步的大砲飞石；如斧的箭头，能射出五百步的八弓弩箭。

在当时来说，这些武器，件件致命。

在王世充的大规模杀伤性武器面前，李世民付出了沉重代价，死伤惨重，没日没夜地攻城，也没攻进去一兵一卒。

再这样下去怕也是徒劳，到最后，洛阳城没攻下，自身已经人困马乏了。

这时，行军总管刘弘基又一次站了出来："秦王殿下，长城不是一天垒起来的，王世充也不是一天打败的，咱还是回关中休养休养吧，等养足了精神再打也不迟。"

李世民哪里听得进这个，高声说："今举大计而来，当一劳永逸。东方诸州已望风款服，唯洛阳孤城，势不能久，功在垂成，奈何弃之而去！"

身在长安的李渊听说洛阳守备坚固，也派人告诉李世民让其撤兵，等兵更强马更壮时再来打洛阳。

但是，将在外，君命有所不受，李世民坚决要打。

其实，这不是李世民固执己见，身为前线总指挥，对战场的形势比谁都清楚。他深信自己的判断没有错，只要坚持就能迎来全面胜利。

果然没多久，形势越来越有利于唐军。

洛阳城里没粮了。

谷水一战，王世充没占到便宜，更没筹到一星半点的粮食，还被李世民围着打。现在，坚持了一个月，人吃马嚼的，粮食早就没了，老百姓更苦，只能吃草根树皮充饥。洛阳城里的三万户家庭已饿死了两万七，剩下的人已是奄奄一息，兵士也没了战斗力。

眼看就要攻下洛阳，活捉王世充，没想到在这个时候出大事了。

打掉窦建德

这个大事出在窦建德身上。

准确地说，窦建德在唐、郑酣战时过来捣乱，把十多万军队直接摆在了成皋，对唐军侧翼形成了严重威胁。

窦建德是李唐的又一劲敌。当初，决定打王世充的时候，李渊已派人先行稳住了窦建德。窦建德也是个英雄，不会不知道李渊收拾完王世充就会收拾他。所以，他表面上云淡风轻，暗中把劲儿鼓得足足的，拼命扩大在山东、河北的地盘，为将来和李渊一决雌雄攒资本。

洛阳被围初期，王世充曾派人向窦建德求助，开始时，窦建德不救。不救没坏处，救了没好处，那就不救吧。

后来不救不行了，因为王世充有被李世民吃掉的可能。如果王世充被吃，下一个肯定轮到自己。虽然自己在山东、河北圈了很大地盘，但还不足以单独和唐军抗衡。现在，最好的办法是让王世充活着，既能牵制唐军，又不会对自己构成威胁。

窦建德的小算盘打得比谁都精。只是，这次面对李唐人马，窦建德失算了。

窦建德的突然出现，打了李世民一个措手不及。

前边的王世充没打下来，侧面的窦建德已经逼近，怎么办？是撤还是想办法挺住？

萧瑀、屈突通、封德彝等大部分人认为，应该撤。至少应该撤至新安，暂时与敌人脱离接触。到那时，王世充和窦建德这对冤家也会再生嫌隙，待他们两败俱伤时再出兵，可渔翁得利。

对于这个方案，郭孝恪、薛收两人不同意。他们认为，王世充虽然被困洛阳，但他手下都是江南精锐，只是因一时缺粮而丧失战斗力。如果窦建德的援兵援粮运到洛阳，唐军想在短时间内取胜是不太可能了。

郭、薛二人的方案是，留出一部分兵力继续围困洛阳，另派精兵扼守成皋要道，切断王世充的郑军和窦建德的夏军之间的联系，而唐军主力部队则奔袭虎牢关迎敌。

这个方案，扩大了战役范围，看起来是冒险，实际上是把握住了战争的主动权。只要灭了窦建德，毫无指望的王世充就得乖乖投降。

方案可行，剩下的就是实施。齐王李元吉继续围困洛阳，李世民亲率大军奔赴虎牢关，挖坑张网等待窦建德。

但是，窦建德是个善于用兵的人，没那么容易进坑。他尤其知道，李世民有后顾之忧，不可能打持久战，所以他不急于进军。

窦建德不急，李世民却不能不急，他千方百计引诱夏军主力决战。为了创造战机，李世民派出了他的精锐骑兵，分别交给李世勣、程知节和秦叔宝率领，在路上设三处伏兵，他和尉迟敬德只带领四名骑兵做诱饵，到夏军营前挑战。

也不知道是巧还是不巧，离窦建德营房还有三里地的时候，遇见了夏军巡逻小分队。令人闹心的是，小分队的队长和士兵都不认识李世民。

不认识咋办？不认识就不打呗，你走你的，我走我的。

可是，李世民想打呀，想打就得让他们认识。于是自报家门："我是秦王李世民，认识不？"

说完，一箭将巡逻队长射倒，然后扭头就跑。

窦建德得知消息，说李世民竟然只带着四五个人来叫阵，现在正往回跑。

那还能放他跑了？追——

原以为这一跑一追，事先布下的口袋阵会起作用，会将窦建德的夏军一网打尽。没想到的是，窦建德只派出五六千人，虽然钻进了李世民的口袋，被揍个半死，但夏军主力未动。所以，李世民这招失算。

窦建德拖着不打，李世民想打没打成，双方只好僵持。

一个月后，窦建德手下一个叫凌敬的谋士出主意说，现在正面打李世民不好打，但可以侧面进兵济河，攻取怀州、河阳，然后留一重要将领把守，而我们主力部队一直向西，过太行，进上党，收大唐的河东之地，直逼长安。这样做，有三点好处：一是脱离洛阳前线，如入无人之地，没有太大危险；二是可以开疆拓土，征兵征粮，增强实力；三是吸引李世民回救，洛阳之围自解。

这是围魏救赵的用兵上策，窦建德这个能当上皇帝的人物当然会同意。

但是，有人不同意。

谁呢？

王世充。

王世充不同意的理由很简单：你窦建德跑河东肥吃肥喝去了，留下我在洛阳城里喝西北风。万一李世民横下心不回救怎么办？万一李世民在夏军占领河东之前把我灭了怎么办？

王世充是这么想的，但不能这么说。因为，这完全是在为自己考虑，窦建德不会因此改变策略。要想让窦建德做出改变，就得拿出真金白银贿赂窦建德身边的将领，让他们站出来反对凌敬，事情才能有转机。

钱收下了，众将充分发挥人多力量大的优势，开始在窦建德面前诋毁凌敬：

"一个书生，怎么能参与作战决策呢？"

"书生的话，都是纸上谈兵，不顶用。"

"要打就正面打，咱不做偷偷摸摸的勾当。"

窦建德终于被众将说服，放弃了凌敬的方案。

其实，即使没有王世充的贿赂，众将也会站出来阻挠的。凌敬出主意众将干活，凌敬动动嘴，众将跑断腿，最后功劳还得是凌敬拿大头儿。这事，众将不高兴。

既然愿意真刀真枪和李世民干仗，那就干吧。

然而，干仗也不是说干就干的，几十万军队对阵，得找准对方的破绽才行。

没多久，窦建德就找到了李世民的破绽。

李世民之所以所向披靡，其中一个重要原因是他有一支锐不可当的骑兵部队。隋唐时期的战争，以步兵作战为主，尤其是窦建德的河北农民军，基本没受过正规军事训练，缺乏骑射功夫，所以，李世民的骑兵能发挥出闪电战的优势。

然而，骑兵也有弱项，那就是在每一兵之外多出了一马，增加了后勤供应负担。为了减轻负担，就要尽可能就地取食，放马吃草就成了必然选择。

如果能让李世民骑兵改步兵，就能以己所长克敌之短。

窦建德的计划是，寻找李世民放马时出现的战机，带兵掩杀过去，一举解放虎牢关，再举解救王世充。

计划不错，但不周密。

窦建德不知道，他的营盘早就被李世民布下了情报网，他的一举一动，都在李世民的掌控之中。

得知窦建德的作战计划，李世民决定将计就计。

五月一日，李世民渡过黄河察看敌情，临走时留下一千匹战马在水草丰美的地方吃草，自己带人回了虎牢关。

窦建德果然上钩。

第二天，窦建德率夏军主力来攻，队伍延绵二十多里，可谓阵容强大，军容不整。

说阵容强大，是说窦建德把自己的十多万人马一股脑都摆出来了，换谁都得被这阵势给吓坏了。

说军容不整，是说窦建德带领的是业余水平的军队，在汜水岸边列阵迎敌时，竟然被太阳晒得没了耐性，有的抢树荫，有的抢凉水，还有躺着卧着趴着的。

针对这种业余水平，战神李世民做出了如下部署：

一、召回河对岸马匹，乘夏军不备，强渡汜水回营；

二、命宇文士及率三百骑兵骚扰夏军侧翼；

三、待敌阵稍有混乱，亲率史大奈、程知节、秦叔宝、宇文歆等名将反复冲击。

一冲则乱，再冲则散，三冲则败。李世民的骑兵如同进了瓜地，喊里咔嚓，一顿冲撞，彻底解决战斗。

可惜了夏王窦建德，曾经信心十足地想和李世民大战一场，没想到这么快就被冲得落花流水，自己也"有幸"当了一回俘虏。

打掉窦建德，王世充彻底成了瓮中之鳖，尤其在看到李世民押解着窦建德在洛阳城下劝降后，王世充的心死了。

十万精兵困洛阳，也无救兵也无粮。投降吧，除此别无选择。

但投降也不能一声不吭，得讲个条件，那就是要求免死。否则，不如战斗到死。

对此，李世民大手一挥，免死可以，打开城门，大军进城受降。

进城后，李世民下令把王世充手下主要将臣拉出去砍了，其中就包括单雄信。此为立威，意在震慑。

不杀王世充，一方面显示李世民的大度，给对手留下个活口，给自己留下个好名声；另一方面也能看出李世民的心机，替王世充卖命的人死了，王世充还活着，这种活，连狗都不如，看以后谁还给这种人卖命。

如此，硝烟已散，现在我们来看看李世民的战绩。

从出关到打下洛阳，一共花了十个月的时间。前八个月，主要是围困王世充，后两个月风云突变，转而对付窦建德。本来打算远交近攻，一个一个吃掉，没想到窦建德一竿子插过来，打乱了李世民的军事部署。但李世民能正确判断，及时调整，一举歼灭两支劲旅，为出关作战开了个好头。所以，没有人不佩服李世民的军事胆略和指挥才能。所以，能被后世以政治家、军事家称颂，李世民绝不是浪得虚名。

围剿刘黑闼

与苟活的王世充不同，窦建德被押回长安后不久就被李渊处死了。

本来，处死窦建德也在情理之中，但不合情理的是，李渊四处追杀窦建德旧部。一时间，天无宁日，人心惶惶，刚被李世民平定的地区又烽烟四起。

在隋唐交接时期，窦建德是个比较特殊的人物。他早年带领一帮农民军举旗反隋，在杨广死后，竟然又给杨广举丧。即使当上了夏王，窦建德也一直保持着农民本色，穿布衣吃粗米，重视农业生产，注意减轻农民负担。所以，在河北、山东地区，真心拥护窦建德的人不在少数。

但拥护归拥护，没人愿意放着好端端的日子不过，整天外出打打杀杀。现在，窦建德已死，不管谁来当皇帝，能让自己过上有地有牛、老婆孩子热炕头的小日子就行。

导火索是窦建德旧部范愿、董康买、曹湛和高雅贤四个人点燃的，但归根结底是李渊点燃的。

武德四年七月，也就是李世民刚刚拿下洛阳回到长安的第二个月，李渊发令范愿、董康买、曹湛和高雅贤到首都长安报到。

谁都能看出来，这个报到不是啥好事。去吧，有凶无吉。不去，违抗圣旨。横竖都是个死，为什么不起来拼一把？

主意已定，说干就干。

他们找到窦建德另一旧部刘黑闼，共商起义大计。

刘黑闼也憋得喘不过气来，感觉铡刀正一点一点朝他脖子落下。

于是刘黑闼聚集了两千多人，攻下了漳南县。然后，队伍越来越大，仗也越来越能打，打败了淮安王李神通，重创李世勣，活捉薛万均薛万彻（后逃回），逼得定州总管李玄通自杀殉国，唐将秦武通、洛州刺史陈君宾、永宁令程名振逃回了长安。

不到半年，刘黑闼就恢复了窦建德当年的地盘，仍然把洺州作为都城，自称汉东王，并建立行政机构，范愿、董康买、曹湛、高雅贤等窦建德旧部，一律官复原职。

听到这个消息，李渊头都大了。原以为灭了王世充和窦建德，河北、河南、山东就太平了，没想到又冒出来个刘黑闼，把李世民打下来的地盘都抢走了。

让李渊头更大的是，刘黑闼还和突厥这个幽灵般的势力搅和在一起，共同窥视大唐政权。

为了保卫李氏政权，只得让李世民再辛苦一趟，围剿刘黑闼。

这次，李世民出手并不顺利。

从武德四年（621）年末到武德五年（622）二月，李世民和刘黑闼交战，基本没占到便宜，反倒战死了大将罗士信，军心受挫。

三月，李世民和罗艺分别在洺水两岸布兵，并派兵袭击了刘黑闼的粮道，迫使刘黑闼南渡洺水寻找战机。

于是，刘黑闼落入了李世民布下的圈套。

李世民打仗的特点是，没战机时闭门不出，战机出现时下手又狠又准，不给对手留任何喘息机会。

李世民的战机，有的是随着战场形势变化而出现的，有的是自己创造出来的，更多的是两者结合的产物。

现在，刘黑闼疯了似的渡河攻击唐军，李世民看到战机已出现，学起了关公水淹于禁之策，迅速将早已蓄好的洺水决堤，洪水一路咆哮而下，淹死好几千人。

刘黑闼做梦也没料到李世民会用这个损招，在损兵折将之后仰天长叹一声，掉转马头投奔突厥去了。

这里，需要对一个小人物交代一下，那就是徐圆朗。

在李世民围困洛阳时，窦建德正在抓紧时间扩大自己的地盘，其中一个任务就是灭了山东的徐圆朗，后来见李世民要坐大，才转而支援王世充。这时的徐圆朗也顺势投降了李唐。

在李唐政权下，徐圆朗的日子过得很不舒服。刘黑闼起兵后，他又跟着刘黑闼反叛。现在，刘黑闼战败逃走，徐圆朗又过上了生不如死的日子。

对于这个小人物，李世民是不会放在心上的。

在大局基本稳定之后，李世民受到李渊的通令嘉奖，班师回朝，将剿灭徐圆朗的任务交给了淮安王李神通和行军总管任环、李世勣。

李世民前脚离开，刘黑闼后脚就杀回来了。

六月，攻陷定州。

九月，占领瀛州。

十月，打败淮阳王李道玄，并再次占领洺州，建立政权。

十一月，打进沧州，逼走沧州刺史程大买。

面对如此紧急事态，李渊本打算再派李世民出马，但考虑到李世民已屡立战功，于是将这次立功机会分给了另外两兄弟。

先派李元吉前往镇压，后派太子李建成赴河北、山东征讨。

在这次征讨中，后来成为李世民能臣的魏徵也同在营中。魏徵建议李建成少攻城多攻心，释放战俘，彻底瓦解刘黑闼的民心基础。

釜底抽薪，魏徵这招够狠。

那时打仗，兵源都是农民。而农民心里想着的就是种地，消消停停过日子。在窦建德主政时期，河北、山东农民基本是过着小康一样的生活，若不是李渊对窦建德旧部赶尽杀绝，没人愿意起来造反。现在，朝廷放人了，还表示不再追究战争责任，谁还乐意打仗啊。一时间，回家种地的有，投降的也有。

于是，刘黑闼的基础塌了，几万人的队伍说散就散了，没多久，也就是武德六年（623）正月，兵败被杀于洺州。

第二次征讨刘黑闼，对大唐后来的政治格局影响非常大。

第一，李建成与李世民的行事风格不太一样。一个善迂回，一个善斗狠。李建成也有了战功，并且凭借太子身份，稳居李渊诸子排行榜第一名。

第二，在此次征战中，原属李世民阵营的李元吉，突然加盟李建成阵营，在后来兄弟反目的玄武门之变中，差点置李世民于死地。

然而，这些都是李唐家事，待以后关起门来说话。现在只说外事，剿灭刘黑闼的同时，盘踞江南的萧铣也投降了。至此，李渊父子联手剿灭了所有割据势力，中国历史开始进入鼎盛时期。但，李渊心里为何总是隐隐感觉有些不安呢？

李世民和他的一班人马

在所有的开国皇帝里，李渊算是最幸运、最省心的了，从太原起兵，一路狂飙突进，直接就攻下了隋朝首都。他坐上了皇帝宝座，平定天下的事就交给儿子们去干了。其中，李世民是战场的绝对主角，所以威望一路蹿升。

李世民之所以有这么大的成就和这么高的威望，与李渊当时面临的状况分不开。

定都长安后，李渊的地位还不太稳固，所以不愿意把领兵打仗的重任交给外人，担心外人功高盖主，将来不好控制。此时，长子李建成已被立为太子，协助处理日常事务，也不太可能外出打仗。四子元吉年龄还小（三子玄霸早夭），虽然能领兵，但不足以谋全局。于是，有勇有谋的李世民成了最佳人选，在战场上不断立功，成就了他在大唐政权中的特殊地位。

李世民地位的特殊性在于，不但是兵马元帅，手里握有重兵，而且是朝廷宰相，既有军权又有行政权。

太子中允王珪和太子洗马魏徵就曾不断提醒李建成：秦王战功太大了，您作为太子，说好听的是坐镇东宫协理政务，说不好听的是不干正事。现在，咱们大唐最重要的政务是平定天下，您要乘机捞点战功啊。

于是，就有了李建成出兵围剿刘黑闼，而李世民则留守京师。

这个时候，兄弟双方的矛盾已经心知肚明了。

战功再大，李世民在大唐的地位也比不上大哥李建成。不愿当千年老二的李世民，开始谋划自己的未来了，其中最重要的步骤就是结党为自己所用。

结党这事，李世民有先天优势。

首先是太原起兵占据的优势。起兵之前，李世民一直在太原，和太原起兵的文臣武将关系不错，这些人包括重要谋士刘文静、左骁卫大将军长孙顺德、右骁卫大将军刘弘基，还有李世民的大舅哥长孙无忌，以及后来加入队伍的妹夫柴绍和天策府长史唐俭。这些人都成了李世民的亲信。

后来，唐军一路高歌打进了长安，各路豪杰都来抱大唐这棵大树，李世民又乘机划拉了一批人才，其中包括房玄龄、杜如晦。

房玄龄在大隋时就被视为"必成伟器"的人物，后经人介绍投到李世民麾下，当了个记室参军。这个房参军是个写材料的高手，千把字的汇报材料，用不了多久就搞定，观点明确，层次清晰，言简意赅，有理有据。

房玄龄的这个本事，连李渊都看在眼里，说可以给房玄龄委以重任。

李渊认可，李世民也非常认可，所以房玄龄开始竭诚为唐服务。

不过，服务的方式有点特别。

比如，每次打完仗，别人都是进城进营搜刮珍玩财宝，大发战争财，房玄龄却专门搜刮人，把能带回来的良臣猛将都给李世民带回来了，还暗中做好这些人的思想工作，让他们一心一意为大唐效力。

房玄龄这个特殊的服务方式，为李世民培植自己的力量立下了汗马功劳。

杜如晦也在大隋工作过，后来投靠了大唐，先是在秦王府当兵曹参军，后来被李渊调出，任陕州总管府长史。

凡是正直领导，看见自己手下人外出任职有出息，都会很高兴的。杜如晦外任，李世民也很高兴，还张罗着给钱行呢。

但房玄龄不高兴。

为啥？因为杜如晦太是个人物了，把是个人物的人从李世民身边调走，对李世民来说，不是好事。

房玄龄忠心耿耿，他对李世民说："咱秦王府外调任职的人不少，这都没啥，但杜如晦聪明练达，如果您想成就一番伟业，千万不能放走此人。"

李世民大惊："你要是不提醒，我差点失去杜如晦这个济世之才。"于是便跟李渊请示，把杜如晦留在了秦王府。

杜如晦不负所望，跟随李世民出征打仗，"尝参谋帷幄，军国多事，剖断如流，深为众服"。

在平定陇右，收拾刘武周，打败王世充和窦建德的时候，李世民也没忘了网罗人才。

当初，李世民打败薛仁杲，就想把他留下为自己所用。可惜，刚送到长安，薛仁杲就被李渊给斩了。

薛仁杲这个人猛是猛了点，也给李世民带来了很大的麻烦，但那得看是对谁，如果薛仁杲站在自己这边，感觉到麻烦的就该是李世民的敌人了。

唉，薛仁杲死了，现在说这些都没用了。李世民是个现实主义者，没用的话不说，没用的事不做。他能做的是把薛仁杲手下的一万多降兵收为自己所用，"与之游猎驰射，无所间然"，换来了降兵的忠心，愿以死效劳。后来，这些人果然在各个战场上发挥巨大作用，为李世民赢得了巨大声誉。

在网罗的人才里，要说忠心，不能不说尉迟敬德。

尉迟敬德是在攻打刘武周的时候网罗到的，这个人擅长避槊夺槊，每次打仗，纵马冲入敌阵，敌人万千长槊刺他却怎么都刺不到。不但如此，还能夺过敌人的槊刺杀敌人，这就很令人刮目相看了。

李世民的弟弟、齐王李元吉也擅长使槊，总闹着跟尉迟敬德比试比试。有一次终于比试成了，李元吉拿槊来攻，尉迟敬德徒手夺下长槊，往复三次，弄得李元吉很没面子。

但李世民却很有面子。

李世民的这个面子，不是撑给李元吉看的，而是在战场上实实在在撑给自己的。在打王世充的时候，李世民多次身临险境，尉迟敬德总能奇迹般地夺槊救驾，为李世民争得了面子，也迎来了战场胜利的里子。

还有屈突通、公孙武达、段志玄、钱九陇、樊兴、李安远、张士贵、薛万彻，都是李世民在打仗时网罗到的重要将领。

还有两个人，名气比较大，一个是秦叔宝，另一个是程知节，也就是《隋唐演义》里的秦琼和程咬金，一个是重情重义、侠肝义胆，一个是瓦岗寨的混世魔王。提起这两个人，可谓妇孺皆知。

《隋唐演义》虽然是小说，不能当历史来看，但其中的确带着一些真实。

起初，秦叔宝和程知节都在李密手下当职，后来双双投靠了王世充，因为瞧不起王世充的小心眼儿，又转投了李唐。李世民一一委以重任，拜秦叔宝为马军总管，授秦王府右三统军，授程知节秦王府左三统军。

还有就是网罗王世充手下将领。

在王世充投降时，李世民杀了一批人，但不是滥杀，有能力的人不杀，非恨之入骨的人不杀。不但不杀，还给予高官厚禄。封王世充的将军刘师立为左亲卫，王世充的征南将军田留安为右四统军，王世充的侑州长史张公瑾在秦王府里听差。

众人纷纷感恩戴德，誓为秦王鞍前马后，以死效劳。

愿以死效劳的还有十八学士，分别是：秦王府属官杜如晦，记室房玄龄、虞世南、薛收，文学褚亮、姚思廉，主簿李玄道，参军蔡允恭、薛元敬、颜相时，谘议典签苏勖，天策府从事中郎于志宁，军谘祭酒苏世长，仓曹李守素，国子助教陆德明、孔颖达，信都盖文达，宋州总管府曹许敬宗。

十八学士是李世民开文学馆得来的。

这个文学馆，听起来像是个现代搞诗词歌赋的学术机构，其实不是。李世民的文学馆是以招文人学士之名，行参谋政事之实。

文学馆的建立，标志着李世民由单纯依仗武将向文武通吃的方向发展，也标志着自身军事、政治势力的崛起。

至此，李世民的一班人马已粗具规模，军事、政治人才皆备。大家在一起畅谈国事，为李世民出谋划策，就等一声令下，倾巢而出。

三个儿子两条心

除了老三李玄霸早亡，李渊还有三个儿子，分别是老大李建成（太子），老二李世民（秦王），老四李元吉（齐王）。

一提起这三个人，很多人的脑海里都会闪出这个印象：建成残忍，元吉凶狂，只有李世民为人正直。在唐初的政权争夺战中，李世民代表的正义力量最终战胜了李建成、李元吉代表的邪恶势力，将唐朝的政治、经济、文化推向了最高峰。

人们对历史和历史人物的了解，大多是通过史书，而史书都是胜利者写的，在李氏三兄弟的惨烈斗争中，李世民是胜利者，他不可能把两个政敌写得完美无缺，甚至实事求是地写都不可能。

那么，李建成和李元吉到底是什么样的人呢？咱们绕开李世民，看看这两个人的本来面目。

李建成性格宽简仁厚，在军事方面也能独当一面。自从太原起兵，李建成就担起大任，与李世民分领左右两军，一路克敌制胜，功不可没。

也许是李渊的皇帝梦实现得太顺利了，李建成还没来得及建立更大功勋，就被立为太子了，就开始协助李渊处理朝政了。虽然后来也有过战功，比如镇压祝山海反叛，剿灭刘黑闼，但是与四处征讨的李世民相比，战功小得多。

至于李元吉，也不是一般人，武艺高强，带兵也很有手腕。在李世民出关东征的时候，李元吉也随行左右，屡立战功。但是，这个小兄弟没有成为李世民的私党，却跑到大哥李建成的阵营里去了，个中缘由，值得玩味。

分析来分析去，无外乎两点原因：一是李世民嫌他年龄小，没有给予足够的重视；二是李建成趁着剿灭刘黑闼的机会，迅速把这位小兄拉拢过去，最终形成了三个兄弟两条心的局面。

李世民有自己的一班人马，可以在权力争夺中拉出去，干一番大事业，李建成和李元吉同样有一班自己的人马，比如李建成手下的战将薛万彻、冯立，东宫洗马（太子的老师或随从）魏徵，中允王圭和左卫率韦挺，李元吉手下的谢叔方、张胤。还有《隋唐演义》中那个大名鼎鼎的罗艺，也被建成和元吉趁着剿灭刘黑闼的机会拉进了他们的阵营。

搞通李渊是关键

在争夺天下的战争时期，李氏三兄弟紧紧跟在李渊身边，一致对外，取得了一个又一个胜利。战争结束，进入和平发展时期，之前被掩盖着的矛盾便集中爆发出来了。

这个矛盾，是李世民想当接班人的欲望同李建成宁死不松手之间的矛盾，是李建成和李元吉因为猜忌而对李世民步步紧逼的矛盾。这个矛盾深刻影响着李唐的未来发展，也深刻影响了中国历史的发展。

从李世民和李建成两方面来说，一个功勋卓著，一个名正言顺，都具有争夺皇位的可能。

这个时候，李渊还好好地活着，他的态度决定着两股势力的命运，甚至他身边的人也能发挥微妙的作用。所以，在这个时候，搞通他是关键。

现在，我们来看看，李渊身边有哪些人能发挥微妙的作用。

首先是朝廷大臣。宰相裴寂支持李建成，其他几位大臣，如宇文士及、萧瑀、陈叔达都支持李世民。还有一些大臣，如封德彝等人，既不支持李建成，也不支持李世民，当然也可以说是既不得罪李建成也不得罪李世民。

虽然支持李建成的大臣在数量上不占优势，但因为裴寂是李渊非常信任的宰相，而且李建成是太子，是皇位的合法继承人，所以他们拥有法统上的优势。

其次是李渊身边的女人们，也就是后宫嫔妃。这些人有机会对李渊吹枕边风，也就可能影响李渊的态度。对这些嫔妃，李建成因为长居长安宫中，熟悉宫廷情况，所以有条件进行拉拢、收买，进而为他做事。其中最奏效的数张婕妤和尹德妃。

张婕妤和尹德妃就是当年在晋阳宫侍奉李渊的两个美人。当时，她们名义上是杨广的女人，但杨广连见都没见过，即便如此，她们也是杨广的女人，杨广碰不碰是杨广的事，别人敢碰就是必死无疑的事。所以，李渊敢冒着死罪碰了这两个女人，足见李渊对她们喜欢的程度。所以，这两个女人吹的枕边风，对李渊的影响不会小。

在李建成忙着拉拢后宫嫔妃的时候，李世民也没闲着，让老婆长孙氏时常结交后宫嫔妃。

李世民打仗有外财，不怕花钱。但花钱也没买来嫔妃的好话，还惹来一身臊，这就有点让人心里不舒服了。

当初打下洛阳，李渊派贵妃等人前去挑选宫女和珍宝。本来，这是一件对谁来说都满心欢喜的好事，结果好事变坏事，谁都不高兴。原因是贵妃想让李世民高抬贵手，给自己腰包里多装点金银珠宝，还想趁机给自己亲戚捞点战功。但李世民一点都没客气，把嫔妃们的过分要求都给挡回去了。

李世民这一挡，把这些女人的坏话都挡到李渊耳朵里了，结果是李世民立了很大战功，却没有得到李渊的充分肯定，这事就有点憋屈了。

然而憋屈的事还不只这些，后来又接二连三，让李世民有理说不出，只能憋在心里自己生闷气。

首先是李神通受田的事。

因为淮安王李神通有功，李世民给他几十顷肥田作为奖赏。本来这是再正常不过的事情，然而这块肥田被张婕妤的父亲看中了，还利用跟李渊的特殊关系（名义上的翁婿，实际上李渊从来没把他当老丈人对待），搞到了李渊赐田手诏，非要夺走李神通那块田。

李神通当然是不肯让步。秦王赏给我的，凭啥你说要就要去？有皇帝手诏也不行啊，凡事得讲个先后不是？

肥田没夺走，张婕妤开始给李渊吹枕边风了。

皇上啊，您赐给我爹的良田被秦王夺去赐给李神通了。皇上啊，您得给妾身做主，不能让秦王明目张胆欺负人啊。

李渊信以为真，斥责李世民：我诏敕的事都不行了？大唐朝的事，你说了算了？

过了几天，李渊怒气未消，对裴寂说：我这儿子带兵久了，越来越牛了，不再是我以前那个二儿子了。

再有是杜如晦骑行的事。

有一天，杜如晦骑马经过尹德妃的父亲尹阿鼠的门口，突然被阿鼠家童从马上拉下来打了一顿，边打边骂：你是谁呀，经过我们家门口敢不下马？

你说杜如晦憋气不憋气？

然而憋气的事还没完。纵家童动手打人的尹阿鼠怕李世民找来算账，让女儿尹德妃恶人先告状，跟李渊说，秦王手下凶暴，欺负我父亲。

结果，李渊又把李世民找来骂了一顿。李世民想当面把事情说清楚，李渊却不想听，甩袖子走了。

在后宫嫔妃眼里，李建成是个大好人，将来好人当了皇帝，大家都跟着沾光，吃香喝辣。而李世民这个人实在是不怎么样，抠门耍横，跟着他不会有好果子吃。所以嘛，好人就得让他更好，就得不停地在李渊面前说建成仁慈，建成宽厚，建成有能力、懂礼数。

坏人就得让他更坏，就得不停地在李渊面前说秦王凶暴，秦王无礼，秦王无贤德、少恩义。

李世民有口难辩，转而谋划更强硬的对策。

宫斗进行曲

矛盾已经形成，而且没有和平解决的可能了，只能兵戎相见，拼个你死我活鱼死网破。所以，各方都在积蓄力量，准备战斗。

一场大戏就要启幕。

现在，我们来看看演员表。

领衔主演：李世民、李建成、李元吉。

特邀出演：各自麾下将领。

龙套演员：秦王府兵、东宫兵、齐王府兵。

王府有兵？是的，这些兵都是各王府的禁卫兵，是公开的，皇帝李渊也是允许其存在的。

但是，只允许有少量的府兵看家护院，多了就不行了。问题是，一旦秦王和太子、齐王打起来了，这些府兵能不能稳操胜券，各方心里都没底。

心里没底咋办？多招人呗，而且招猛人。

李世民招了八百多勇士入职受训。

李建成找了两千多兵丁，屯于东宫左右长林门，称为"长林兵"。又令右虞候率（正四品官）可达志秘密去幽州，招募了三百多精锐骑兵，准备进攻秦王府，置李世民于死地。

不过这事做得不够巧妙，被李渊闻着风声了。既然闻着风声了，那就得有点举措。

治太子的罪？好像不太妥，毕竟李建成还没闹出大乱子，治他的罪会影响大唐今后的持续健康发展。

不治罪？好像也不太妥，若今后这几个儿子互黑起来，大唐也不好发展。

怎么办呢？把可达志这个马仔拎出来当个替罪羊吧，流配嶲（xī）州（今四川西昌）了事。

这个时候的李元吉也没闲着，"募壮士，多匿罪人"。就是说，李元吉招募的大多是负罪在身的青壮大汉，这真是不怕事大呀！

现在，李建成和李元吉一伙儿的私兵数量加起来远超李世民的兵力。但兵在精不在多，将在勇不在众。在有能力独当一面的将领方面，太子和齐王虽然有薛万彻、冯立、谢叔方等战将，但秦王方面却有尉迟敬德、秦叔宝、程知节、段志玄等骁将。

对抗的结果是，建成、元吉兵多，李世民将广，而且秦王府谋臣甚众。所以，建成、元吉首先要解决的就是对秦王府精兵猛将的控制权，如果能直接干掉李世民本人就更好了。能一招彻底解决问题，这事谁都愿意干。

剩下的就是在机会出现时下手了。

机会很快来了。

有一次李世民陪同李渊赴齐王府，齐王李元吉命令护军宇文宝暗中埋伏，乘机一刀干掉李世民，彻底解决问题。

但李建成没让李元吉这么干，一是怕有李渊在，不好开场也不好收场。再有就是，不管后人怎么埋汰李建成，但真实的李建成毕竟是宅心仁厚之人，不到万不得已，不会做出手足相残的事。

但李元吉有点愤愤不平，说大哥我这可都是为了你好啊。但大哥没点头，小弟也就不好行事了。后来的事实证明，李建成确实没有李世民的狠劲，事实也证明，当断不断，必留后患。

但这次不断，不等于以后也不断，李建成在孤寂中等待更好的机会。武德七年（624）六月，更好的机会来了。

话说李渊这个人，是很有政治军事头脑的，其中一点就表现在修建要塞与避暑合一的山宫，便于亲自带兵布防巡视，驱除突厥等军事势力的威胁。于是，在岐州修建了仁寿宫，在终南山建立了太极宫。在离京城三百多华里的玉华山修建了仁智宫。

据《旧唐书》记载：仁智宫"一月而成"，可见其规模不大，但也不能太小，否则就不能作为皇帝的离宫了。

仁智宫是五月建成的，当年的六月二十四日，李渊就带着秦王李世民和齐王李元吉，在大队人马的护送下来到仁智宫避暑、狩猎、讲武，而将太子李建成留守京城，这等于是给了李建成一个绝佳机会。

此时，李建成想的是，要干就往大里干，直接代父自立，君临天下，自己说了算。

他首先指示庆州都督杨文干暗招勇士送往京城，自己将之前准备好的兵甲，派郎将尔朱焕和校尉桥公山给杨文干送去，让其在庆州起兵与长安互相接应，一旦大功告成，该封官的封官，该晋爵的晋爵，总之是各有重赏，绝不亏欠。

所谓重赏之下必有勇夫，但也经常有胆小的人坏事。

李建成没想到的是，尔朱焕和桥公山刚走到豳州，心里就开始七上八下地打鼓，两人思量再三，立马改道去玉华山仁智宫向李渊自首、告密去了。紧接着，又有宁州人杜凤举也赶来向李渊禀报此事，这就不由得李渊不信了。

太子谋反，这在哪朝哪代都是头等大事，慢待不得。首先，李渊派司农卿宇文颖飞骑传召杨文干；其次，命李建成速来仁智宫面谈。李渊想看看，谁给了李建成谋反的胆子。

李渊没想到，身负重任的宇文颖竟然是李元吉的人。

在这紧急关头，宇文颖在第一时间不是去给杨文干下诏，而是跑到李元吉那里通风报信，共同对抗李渊。李元吉给宇文颖的指示是，飞告杨文干，抢先在庆州起兵。

李建成那边倒是没出什么岔子，接到诏书，李建成知道事情败露了，感觉眼前除了下坠的星星就是一团一团的乱麻，心里再无主见。

这个时候，太子舍人徐师谟和詹事主簿赵弘智拿出了两种截然不同的方案。

徐师谟主张趁乱就乱，据城起兵，他的理由是箭在弦上不得不发，此时不搏更待何时？

赵弘智主张赶快去仁智宫晋见父皇谢罪求恕，他的理由是仓促起事必败，到时候不但太子不保，还会殃及众人。

干，还是不干？

经过一番内心挣扎，李建成听从了赵弘智的忠告，赶往仁智宫谢罪。

为了表示忠心，表示自己没有敌意，在距离仁智宫不到六十里的地方，李建成将随从的大部分将士留下，仅仅带了十多骑人马惶惶不安地向玉华山驰去。

事实再一次证明，李建成的确缺乏干大事的狠劲儿。

尽管李建成跪倒伏地大哭，悔不欲生，尽管是亲儿子，但李渊的怒气还是消不下去，当晚就将李建成扣押在军帐，等候发落。同时派殿中监陈福严加看管，只供给粗食麦饭充饥。

现在，李建成是瓮中之鳖，没啥可担心的。李渊担心的是杨文干。

杨文干这家伙是李建成的拥趸，据守的庆、宁二州距玉华山不远，一旦带兵乘夜偷袭，李渊将无兵可战，无险可守。到那时候，瓮中之鳖就不是李建成而是他李渊了。

情急之下，李渊连夜带领宿卫将士南行几十里潜避在凤凰山外。随后又有东宫官属将卒相继赶来护驾，以三十人为一队，分守在帝帐的四周。

第二天上午，李渊一回到仁智宫就做出了严密部署，先令武卫将军钱九陇和灵州都督杨师道火速合剿杨文干，又召唤次子李世民商议大事。

这个时候的李世民，不知道是没把这事当个事，还是有站着看热闹的心思，反正是轻描淡写地安慰李渊说："杨文干没啥大能耐，派钱九陇和杨师道就够用了，实在不行就再派一员战将去。"李世民的意思是，杀只鸡还能用我这把宰牛刀？

但李渊不怕一万就怕万一，偏要用他这把宰牛刀彻底解决问题。

其实李渊也不是没有道理，杨文干起兵，那就是造反，造反从来都不是小事。况且，这事还有太子参与，一旦这面旗扯大了，天下响应的兵马就多了，最后对李渊来个逼宫退位，那就说什么都晚了。

所以呢，关键时刻还得动用李世民这把宰牛刀，并许愿，如果剿灭杨文干，你李世民就是太子。还说，我不能效仿隋文帝杀戮自己的亲儿子，但可以将建成封为蜀王。蜀兵脆弱，将来建成若能听从你，你就原谅他。如果不能听从，你讨伐时也会容易些。

一听说事成之后可当太子，还能任意摆布现太子李建成，李世民立马来了兴致，披挂上阵，亲自前往宁州征讨叛军。

战神李世民来平叛，还没正经打上一仗，叛军就自行瓦解了。杨文干被手下人斩杀，吃里爬外的宇文颖被捉回接受审查。

经过这次变故，僵持多年的东宫与秦王之争，终以李世民的完胜落幕了。平叛归来，李世民准备升任太子，甚至准备下一步当皇帝了。

然而令人想不到的是，李渊居然爽约了，直接导致李世民的美好计划泡汤。

原来，李渊听信了齐王李元吉和几位皇妃为太子的说情，听信了大臣封德彝为卫护太子所造的舆论，将李建成放回，继续当太子，继续居守京城。至于李世民嘛，和以前一样，还是秦王。

临危受命平叛的秦王李世民，又一次被李渊给忽悠了。

当初在太原起兵时，李世民没少出谋划策，没少前后周旋干实事，那时的李渊答应事成之后立李世民为太子，但李渊当了皇帝却出尔反尔，立长子李建成为太子。

这一次，面对严峻的宫廷兵变，李渊只是轻描淡写地说是皇子间的不和，只将太子中允王珪、太子左卫率韦挺等几个李建成身边的官员，以及天策兵曹杜淹流配边关。而太子还是太子，秦王还是秦王，李建成被保护起来了，李世民的梦想又一次落空。

关于这次政变，还有另一种说法，即杨文干私运东宫铠甲是真，而李建成乘机谋反未必是真。而尔朱焕和桥公山，极有可能在半路上被李世民派出来的杜淹给策反了。而杜淹则是整个事件的操盘手。

否则，很难解释李建成会去仁智宫"投案自首"，也很难解释在这次事件中，本是秦王阵营的杜淹也被贬，更难解释的是，在涉及大唐安危的大是大非面前，李渊竟以"兄弟不能相容"为说辞，不了了之。

不久，李渊从仁智宫起驾回京。

大唐形势还是一片大好，然而在歌舞升平的表面下，却涌动着极其危险的暗流。

一计不成又生一计

事情还是在喝酒上出了岔子。

一次，李建成邀请李世民赴东宫夜宴。席间，李世民"心中暴痛，吐血数升"，幸好由淮安王李神通扶着才得以安全回府。

关于这次夜宴，也有几种不同说法。有的说是李建成设下鸿门宴，在酒里下毒，想毒死李世民彻底解决问题。有的说是李世民自己投毒，目的是嫁祸李建成。

但不管怎么说，这件事又一次引起了李渊的注意。

事后，李渊找来李建成并告诫他说："秦王向来不能喝酒，以后别再举行夜宴了。"

又找来李世民，拍着肩膀劝慰他说："我看你们兄弟终究是不和，时间长了肯定会出大乱子。这样吧，你离开京城去洛阳设个尚书台吧，咱大唐自陕以东地盘都归你管。你可以学西汉梁孝王刘武打天子旗，行半个天子之实。"

李渊的这番话，对李世民来说简直是再好不过了。在京城，李世民无论是地位还是实力都比不过太子和齐王的强强联合。但在洛阳就不一样了，洛阳是李世民打下来并经营多年的基地。

当年，李世民认为，"洛阳形胜之地，一朝有变，欲出保之"，因此派心腹温大雅镇守。同时，还派另一个心腹——秦王府车骑将军张亮带一千余人去洛阳，大把花钱，大量交友，专等天下有变即挥之而出。

张亮暗中的活动，被眼尖的李元吉给侦察得一清二楚，旋即以图谋不轨之名告到李渊那里。

好在张亮对李世民忠心耿耿，又能在威逼利诱下守口如瓶，查来查去查不出实据，李元吉只好同意放人。

这次听说要把李世民放归洛阳，李建成和李元吉大惊失色。因为他们心里比谁都清楚，李世民在京城，还能处于自己的有效监控之中，放他回洛阳就是放龙入海、放虎归山，后患无穷。

所以这事必须阻止，花多大代价也要阻止成功。

一方面，密令数人上奏皇帝老爹，说李世民手下得力干将听说他要去洛阳，无不欢欣雀跃，大有鼓动其一去不回的意思。

另一方面，拉拢几个李渊信得过的大臣，站在李世民的对立面向李渊陈说利害。

此番双管齐下，成功地将李世民留在了京城长安，也成功地将自己送上了黄泉路。

当然了，把李世民留在长安不是目的，目的是想除掉他。只有除掉他，李建成才能安安稳稳地当太子，将来才能安安稳稳地当皇帝。

至于李元吉嘛，虽然还是当他的齐王，但齐王和齐王不一样，在大哥李建成手下当的是一人之下万人之上的齐王，而在二哥手下也许只能是被废黜的前齐王了，甚至连小命保不保得住都不好说。

而且，以李元吉的秉性而言，最终是不肯只当个齐王的，他也想要问鼎皇帝宝座。这都是有据可查的。

有一次，护军薛宝过来拍李元吉的马屁说："您的名字合起来可以成为一个'唐'字，看来您终究是要主持大唐祭祀的。"

主持大唐祭祀，那就是大唐皇帝呀！

这话，李元吉听得明白，也听得高兴。所以也就没客气，说只要能够除去秦王，将来取代太子就易如反掌了。

既然目的如此明确，那就要紧锣密鼓地行动了。最便捷、最有效的办法是煽动尹德妃、张婕妤，轮番给李渊吹枕边风，罪罚李世民，最好是彻底废黜他。

因为这事太不地道，所以遭来很多大臣的极力反对，其中就有陈叔达死谏。

陈叔达是南北朝时陈朝陈宣帝第十六子，封义阳王。陈亡后归附隋朝，李渊太原起兵后又归附大唐，与温大雅同掌机密，也就是掌管文书起草等机要工作。

陈叔达对李渊说："李世民对大唐是有大功的，有大功的人不能废黜。再说了，秦王性格刚烈，如果大力压制，我担心他受不了这样的挫折，没准会酿出危险事端，到时候陛下后悔都来不及。"

听了陈叔达苦口婆心的劝谏，原本动了废黜李世民心思的李渊，终于收回了这个冒失念头。

后来，李世民终于当上了皇帝，有一次亲自去看望生病的陈叔达，追忆往事，感慨万千："武德年间，建成元吉暗地里陷害我，多亏您直言进谏，今天向您拜谢，正是为此事。"

面对当朝皇帝的感谢，正直的陈叔达没有就坡下驴，更没有当面买好，而是实话实说："此举不曾为了陛下，而是为了江山社稷。"

也许是陈叔达的独特作用，也许是李渊幡然醒悟，总之李世民得以暂时保全性命。

此处说"暂时"是真的暂时，因为此后没多久，又一次威胁生命的危机出现了，那就是李元吉秘密向李渊请杀二哥李世民。

不过，李渊在这件事上还没糊涂，说你二哥平定天下有功，而且你给他列出来的几条罪证也都是查无实据，凭什么杀他？

李元吉有点气急败坏，说："刚刚平定洛阳时，他李世民骄横傲慢，不但不赶紧回京述职，还在当地分赏财物，大树个人恩德。违命抗旨到这种程度，难道不是叛逆吗？难道还不该杀吗？"

见李渊无动于衷，李元吉又说："杀吧，把人杀了再说，不愁找不到理由。"

这就相当露骨了。为了权力，为了扳倒李世民，已经到了不择手段的地步。

此时的李渊是什么态度呢？李渊根本就没搭这个茬儿，拂袖而去，把一心想整事的李元吉晾在了大堂上。

一计不成又生一计。干不掉李世民，就干掉他身边的人，让他断膀断臂，成为废人。于是，李建成、李元吉又干出了挖墙脚的勾当。

首选目标是尉迟敬德。

因为尉迟敬德善于打仗，又对李世民忠心耿耿，在干倒李世民的路上，他将是最大阻力，所以必须先行拿下。所谓射人先射马，这个道理，李建成、李元吉他们都懂。

拿下尉迟敬德的手段无外乎是胡萝卜加大棒。

先送一车金银收买，被严词拒绝后开始抡大棒，月黑风高时，派刺客登门行刺。怎奈尉迟敬德早有防备，大门洞开，安卧榻上，刺客反倒不敢近前，更无从下手，灰溜溜地跑回去了。

两招均未奏效，就使出了第三招的阴谋，到李渊那里告发尉迟敬德谋反，想借李渊的刀杀李世民的人。

按照一般情况说，太子与齐王同时发力想诬告一个府属，即使主事者明知是诬告，也基本会让他们阴谋得逞。毕竟，两方地位相差悬殊。

但这次出现了不一般情况，李世民站出来为自己的得力干将据理力争，最终击退了李建成、李元吉的进攻，保护了尉迟敬德的安全。

但事情没有就此消停，撼不动尉迟敬德，借故支走李世民的几个文臣武将还是能办到的。

先是报请李渊，让秦王府左一马军总管程知节出任康州刺史，然后随便找个理由诋毁房玄龄和杜如晦，并把他们逐出秦王府。

任何事情都具有两面性，李建成、李元吉出损招挖墙脚，让李世民也学会了一招，实施反挖墙脚。不同的是，李世民知道对方的"高管"人员很难撼动，于是专瞄"中管"下手，花重金买通了李建成手下的将领常何和太子率更丞王晊。

常何早年在瓦岗军工作，归唐后成为秦王李世民的部将。在讨伐刘黑闼时，李建成通过同样出自瓦岗的谋臣魏徵，将常何拉到自己的阵营之中，负责东宫宿卫。

王晊这个率更丞其实也只是个七品官，掌判东宫礼乐刑罚之事，本不被人看重，但偏偏被李世民看重并收买成功。

这两个人，虽然地位不高，但所任职务均属要害部门，在后来的大内斗中发挥了极其重要的作用。所以，千万不要瞧不起小人物，小人物往往能释放出改变历史方向的能量。

决战前夜

形势越来越紧迫，大有不进则退、不攻则死的味道。关键时刻，长孙无忌、高士廉、侯君集、尉迟敬德等人力劝李世民及早动手，否则必成李建成、李元吉的刀下鬼。

这时，边疆传来战报，突厥郁射设带领数万骑兵驻扎在黄河以南，进入边塞，乌城吃紧。

这种情况先前也有，只不过以前都是由李世民带兵出征。出之能战，战之必胜。这次，李家兄弟不和，李建成不想让李世民再立战功，于是推荐李元吉出征。而对李渊来说，谁出征都一样，都是自己的儿子立功，所以没怎么考虑就答应了，命令李元吉督率右武卫大将军李艺、天纪将军张瑾等人前去援救乌城。

领命出征的李元吉又请求李渊将秦王府的尉迟敬德、程知节、段志玄、秦叔宝等人都划到自己麾下共同出征，同时要求检阅并挑选秦王军中精悍勇锐的将士，增强大唐军队的战斗力，以便一举击溃突厥兵。

不要天真地认为，李元吉只是想为李渊为大唐打个大胜仗回来，其实他心里正打着彻底解除秦王府武装力量的小算盘。

不仅如此，李建成还找来李元吉秘议说："兄弟，你现在已经得到秦王的骁将和精兵，手里握有数万人马了。你出征时，我约秦王在昆明池为你饯行，让手下勇士在大帐里杀了他，然后上奏时就说他暴病身亡，皇上应该不会不相信。事成之后，我再找人进言申说，让皇上退位，国家事务由我接管。尉迟敬德那些人握在你手心里，不能手软，一律杀掉。那时天下就是咱哥儿俩的了，看谁敢不服！"

一场大屠杀就要降临，而李世民还蒙在鼓里，浑然不觉。

关键时刻，潜伏在李建成身边的王晊跑来告密，说太子、齐王正"磨刀霍霍向秦王"。

李世民当然不能坐以待毙，却一时也没想出个万全之策，于是找长孙无忌和尉迟敬德等人商量。商量的结果是，大家都同意抢先下手，一举解决问题。

但李世民不同意，他的理由很简单："这是骨肉相残，是古往今来的大丑事。我知道大祸将来，但我打算在祸事发动以后，再兴义师讨伐他们，这样岂不更好？"

见此情景，仗义的尉迟敬德急得大喊："人家的刀都要砍下来了，你还不当回事。今天你要是不听我的话，我就准备逃身荒野了。

我不可能留在你身边任人宰割。"

长孙无忌也趁机说："要是你不肯听尉迟敬德的建议，这步棋咱就算是走死了。尉迟敬德走了，我也走，再也不伺候你了。"

李世民说："我讲的意见也不能够完全舍弃，你们再计议一下吧。"

尉迟敬德说："真没想到你做事这么犹豫不决，现在我才知道你有多不明智。当断不断，反受其乱。况且，你平时蓄养的八百多名勇士，凡是在外面的，现在已经潜入秦府，他们穿好衣甲，握着兵器，就等着大干一场呢，你制止得住吗？"

其实，这事怪不得李世民犹豫。他真正犹豫的不是手足亲情，而是自感力量不足。

当时，秦王府在长安的兵力远不及太子和齐王，而且李建成和李元吉分住两处，一旦开打，他们可以互相策应，给李世民以致命一击。这个问题，李世民不能不考虑。所以，出现了在座的文臣武将只知其一不知其二的着急，以及李世民知一又知二的犹豫。

但刀已架在脖子上，想干不想干、能干不能干都得干了。

在胜负难料的情况下，李世民竟然想到了占卜，想以此来决定到底干不干。

正在这时，秦王幕僚张公谨从外面进来，夺过龟甲摔在地上说："占卜是为了决定疑难之事的，现在事情并无疑难，为何还占卜？如果卜算的结果是不吉利的，难道就不行动了吗？"

张公谨这一摔，终于摔出了李世民的决心。

干，而且必须干成。

既然主意已定，剩下的就是制订周密的行动计划了。而制订计划，离不开房玄龄、杜如晦。于是，李世民派长孙无忌秘密相请。

由于房、杜二人之前曾建议李世民诛杀李建成和李元吉，但建议没被采纳，自己还被贬在家。这次受邀，二人心里不能不担心，李世民到底能不能下决心干一场？会不会中途变卦？所以，必须用激将法试探一下。

"长孙大人啊，你不是不知道，敕书的旨意是不允许我们再侍奉秦王。要是我们现在私下去见秦王，皇帝肯定会治我们死罪，还是不去为好！"

听完长孙无忌回来的原话汇报，李世民气愤不已："玄龄、如晦岂叛我邪！"

说完，摘下佩刀交给尉迟敬德说："你去一趟看看他们是什么心思，如果他们坚决不肯来，你就用这把刀砍了他们的头来见我。"

尉迟敬德带刀，与长孙无忌前往找房玄龄、杜如晦，见面也就不客气了："秦王已下决心了，你们最好识点时务，跟我去秦王府共议大事。"

激将成功，房、杜窃喜，马上化装分别潜入秦王府。

一夜未眠，大家围坐一起制订了周密的行动计划，然后分头行动。

这一天，是唐武德九年（626）六月初二。

还有一个人，不能不说一下，那就是杜淹。

杜淹是杜如晦的叔叔，不过这爷儿俩的关系很差。杜淹以前是王世充的吏部尚书，死心塌地地为王世充效力。杜淹曾在王世充面前进谗言害死了杜如晦的哥哥，杜如晦的弟弟杜楚客也因为杜淹的谗言而被王世充关进了监狱，差点被饿死。

平定王世充后，李世民想处死杜淹这个无情无义的家伙。杜如晦本不想搭救，但是架不住弟弟杜楚客的哭求，最后还是请求李世民留杜淹一命。李世民对杜如晦是非常尊重与信任的，便看在杜如晦的面上免掉了杜淹的死罪，将其贬为平民。

没想到过了不久，房玄龄突然听说太子李建成准备召杜淹入东宫。房玄龄知道杜淹虽然人品差，但非常擅长搞阴谋诡计，如果他加入太子阵营，对秦王府是非常大的威胁。于是房玄龄便先下手，将杜淹招进了秦王府。

喋血宫门

在李世民他们制订计划的第二天，也就是武德九年六月初三，金星（太白星）再次在大白天出现在天空正南方的午位（六月初一曾出现过一次）。太史令傅奕秘密上奏称，金星出现在秦地的分野上，这是秦王应当拥有天下的征兆。

平素"虽究阴阳术数之书，而并不之信"的傅奕，将一个自然现象诡称天意，可见在这次宫廷政争中，他是倾向李世民的。

这种倾向，李渊是不知道的。

作为皇帝，李渊最怕的是在他身体倍儿棒、吃嘛嘛香的时候被人撵下龙椅。现在，既然有负责观测天象的太史令密奏说"秦王当有天下"，李渊心里就不能不紧张了，就不能不重视了。

此时的李渊，心里犹如十五个吊桶打水——七上八下，既不敢不信，又不敢全信。疑惑之中，招来李世民问罪，并将傅奕的密奏交给了眼前这位为他打下大半个江山的二儿子。

这正是李世民想要的结果。

见到了李渊，李世民根本就没管太白见秦分的事，而是又放了一大招，成功地转移了问罪对象，并彻底击垮了李渊的心理。

李世民放的大招是李建成、李元吉这哥儿俩不地道，偷摸与尹德妃、张婕妤淫乱。

闻听此言，李渊的脸都绿了。

不管年龄相差多少，不管在后宫的地位如何，尹德妃和张婕妤在名义和事实上是李渊的老婆。如今老子听说自己的老婆被儿子给淫了，这事搁谁身上都受不了，非得整出个子丑寅卯不可。否则，就是当朝最大笑话，也是历史上的大笑话。

所以，李世民放完这招，李渊脸不绿才怪。

此时，李世民又进言说："对建成、元吉，我丝毫没有对不住的地方，倒是他们总想置我于死地，难道他们是要为王世充和窦建德报仇吗？"

放完大招，李世民开始表忠心："如果我含冤而死，永远离开父皇，魂魄回到地下见到王世充等人，我都感到羞耻！"

闻听此言，李渊的脸又由绿变黑了。脸变黑的原因不是李世民的忠心，而是三个儿子的互相倾轧。他拉着脸说："明天就审问此事，你最好早点来朝参。"

同时通知太子和齐王也都来朝，打算把三个儿子的恩怨交给大臣们公断。然而，李渊这一步棋彻底把自己走死了。

六月初四凌晨，李渊早早上朝，裴寂、萧瑀、陈叔达、封德彝、宇文士及、窦诞、颜师古等大臣都已到齐，专等李建成、李世民、李元吉这哥儿仨。然而，事情就是在这个时候搞大的。

李世民先行一步，率领尉迟敬德、侯君集、张公谨、刘师立、公孙武达、独孤秀云、杜君绰、郑仁泰、李孟尝等人带兵埋伏在李建成、李元吉入朝必经的玄武门，专等两人。

但李建成和李元吉也不是一点察觉都没有，是有察觉但没引起李建成的重视。线人张婕妤暗中得知了李世民上表的大意，急忙去太子府告密。本来这是一个可以翻盘的绝佳机会，但李建成太自信了，甚至在李元吉提出"应当统率好东宫与齐王府中的军队，托称有病，不去上朝，以便观察形势"时，李建成还胸有成竹地说："军队的防备已很严密了，我与你应当入朝参见，亲自打听消息，他李世民也不敢把咱俩怎样。"于是，与李元吉一起大胆入朝。

其实也不怪李建成太自信，他确实有自信的本钱。原来，这天在宫门值班的常何是李建成的亲信。有自己的人带兵值班，还怕什么？

但李建成万万没有想到，自己最信任的人，竟然在关键时刻被李世民给策反了，并将李世民的人马带入了玄武门严阵以待。当李建成、李元吉两人骑马行至临湖殿时方觉有变，掉头就跑。可是，已经晚了。

战神李世民骑马迎面过来，李元吉急忙搭弓射箭，没想到，著名的神箭手李元吉连射三箭，一箭都没射中，反倒是箭功不如他的李世民把李建成给射死了。

这时，尉迟敬德带兵赶到，射中了李元吉的坐骑。元吉只得弃马往远处的树林中逃去。

事有凑巧，随后追上来的李世民竟然被树枝挂住了衣服，从马上摔下来。这一绝佳机会被力气更大的李元吉给逮着了，回身就骑在了李世民身上，掐住脖子不放手。

眼看李世民就不行了，尉迟敬德又一次大显神威，及时赶到并射死了李元吉。

太子和齐王已死，主要任务完成，但李世民的危险还没有解除，他必须击退李建成和李元吉手下人的疯狂进攻，才能坐下来喘口气。

闻知宫门有变，太子东宫翊卫车骑将军冯立、副护军薛万彻，还有齐王府车骑将军谢叔方，共同率领东宫、齐王府精兵两千多人赶来攻打玄武门。

此时，在玄武门的秦府兵马并不多，即使算上常何的禁军宿卫兵，人数也远远赶不上东宫和齐王府兵，根本挡不住冯立、薛万彻等人的进攻。云麾将军敬君弘战死，中郎将吕世衡战死。幸亏张公谨力大，赶忙关上宫门抵抗，暂时挡住了进攻。

冯立、薛万彻、谢叔方一时攻不下玄武门，决定"围魏救赵"，掉头去攻秦王府。

幸好尉迟敬德手提建成和元吉的脑袋及时赶到，冯立、薛万彻、谢叔方及手下兵将瞪眼一看，自己为之卖命的主子已经死了，那还打个啥劲，各自跑路吧。

至此，惊心动魄的玄武门之战以李世民的彻底胜利告终。

随即，李世民派尉迟敬德前往海池舟上面见李渊，说："秦王以太子、齐王作乱，举兵诛之，恐惊动陛下，遣臣宿卫。"

李渊是何等狡猾的人，话外音还听不出来吗？面对杀气腾腾的尉迟敬德，他只能顺水推舟，改立李世民为太子，朝廷内外大小事情一律由新太子办理。

这年八月，李渊琢磨来琢磨去，觉得自己当个傀儡皇帝也没啥意思，干脆把皇位传给李世民吧，自己做个逍遥的太上皇也挺好。

至于常给李渊吹枕边风的尹德妃和张婕好，早被吓呆了，乖乖地陪李渊养老去了。

事后，李世民发了狠心，将李建成的儿子安陆王李承道、河东王李承德、武安王李承训、汝南王李承明、钜鹿王李承义，李元吉的儿子梁郡王李承业、渔阳王李承鸾、普安王李承奖、江夏王李承裕、义阳王李承度等幼儿全部杀掉，以绝后患，还在宗室的名册上删除他们的名字。但对他们的女儿还算仁慈，不但留命未杀，而且好生对待，让她们都有了个很好的人生归宿。

同时，李世民还干了一件令当时人和后人不齿的事情，把李元吉的漂亮老婆杨氏娶了过来，纳为妾。不过也有人认为，李唐皇室本就有北方少数民族血统，较中原汉族更为开放，兄纳弟媳很正常。

对于李建成、李元吉这两个政敌，大权在握的李世民显得大度了一回，没再深究，还在当上皇帝的第二年对二人以礼改葬，追封李元吉为海陵郡王，后又追封巢王，并将自己的第十四子曹王李明（与杨氏所生）过继给李元吉，让元吉名义上有了后人。

在玄武门之变之后，有一件比较奇怪的事，不能不在这里分析一下。

太子和齐王生前位高权重，手下也有不少忠勇之士，却没有一个站出来替他们报仇。

第一，与之后的宋、元、明、清不同，唐朝的"忠君"观念根基未稳。对于唐朝大臣来说，主公在时尽职尽责、忠贞不贰，不在时全身而退也没什么大不了的。毕竟，谁都没必要勉强自己为死去的人继续尽忠。

第二，在杀死李建成和李元吉后，李世民成功地迫使李渊宣布二人谋反并下令停止战斗。如果李建成和李元吉的部下要报仇，那就是谋反，就是同大唐朝廷过不去，这种傻事谁都不会干。

第三，玄武门之变后，李世民实行"天下和解"政策。不仅宽恕了李建成和李元吉的所有部下，还根据才能予以重用。很多太子阵营的臣属在李世民麾下得到了比以前更好的发展。比如魏徵，就是典型例子。

因此，后来李建成的旧部罗艺为了个人利益起兵造反，李建成和李元吉的旧部没有一个支持罗艺。

还有一件事情必须梳理清楚，那就是，在玄武门之变之前，突厥郁射设带领数万骑兵来犯，李元吉请战出征，结果还没出去就死了。玄武门之变后，也没见李世民带兵出征。难道突厥犯境的事就没人管了？

非也。

当初唐朝一统天下之后，唐朝与东突厥的关系便开始恶化，双方多次冲突。为了应对东突厥的侵扰，李渊将很多精兵猛将都部署在北方，比如大唐军神李靖当时就驻守在灵州（今宁夏灵武）。

根据当时唐朝的兵力部署分析，像郁射设这种规模的侵扰本来不需要从中央调遣军队去救援。由此可见李渊、李建成和李元吉的目标不是要抵抗侵扰，而是利用突厥入侵来打击李世民。

正因如此，郁射设很快就被驻守边关的唐军阻退了。如果不是玄武门之变，恐怕没有几个人会注意东突厥郁射设的这次入侵。

为何如此结局

大局已定，李世民当上了皇帝，是玄武门之变的最大赢家；李建成、李元吉丢了性命，是最大的输家；李渊丢了皇位，输得也够惨。

如果单从亲情来看，没有赢家。李世民杀死亲兄弟，估计内心也不好过，而且留下了千古骂名，即使他篡改了历史，把李建成和李元吉说得很可恶，即使他后来努力治国，把大唐打造得声名远播，也改变不了杀兄弑弟欺父的事实。

那么，为什么会出现玄武门之变呢？为何会有如此结局？我们在探究历史真相的时候，应该运用自己的鉴别能力对玄武门之变加以分析。

其实，李世民与李建成、李元吉之间的斗争，李渊早就察觉到了，只是迫于现实，没法采取有效行动制止罢了。

和之前之后的皇帝一样，李渊打江山也是为自己、为子孙后代着想的，绝不是为了天下黎民百姓过上幸福日子。既然是为了自己，就不可能不考虑李家江山的稳固，就不可能重用外姓人统兵。况且，他那三个儿子个个都是人中蛟龙，个个都是英雄好汉。

二儿子李世民自太原起兵就出谋划策、东征西讨，立下赫赫战功，地位自然是高于他人。而李世民又才识兼备，让他身居要职，对外可震慑一方，对内可护佑皇室安全。

老大李建成虽然战功少一些，但也是个人物。而且，李建成是长子，又有能力，自然就被封为太子了，未来足可以接他的班，把大唐持续健康地经营下去。

在这种情况下，老大老二有矛盾（老三无论站在哪一方都无所谓），李渊都只能袒护老大。毕竟，老大是太子嘛，是大唐未来的君王嘛。这就苦了老二李世民，不但被调离了胜利在望的前线，而且在后宫的挑唆下多次挨训，连自己身边的文臣武将都跟着受窝囊气。

另外，即使三个儿子两条心，即使他们水火不容，也不能为了稳固太子的地位而废黜秦王。因为，第一，秦王功勋卓著，废黜他很难服众；第二，天下刚定，突厥问题还没来得及解决，还指望战神横刀立马御敌，这时候废黜秦王无异于自废武功；第三，自起兵之日起就是儿子带兵，他这个皇帝手里没有足够的兵权，想去掉哪个儿子都不是容易的事。

所以，面对三难局面，李渊只能走一步看一步，企图大事化小、小事化了，甚至幻想他们能携手并进，这也从客观上促成了玄武门之变，导致两个儿子喋血宫门。

等到李世民彻底解决了李建成和李元吉，大局已定，李渊就只能接受现实。幸好，玄武门之变只是宫廷内部政变，没有引起朝中大乱，更没有招致天下倾覆，也算是给李渊吃了一颗宽心丸。所以，他也就做了个顺水人情，甩袖子让位了。

很多人说李渊是被逼让位的，但实际并非如此。李渊一共生了四个嫡子，李建成、李元吉被杀了，李玄霸早夭。现在，李世民是唯一的嫡子了，也是唯一的皇位继承人，不立他还能立谁？难道还要费老大劲灭掉李世民，再从庶子中选一个吗？

但问题是，即使李渊能冒立庶不立嫡之大不韪，他那几个庶子也担不起事。

李渊最大的庶子李智云，在李渊太原起兵的时候就被阴世师杀了，剩下年龄最大的庶子李元景是武德元年生的，玄武门之变的时候才九岁，根本就不可能与李世民抗衡。

所以李渊没得选，也没必要为了李建成、李元吉的死，把父子俩打下来的江山搅成一锅粥。

也许会有人说，李渊可以等自己快不行的时候或者自然老死之后再把皇位传给李世民。但是我们必须要考虑到当时六十岁高龄的李渊的心情。一来眼见骨肉相残，二来自己本来就失信于李世民，不仅没给他当初承诺的太子之位，还在他们明争暗斗的时候拉偏架，尤其是后期削李世民兵权的事情，已经很对不起他了。

所以李渊的心情是很复杂的，也是很痛苦的，震惊、愤恨、愧疚、后悔、自责，带着这些情绪是没法处理好政务的，不如隐退。

不过，李渊毕竟是李渊，拥有帝王之气，多多少少还是看开了。死的时候七十高龄，说明他也不可能总是郁郁寡欢，否则活不过几年的。况且李渊晚年还生了不少小皇子、小公主，不单说明他身体硬朗，更是他心情愉悦的体现。

再说李世民，虽然发动玄武门之变是箭在弦上不得不发的事，是必然的，但必然之中也有偶然。如果不是事前花重金买通了玄武门卫队长常何等人，以秦王府的八百人马对付东宫和齐王府的两千精兵，李世民绝无胜算。

　　让我们记住刀光剑影的玄武门之变吧，它改变了李渊父子的命运，让一代雄主大显身手，让世界为之惊叹的"贞观之治"从此开始。

安定人心有高招

玄武门之变，不但让李世民彻底剪除了政敌，而且痛痛快快地把大唐控制权揽到了自己手里。现在，他终于可以站在群山之巅，甩开膀子干自己想干的事了。首先便是组建属于自己的团队。

当上了皇帝的李世民，在组建属于自己的团队时，必须处理好几个棘手问题。

第一，虽然李建成和李元吉这哥儿俩已死，但他们的党羽还在，外围势力还在，如果作起乱来，绝对是让李世民这个新皇帝感到棘手。

第二，李世民接管的，实际是李渊的班底，这个班底里有很多人是不太支持李世民的。

第三，原秦王府的人马是李世民起家的本钱，必须高规格对待，但规格过高，或者只抱着这些人不放，其他人就会有被歧视的感觉，不利于巩固新政权。

这个时候，李世民显露出了他高超的治世才能，让人不得不叹服：李世民安定人心有高招。

我们先看第一个问题。

在六月初四的玄武门之变后，薛万彻、冯立、谢叔方等一干人马无家可归，纷纷潜入长安周边地区。而李建成外围的亲信，比如幽州都督庐江王李瑗和领天节将军镇泾州的罗艺，手里都有重兵，一旦这些人里应外合造反，即使不把李世民累得掉层皮，也得筋疲力尽，疲于应付。

当时，李世民身边有很多人主张杀，杀他个片甲不留，斩草除根，以绝后患。甚至有人为了表忠心，已经开始四处搜捕隐藏在长安周边的宫府散兵败将。

这一举动，引起了曾经支持李建成的大臣们的恐慌。

不过，李世民手下不都是这种没头脑的莽汉，有很多人不主张这么干，其中以尉迟敬德头脑最为清醒。尉迟敬德说，既然他们的主子已死，再扩大打击面就没什么意思了，不利于凝聚人心。

此时，李世民也意识到了问题的严重性，决定采用"投喂胡萝卜"的方式解决问题。他一面严令禁止手下人滥捕滥杀，一面以尚在皇位的李渊的名义诏赦天下，说错都是李建成和李元吉的，与别人无关。朝廷本着宽大为怀的政策，希望潜藏的反抗力量能放下武器与朝廷和解，争取早日与家人团聚。

这招立马见效。

赦令发布的第二天，冯立、谢叔方就回来谢罪了，心思重的薛万彻不敢相信李世民的诚意，所以不敢回来自首。李世民则特意派人传信给他，说了些自首不分前后、觉悟不分早晚的安抚话，薛万彻也就战战兢兢地回来自首了。

他们自首后，李世民又表现出了大度，既往不咎，一律释放。

此招一出，不但薛万彻等人感恩戴德，宣誓效忠，就连他们的部下也大多出来自首了，剩下的人也都找个地方耕地放牛带孩子去了，再不问政事。

解决了长安附近的问题，李世民又将目光投向了远处的李瑗和罗艺。

李瑗是李渊堂兄的儿子，和李世民是同辈兄弟，曾经跟着李孝恭、李靖征战，被封为庐江王，镇守幽州。但上头也知道李瑗打仗不行，镇守一方更不行，就把王君廓派给他当副手。

王君廓这个人，是《隋唐演义》中"大刀"王君可的原型。这人打仗挺勇猛，但心术不正。

到幽州没几天，李瑗就被王君廓唬得五迷三道的，遇事即以王君廓狗首是瞻，以为遇到了人生知己，无话不谈，还希望跟王君廓结成儿女亲家。

玄武门之变，李建成被杀，李世民成了大唐的合法继承人。但李世民还不想动武解决遗留问题，于是派人把在外面的宗室都召回长安，其中包括李瑗。

李瑗与李建成也是兄弟，且个人关系好于李世民，算是李建成的嫡系。听说李建成被杀，李世民派通事舍人崔敦礼来"请"他，心里就开始打鼓了。

去吧，怕丢了小命，不去吧，又怕得罪李世民。李瑗在人生的十字路口前思后虑，终于想到了知己王君廓。

"哥们儿，你说这事咋办？"

王君廓说："这事不明摆着吗，去了就是个死。现在咱手里要兵有兵要将有将，为啥长安随便派来个单枪匹马的崔敦礼，我们就得听他的？"

话说到激动之处，王君廓跟李瑗一起哭了。李瑗边哭边说："我今天就把性命托付给你了，起兵反抗吧！"

李瑗决定起兵，把崔敦礼关押起来，问他长安到底发生了什么？李世民到底掌握多少幽州的情况？

崔敦礼嘴很硬，愣是不回答任何问题。

别看崔敦礼只是一个"通事舍人"，在中书省负责到各地宣旨，小官一个，但是他与别的小官不一样——他姓崔。

隋唐时代北方的世家大族有"五姓七望"，分别是陇西李氏（李世民说他们家族就是陇西李氏）、赵郡李氏（李牧的后人）、博陵崔氏（崔敦礼家族）、清河崔氏（国史案崔浩家族）、范阳卢氏（卢植的后人）、荥阳郑氏、太原王氏。

这些望族互相通婚，门生故旧遍及天下，能不帮忙吗？别人搞不定的事，他们写封信通个气就搞定了，靠着一个姓氏就能有很高的社会地位，这更让大家有了家族忠诚感和凝聚感，连当朝皇帝也非常忌惮他们的实力。这就是门阀，这就是贵族。

所以，崔敦礼不可能不嘴硬。人家那是自信的嘴硬，是蔑视的嘴硬。

但嘴硬容易吃眼前亏，此时的崔敦礼就吃了大亏，被李瑗关进了大牢。

随即，李瑗又把手下的燕州刺史王诜找来商议大事。

李瑗对王君廓那是百分之百的信任，但他相信王君廓不等于别人也相信，兵曹参军王利涉就是其中之一。王利涉是李瑗的另一个心腹，在得知李瑗的决定之后，问李瑗："幽州周边的刺史都是朝廷命官，人家不跟你一道走，起兵反你咋办？"

李瑗又蒙了，咋办？我也不知道咋办啊！

王利涉凑过来说："被灭了的窦建德还记得吧？他手下的那帮人现在虽然没在朝里当官，但人还在，何不派人恢复他们的官职，与您呼应，然后派王诜北连突厥，猛攻蒲、绛两州，您带着本队人马直奔洛阳，西入潼关，然后两军会合，何愁天下不定？"

就这么干了！李瑗一拍大腿就想出去和李渊干事了。

"慢，慢，慢点。起事之前，您得先把王君廓干掉。"

"为啥？"

"那还为啥，王君廓是什么人您还不知道？想当年，他为了搞事，把自己的亲叔叔害惨了，后来投奔李密，成为瓦岗军的干将，再后来又投奔大唐，成为李世民的嫡系，这么个两面三刀的家伙你也敢和他共同起事？"

李瑗犹豫。

他这一犹豫，给了王君廓反败为胜的机会。

王君廓得知王利涉与李瑗的密谋后，没动王利涉，也没动李瑗，而是直接去找驻扎在城外的王诜，乘其不备，将其斩杀，然后提着王诜的头颅对将士说："李瑗跟王诜谋反，关押敕使，擅自征兵，现在王诜已死，就剩下李瑗了，你们是愿意跟着李瑗一起被灭族，还是愿意跟着我升官发财？"

没有人愿意放弃升官发财的好事，去干被灭族的蠢事。

于是王君廓带着一千多人，进入西城，把崔敦礼从监狱里放了出来。李瑗这时也听到消息，带了几百亲信披甲而出，正好在大门外遇到王君廓。

王君廓跟李瑗的手下说："李瑗谋反，你们也跟着谋反吗？"

李瑗手下的兵将倒是不算少，但人家是正宗的唐军，不是李瑗的私家军，听说跟着李瑗干下去就是谋反，那谁还干？都丢下武器跑了，只剩下李瑗这个光杆司令。

李瑗大骂王君廓："你这个出卖我的小人，不会有好下场的！"

王君廓上前生擒李瑗，将其勒死。

斩王诜，救崔敦礼，灭李瑗，这套组合拳，王君廓打得行云流水，可谓无缝对接。

如果先干掉李瑗，王诜领军在城外，一定有场血战；如果不先救出崔敦礼就去搞李瑗，师出无名，难度也会加大；李瑗是首要目标，除掉他，不但自己性命能保，而且李世民也会非常满意。

本来是一场兵祸连绵的大乱，因为王君廓的干脆利落，死了两个人就搞定，不愧是李世民带出来的嫡系将军。于是重奖：任命王君廓为左领军大将军，兼幽州都督，加封左光禄大夫，实封食邑一千三百户，又将李瑗家中的人口赏赐给他。

这实在是很重的封赏了，当时在一千三百户这个档上，除了王君廓，就只有长孙无忌、尉迟敬德、房玄龄和杜如晦，可见李世民对王君廓的重视。

在这里，咱们有必要交代一下王君廓的后事。否则，容易让人产生坏人有好报的错误想法。

王君廓自从当上了幽州都督，恣意妄为，干了不少违法勾当。所以在 627 年，李世民召他到朝中任职时很是心虚。而他这一心虚就出了岔子。

当时幽州长史叫李玄道，是房玄龄堂妹的儿子，听说王君廓要去长安了，李玄道就写了封信给堂舅，托王君廓带过去。其实这都是正常的事，于公于私都不出格。

但是王君廓心虚啊，他在幽州干了那么多烂事，上面不知道，但李玄道不可能不知道。给房玄龄写信，是不是想告发我？

王君廓越想越不对劲，于是就偷偷把李玄道的信拆了，一看就蒙了。李玄道的信是用草书写的，没念过几天书的王君廓不认识这些字，越发怀疑这是密信：要不是为了告发我，李玄道为什么用密码写信？

走到渭南，王君廓再也忍受不了这种恐惧的折磨，杀了驿站的吏卒，逃亡突厥，途中被游民杀死。

关于这个结局，《旧唐书》是这样记载的："将奔突厥，为野人所杀，追削其封邑。"其实根本就没有什么野人。唐朝官方说的"野人"指的是没有户籍的游民，和现代人说的"野人"不是一个概念。

此时，距李瑗被杀才十五个月。

对于李建成的另一个死党罗艺，李世民没有动他，是他自己走上不归路的。

在《隋唐演义》当中，罗艺是俏罗成的老爸，能使一杆滚银枪，守护边疆数十年屡建功勋，官拜北平王，最终却被苏定方的暗箭射死，结局十分悲壮。但在历史上，罗艺的形象实在是不怎么样。

《旧唐书》记载，罗艺生性残暴狡诈、刚愎固执，为达目的不择手段，在做人行事方面丝毫没有底线。但同时却是天生将种，武艺高强，尤其擅长用槊，因勇猛善射在疆场上屡建功勋，官至虎贲中郎将。

罗艺原是隋朝旧臣，趁天下大乱之机自称幽州总管，统辖幽、营二州，成为割据北方的强大势力。

620年，罗艺投奔大唐，被李渊封为燕王，并赐国姓为李，所以罗艺在史书中又被称为李艺。罗艺归唐后，成为李建成的心腹死党，曾独自或联合唐军与窦建德、刘黑闼作战，对唐朝平定河北立下大功，因而由李建成引荐，被李渊任命为左翊卫大将军。

在李建成与李世民争权过程中，罗艺曾无故凌辱、殴打李世民的亲信，极其嚣张。

李世民当上皇帝后，为了安抚笼络罗艺，不仅没有追究当年的过错，反而进拜他为开府仪同三司。可罗艺自知不会有好果子吃，所以犹豫再三后，决定举兵造反。

贞观元年（627）正月十七，罗艺假称奉密敕麾兵入朝，途中占据幽州，准备聚集兵马后再度攻城略地。

惊闻罗艺造反，李世民命令长孙无忌、尉迟恭火速出兵平叛。大军未到，幽州别驾赵慈皓和统军杨岌就开始商议除掉罗艺，没想到事情败露，赵慈皓被擒获，城外的杨岌发现有变，率兵强攻幽州城。

罗艺大败，丢下老婆孩子率领百余名骑兵逃窜，准备到突厥境内避难。到了宁州（今甘肃宁县）边界，经过乌氏驿站时，部下感到绝望，于是斩杀罗艺，将首级送往长安。

至此，李建成的残余武装力量都被清除掉了。

现在，咱们回过头来看看李世民如何和解朝中原属于东宫和齐王府的旧臣。这其中，魏徵、王珪、韦挺都是典型人物。

从人生履历来看，魏徵比王君廓还复杂。他先是投奔李密当了个不受重视的中管，李密兵败后又投降大唐，后来又被窦建德的大夏给强行挖走了。但倒霉的是，大夏没几天就灭亡了，他只好又回到大唐。更倒霉的是，这一次他又站错了队，被玄武门之变的失败者李建成重用。一个人倒霉到这个程度，似乎一辈子也就没啥指望了。

不过，一个人倒霉到了尽头，也就意味着迎来了人生的转机，只要青山还在，只要他的小命还在。毕竟，谁过年都可能吃顿饺子。

给魏徵包转机饺子的，正是他献计要除掉的李世民。

玄武门之变后，李世民把魏徵找来，一见面就劈头盖脸地责问："为什么要离间我们兄弟？"

当时在场的大臣都以为李世民心怨未消，想借此干掉魏徵，因此手里都捏了一把汗。

人们以为魏徵会磕头求饶，这是正常之举。如果不正常，魏徵铁了心不服，也许会说，你们兄弟之间的烂事，路人皆知，还用得着我离间？

但魏徵既没磕头求饶，也没铁心不服，而是客观分析了自己所处的形势："如果李建成早听我的，怎么会有如今的下场？臣下为主尽忠，没有过错。春秋时期管仲辅佐齐桓公成就了霸业，但他当初还射过公子小白一箭呢。"

魏徵的耿直，李世民很是欣赏，立马改变了态度对待，并任命为掌管印鉴的詹事府主簿。

后来，李世民又把流配在外的王珪、韦挺召回，与魏徵同任谏议大夫，赢得了满堂喝彩。

对于魏徵、王珪、韦挺这些人，遇到了这么开明的君主，还有什么理由不好好工作呢？

这些人干事是立竿见影的。

当时虽然赦免了李建成的手下人马，但信息送达不够及时准确，诏书内容传达不完整，有的地区还存在侥幸邀功的心理，到处拘捕东宫余党。虽然经过讯问后都释放了，但给人留下了心理阴影。你想啊，万一摊上个糊涂官讯问可咋办？到时候，自己咋死的都不清楚。

这事，王珪看在眼里，记在心里，然后建议李世民想个办法，彻底解决问题，消除人们心中的疑虑，恢复社会秩序。

李世民的高明就在于既有主见，又能听进别人的意见，既能听进嫡系下属的意见，又能听见反正归顺的人的意见。他觉得王珪说的问题还真是个问题，要是解决不好怕是会撕裂社会，不利于大唐的长治久安。于是下令，六月四日前跟着李建成、李元吉的，之后跟着李瑗的，一律不再追究。

此令一出，滥捕乱抓李建成余党的歪风马上扭转。但已经被抓的还没有得到平反释放，针对这事，魏徵对李世民说做事要一碗水端平，建议把这些人也放了，从此天下彻底和解。

李世民任命魏徵为特使到山东去放人。

魏徵领命出行，刚到磁州，正好遇到原太子千牛李志安和齐王护军李思行被押赴京师，魏徵当场就把这对披枷带锁的兄弟给放了。

魏徵是先放后奏，出使山东回来，才把这件事跟李世民汇报。李世民不但不责备，而且很高兴，说："魏徵你做的和我想的一样，就该这么做。"

一说到魏徵，人们首先想到的是他直言进谏，辅佐唐太宗李世民创下了"贞观之治"的伟业，名列凌烟阁二十四功臣第四位。可是，原本是李建成嫡系的魏徵，何以受到李世民如此重用呢？

要想把这事说清楚，就不能不坐下来分析一下李世民执政初期面临的形势。可以说，重用魏徵，李世民有一石二鸟的用意。

其一，可以安抚东宫和齐王府的残余势力。你看，当初想置我于死地的魏徵我都重用了，你们还有什么担心的呢？回来吧，回来吧，都是大唐的游子，咱们既往不咎，共创大唐美好明天。

其二，可以招抚山东豪杰。大唐在统一战争中占据长安后主要面临三股势力，一是河南的翟让、李密，二是江淮的杜伏威，三是山东、河北的窦建德。与另两股势力比起来，山东、河北这股势力更难对付，因为他们是被硬生生地镇压下去的，首领窦建德被杀，其旧部被追捕迫害。所以，山东、河北地区的老百姓对李世民的反心是很重的。

当初李建成代替李世民去前线时，接受了魏徵的高招，对山东、河北辅以安抚的手段，不但迅速完成了战略任务，而且与当地势力建立起牢固的关系，为日后与李世民抗争保存了一支后备力量，庐江王李瑗发动叛乱时就想到了这股势力。只不过，废物的李瑗遇到了反复无常的大恶棍王君廓，还没起兵就被弄死了，否则，山东、河北地区又将是一番战争景象。

所有这一切，让李世民意识到，对山东豪杰，靠强攻硬打是不行的，最好的办法就是招抚，而招抚的最佳人选就是魏徵。

当然了，魏徵也没辜负李世民的厚望，一路上努力安抚，彻底稳定了山东、河北的局势，也就彻底稳定了李世民的龙椅。所以，当之无愧地列入凌烟阁二十四功臣，而且位置比较靠前。

裴寂挨刀

现在，李世民是大唐的皇帝，但朝中大臣大多还是李渊提拔起来的，李世民用起来不顺手。

李渊任用官员有个特点，就是注重门阀，喜欢提拔有社会背景的人。比如左仆射裴寂是关中士族，大隋朝在晋阳宫的副监；右仆射萧瑀是南北朝梁朝皇族，大隋朝内史侍郎；中书令封德彝是关东士族，大隋朝内史舍人；吏部尚书兼中书令杨恭仁是隋朝宗室，而且在隋朝就是吏部侍郎；侍中陈叔达为陈朝宗室；还有中书令窦威，那是大唐皇帝的实在亲戚，也是北周八柱国之一的窦氏家族。

对于这种亲士族、远平民的态度，李渊是一点都不隐晦的，他曾经对裴寂说："我李氏昔在陇西，富有龟玉，降及祖祢，姻娅帝王。及举义兵，四海云集，才涉数月，升为天子。至如前代皇王，多起微贱，勤劳行阵，下不聊生。公复世胄名家，历职清要，岂若萧何、曹参起自刀笔吏也！唯我与公，千载之后，无愧前修矣。"

萧何、曹参是跟随汉高祖刘邦起家的，都是县吏出身，在李渊眼里约等于平民。从这番话可以看出，李渊打心里瞧不起布衣皇帝刘邦，以及他的那些约等于平民的刀笔吏丞相。

但李世民不一样。

李世民虽然也是士族出身，也有很深的门阀观念，但他年轻，又长期在外带兵打仗，啥人物都接触过，得到过底层人士的助力，也能聚拢各个阶层的豪杰为自己所用。尤其是在干翻大隋朝的战争中，李世民看到了底层人的巨大力量，所以在他心里，从来就没小觑过平民。

不但如此，李世民还经常拿刘邦来比自己。刘邦当上大汉皇帝后，回老家宴请同乡父老，作过一首有名的《大风歌》，李世民也回老家武功宴请乡亲，也作了一首诗，其中有"共乐还乡宴，欢比大风诗"等句。

李世民与李渊不一样，所以李渊任用的官员，他不一定都会照搬照用。一朝天子一朝臣嘛！

与玄武门之变隔一天的六月初六，李世民被立为太子，随即开始组建自己的行政班子，任宇文士及为太子詹事，长孙无忌、杜如晦为左庶子，高士廉、房玄龄为右庶子（左右庶子皆为太子侍从官）。

月底，罢天策府。

大唐的天策府又称天策上将府，是李世民击败王世充、窦建德联军被封为天策上将后所置官署，位列武官官府之首。罢天策府是李世民称帝的标志性事件之一。

七月初，李世民对管理人员做了进一步安排，以高士廉为侍中（与左右仆射、中书令都是事实上的宰相），房玄龄、宇文士及为中书令，萧瑀为左仆射，封德彝为右仆射。晋升长孙无忌为吏部尚书，杜如晦为兵部尚书，裴矩为民部尚书，裴寂为司空，陈叔达仍为侍中，杨恭仁则被罢去中书令之职。

从这个人事安排中可以看出，李渊提拔的官员虽然大部分还都在职，但权限已大不如前了，李世民的旧部一跃成为大唐重要班底。

如果有人以为李世民任人唯亲，有一人得道鸡犬升天的想法，那就大错特错了。他对李建成、李元吉的部下也适当任用，王珪、魏徵、韦挺，有的参议朝政，有的担任谏官，实际上为这些人在日后担任宰相做好了准备。

但是这种人事安排也存在问题，那就是新老官员经常你不服我我不服你，磕磕碰碰的事总有，所以时间长了必须留下一方搬开一方，于是，李世民人事改革的第一刀就砍向了裴寂。

裴寂是李渊的大红人儿，在太原时就经常和李渊在一起吃喝玩乐。李渊当上了大唐首任皇帝以后，裴寂的地位也水涨船高，与李渊视朝同坐，入阁同卧，获赏服玩，外加每天一位尚书员外郎到裴寂的府第值班。可以说，显贵到了极点。

但李世民心里比较讨厌裴寂，表面上挺尊重他，还赐封一千五百户，比李渊赐封的五百户大方多了，但同时免去了裴寂担任的左仆射要职，只给了一个司空的空衔。

从此，裴寂开始了倒霉的人生之旅。第一步就是"法雅事件"。

法雅是个和尚，很受宠。受宠到什么程度呢？他可以自由出入两宫，仅凭这一条，就可以傲视满朝官员了。

但法雅受宠也不是没限度的，有时候也会被拒之门外。如果是一般人，拒之门外就拒之门外呗，有机会再进，没机会不进也行。但法雅傲慢惯了，进不去就心怀不满，还散布怪诞邪说，说什么天下要有大疫，大唐朝廷危矣！

这还了得，法雅立马被抓，并被打入死牢，交由兵部尚书杜如晦审问。

案子倒不复杂，就是一时气愤说的怪话，但被法雅整复杂了。还没上刑，法雅就招了，说裴寂裴大人知道这事。

复问裴寂。裴寂说流行疾疫这事倒是听法雅说过，但没听他说过什么大唐朝廷危矣的鬼话。

再提审法雅。法雅一口咬定裴寂什么都知道，连时间地点人物和事情的起因经过结果都知道。

看来，裴寂落马是不可避免的了。于是被免官、削减一半食邑、遣回原籍。

平白无故地被黑，裴寂感觉有点憋屈，也有点不甘心，遂向李世民求情，想留在京城养老。

李世民一点好脸儿都没给，说："当初在太原起兵时你献宫女、筹粮草、备甲胄，没少谋划，但以你的那点功劳，若不是太上皇关心，还不至于当上左仆射。对外败于宋金刚，对内赏罚不明，把做官应守的常道都搞乱废毁了。朕是念旧情，不忍心对你处以极刑，让你回乡养老已经算是恩典了，咋还不知足呢?"

裴寂还能说啥，卷铺盖走人，结果又迈进了倒霉的第二步，栽在"信行事件"里。

信行也是个和尚，但此信行非彼信行。彼信行是三阶教之祖，是名僧，在隋文帝开皇年间就圆寂了，此信行只是个狂僧，比法雅还狂，曾对裴寂的家童说："裴公有天分。"

也许是狂妄到头了，说完这话没多久，信行就死了。后来，有一个叫恭命的家奴将此事告诉给了裴寂。

裴寂大惊。对上不敢奏明皇帝，对下又不敢不管不问，就暗中让恭命将知情的家童杀死，以为这样就可以掩盖过去。

裴寂没有料到，恭命表面上遵命，实际却没有执行他的暗杀命令，背着裴寂将家童放走了。

裴寂更没有料到的是，恭命反手将他出卖给朝廷，差点置他于死地。事情的起因是，裴寂派恭命前去封邑收纳贡赋，得到一百多万钱，而恭命因要用钱救急，私下将这些贡赋都花光了。

这事搁谁身上都得生气：我的钱，凭啥让你挥霍？裴寂一生气，就派人去搜捕恭命，打算狠狠地处置一番，杀鸡儆猴。

恭命虽是家奴，但也非等闲之辈，为了不被逮捕，把"裴公有天分"这件事原原本本地密报给朝廷，并以此为依据说裴寂谋反。

闻听此事，李世民怒从心头起，对侍臣说："裴寂有四条死罪：第一，位居三公而和妖人法雅亲近；第二，事情败露之后，却心怀不满怨恨朝廷，说大唐能拥有天下，是由他谋划的；第三，妖人说他有天分，隐瞒不上报；第四，暗中杀人灭口。"

末了，李世民又补充了一句："你们看，我杀他并非没有理由。"

这一补充，侍臣们就明白了，李世民还不想杀他，于是纷纷建议，裴寂别在家养老了，把他发配到边疆去反省吧。

李世民就势将裴寂流放到交州，后来又流放到静州（今四川旺苍县普济镇大营坝）。

流放到静州没多久，碰上山羌作乱，于是关于裴寂的各种传说纷至沓来。

最不利的说法是，裴寂被僚人（汉唐时候居于西南地区的少数民族）劫持当了土皇帝。

不管是自愿还是被劫持，只要是当上了土皇帝，那就是伪皇帝，就是公开和真命天子叫板。

这个时候的李世民，头脑还是很清醒的，说朕对裴寂有活命之恩，他肯定不会造朕的反。

果然没多久，大西南传来裴寂率家童打败叛贼的消息，大家都对裴寂的命运松了一口气。可是，裴寂生命大限已到，无人能替其回天。

李世民想到，裴寂在辅佐朝廷、建立大唐天下的过程中，功劳还是不小的，且在流放边疆时还能为国平叛，就动了恻隐之心，召其入朝。不巧的是，裴寂在回京的路上病故，终年六十岁。

事后，李世民追赠裴寂为相州刺史、工部尚书、河东郡公，还把自己的妹妹临海长公主嫁给裴寂的儿子裴律师为妻，并让这个妹夫当上了汴州刺史，算是对裴老前辈仁至义尽了。

李世民之所以要"刀砍"裴寂，既有人事改革的公心，也存在为好友刘文静鸣冤的私怨。

刘文静为人洒脱，有器量，有谋略，与李世民和裴寂的关系都不错，尤其是在太原起兵时，功劳在裴寂之上不在其下，但后来就只在下不在上了。

武德元年（618），李渊建立大唐，刘文静被任命为纳言（主出纳王命，武德四年改为侍中，相当于宰相），负责修正《开皇律》。作为太原起兵功臣，刘文静与秦王李世民、裴寂一同得到"恕二死"的特权，可谓风光无"四"。

在征讨薛举时，刘文静没听身患疟疾的李世民的嘱托，出兵与猛人薛举交战，结果大败而归，被削职除名。幸好，第二次随李世民征讨薛举时，刘文静因功恢复爵位、封邑，并被拜为民部尚书，但官位与裴寂拉开了距离，所以刘文静心里很不服气。

虽然是早年好友，但刘文静从骨子里看不上裴寂，而裴寂也是从骨子里嫉妒刘文静。

刘文静看不上裴寂，很明显是有点意气用事，后来发展到在朝廷上议事也总与裴寂抬杠，只要是裴寂的"论政"，刘文静不分青红皂白一概予以批驳。凡是裴寂反对的，他就要赞成；凡是裴寂赞成的，他就要反对。

更要命的是，刘文静的这种不满情绪越来越严重，最后竟然发展到不能自控的程度。据《新唐书·刘文静传》记载："（刘文静）尝与弟散骑常侍文起饮酣，有怨言，拔刀击柱曰：'当斩寂！'"

就是说，刘文静与弟弟散骑常侍刘文起一起喝酒，酒喝多了不禁大发怨气，拔刀砍柱子，说道，应当砍了裴寂的脑袋！

刘文静如此恨裴寂没有道理。裴寂与刘文静本来还是好朋友，彼此之间并没有这么大的仇恨，更不至于恨到要杀人的程度。实际上，与其说是刘文静对裴寂的"恨"，不如说是刘文静对李渊的恨，只是不好说出来，只能拿裴寂来表达自己对李渊的不满，甚至愤怒。

对当朝皇上不满，这是相当危险的事。刘文静在危险的路上狂奔，终于以人头落地的方式落幕。

逢事总有恰巧，适逢刘家几次发生妖祟之事，刘文静的弟弟刘文起很忧虑，找来巫师夜间披头散发，口中衔刀驱邪。更恰巧的是，刘文静有位侍妾很不受宠，于是起了歹心，让她哥哥上告说刘文静要谋反。

谋反，那是多大的罪呀！对谋反的事谁都不敢怠慢，于是有关部门将刘文静抓起来审讯。而负责审理此案的，正是左仆射裴寂和右仆射萧瑀。

刘文静在被提审时说："当初太原起兵时，我是司马，与长史裴寂地位相当。如今裴寂官居左仆射（宰相），而我随军东征西讨，官衔与赏赐却远不如他，心里实在是不服气。"

李渊对群臣说："听刘文静这话，显然是要谋反啊！"

萧瑀过来解围说："刘文静就是发发怨气而已，没有谋反的主观故意。李世民也一再求情，说过去在晋阳，是刘文静先定起兵大策，然后才告诉裴寂，而攻克京城后，任用待遇相差悬殊，所以刘文静才产生不满情绪，并非胆敢谋反，应当将他赦免。"

但此时的裴寂不但没说好话，反而落井下石，说刘文静这个人多权谋诡计，性格猜忌、凶险，一意孤行，他的恶言怪行已经暴露无遗，现在天下未定，恐怕会成为日后的祸患。

于是刘文静被杀，时年五十二岁。

临刑前，刘文静捶胸长叹："高鸟逝，良弓藏，故不虚也！"

实在讲，刘文静本来没有死罪，就是因为抱怨李渊对自己"有功不赏"，心怀不满，这点事儿不至于丢性命。但有李渊的处死之心，再加裴寂的落井谗言，刘文静不死是不可能了。

另外，我们还应该注意一个深层次原因，那就是，李渊始终对李世民这个儿子抱有三分戒心，自己在皇帝的位置上时时都能感受到来自李世民的威胁，本来就压力山大，再加上李世民身边有刘文静这个大谋士，李渊内心就更加不安。所以，刘文静一定要杀，不杀不足以平心忧。

但作为儿子，李世民没法把怨气撒到老爸李渊身上，只能对裴寂开刀，算是为好友报仇了。当了皇帝后，也就是贞观三年（629），李世民亲自为刘文静平反昭雪，而裴寂被罢黜流放，也正是在这一年。

萧瑀日子不好过

李世民被立为太子后，萧瑀的官职由右仆射被调整为左仆射，但日子远没有之前好过。

第一个向萧瑀发难的就是封德彝。

本来，封德彝是最不应该向萧瑀发难的，因为他能当上中书令，正是萧瑀向李渊举荐的。受人滴水之恩，当涌泉相报，但封德彝报的却是背后捅刀。

封德彝家族很有背景。

他爷爷封隆之是北齐太保，老爸封子绣是隋朝通州刺史。他自己则被隋朝有权有势的内史侍郎虞世基看中，升为内史舍人。

封德彝属于典型的无德之人，与虞世基狼狈为奸，坏事干尽，把大隋朝的墙脚都给挖空了。

但封德彝有才，凭这一点，又总能得到重用。

封德彝的才，有正能量的才，也有负能量的才，就看用在谁身上。比如，他给虞世基出谋划策，让虞世基谄媚奉承皇帝、扣押违背圣意的奏章，并抑制贤能。从此，虞世基受到的恩宠逐日加深，而隋朝的国政则日渐败坏。这是典型的馊才。

再比如，归唐后，封德彝曾随李世民东征洛阳，并参谋军事。在与王世充相持不下的时候，在李渊有意撤军的关键时刻，他从前线回朝述职，向李渊分析形势："王世充领土虽多，但相互牵制不听调遣，听命于他的只有洛阳。他已计穷力竭，死在旦夕。现在撤军，敌军势力就会互相紧紧勾连，日后再难铲除。不如趁现在敌军力衰，一举攻破。"

于是唐军未撤，郑军大败。

还比如，武德五年（622），突厥入侵太原，又遣使求亲。群臣大多主和，封德彝力排众议："突厥入寇，是轻视中土，认为我们不敢交战。应该打赢了再言和，才能恩威并施。如果现在不战，日后突厥还会再来。"高祖听从了他的意见。

封德彝这种缺德与有才兼备的本性，老谋深算的李渊能够驾驭，英明雄武的李世民能够驾驭，但骨鲠儒术的萧瑀就玩不转了。当时他们俩一个是左仆射，一个是右仆射，每次商议政事，封德彝对萧瑀的意见都表示赞同，然而一转身，就在李世民面前说出相反的主张。

萧瑀也不傻，时间一长就把封德彝的小把戏看透了，从此两人长期不和。

令萧瑀难受的是，房玄龄、杜如晦竟然站在封德彝一边，合力排斥他。更令萧瑀难受的是，当他把封德彝的狡诈之事说给李世民的时候，竟然引起了李世民的严重不满，将他"废于家"。虽然不久又官复原职，但已在与封德彝的争锋中处于劣势。

李世民当上皇帝的当年十二月，萧瑀与侍中陈叔达吵了起来，气得李世民将两个人同时罢官，一直过了三年萧瑀才被任为御史大夫，与宰相一起参议朝政。

萧瑀出身显贵，笃信佛教，看不起杜如晦、房玄龄、温彦博、魏徵等出身低微的人，常与这些人发生争执。尤其是经常与房玄龄作难，房说东他非要说西，房说前进他非要后退。还总是揪着房玄龄、魏徵、温彦博等人的小辫子不放，看这些人一有工作失误就上书弹劾。结果不但没把别人弹劾下去，反而把自己的御史大夫的官位弹丢了，只领了个太子少傅的闲职。

萧瑀不分场合，什么大话都敢说，什么玩笑都敢开，有一次饮宴时对李世民说："臣是梁朝天子儿，隋朝皇后弟，尚书左仆射，天子（李渊）亲家翁。"

这就太不合时宜了。

说这话是什么意思？是怀念前朝啊，还是想让李世民喊你一声萧大叔？李世民再大度，估计心里也不会舒服。

但李世民毕竟是李世民，不同于一般昏聩和小肚鸡肠的皇帝，即使心里不舒服，也坚持提倡直谏，因此对口无遮拦的萧瑀还是赞赏有加，曾赐诗夸奖萧瑀"疾风知劲草，板荡识诚臣"。

然而萧瑀经常弹劾这个弹劾那个，终于把李世民惹烦了。李世民对萧瑀说："了解臣子的莫过于君主，用人不求其面面俱到，扬长避短便是。朕就算做不到明察秋毫，也不至于完全分不清好坏。"

萧瑀自讨没趣，当面向李世民请求出家当和尚，结果话一出口就后悔了，"臣顷思量，不能出家"。

这下，彻底惹怒了李世民，将他逐出朝阙，贬为商州刺史。

一直到贞观二十一年（647），也就是李世民去世的前两年，萧瑀才被征授金紫光禄大夫，复封宋国公。而后跟随李世民去玉华宫（由李渊时期的仁智宫扩建而成）度假，突发疾病而逝，终年七十四岁。

当年频频陷害萧瑀的封德彝，深受李世民礼遇，但在死后终于露出了狐狸尾巴，被发现曾经暗中依附李建成。更令李世民恼火的是，李渊曾经打算废黜李建成，立李世民为太子，因封德彝力谏而作罢。

贞观十七年（643），李世民把封德彝的奸诈行为交大臣讨论，民部尚书唐俭说："封德彝生前深受恩宠，而罪过暴露于死后，所任的官职不能全部褫夺，请收回封赠、更改谥号，以为惩戒。"

此话正合李世民心意。于是，李世民剥夺封德彝的司空之职，削除所封食邑，改谥号为缪。

对此，比封德彝活得更久的萧瑀看得清清楚楚。封德彝被清算，也是解了萧瑀的心头之恨，让他晚年的日子变得好过了些。

选贤任能打造班底

李渊时期的宰相级大臣，几乎都在李世民执政初期就死的死、免的免、贬的贬，职位空缺大多被李世民提拔起来的人补齐。比如，左仆射由房玄龄担任，右仆射由杜如晦担任，温彦博为中书令，守户部尚书戴胄转任户部尚书。同时，李世民大胆起用原太子、齐王部下，任尚书右丞魏徵为秘书监，参与朝政。守侍中王珪为侍中。另以右卫大将军侯君集为兵部尚书，参与朝政。

这里需要解释一下守户部尚书和守侍中的"守"是什么意思。在唐朝的官制中，守相当于代理，守户部尚书、守侍中大意相当于代理户部尚书、代理侍中。

在李世民组建的新班子里，房玄龄和杜如晦的地位比较高，"房谋杜断"的能力，世人皆知。当然了，所谓的高地位，也是李世民极力维护出来的，是力排众议，甚至是不惜打击异己捧出来的。

在被打击的人里面，监察御史陈师合是最典型的一个。

唐初的监察御史官阶不高，只是个八品官，上朝时连走正门的资格都没有，只能走侧门，而且非奏事不得至殿廷。但八品官和八品官不一样，要是在地方上，八品官只能是个干杂事的县丞，在朝堂里，监察御史这个八品官权力就大了，可以监察百官、巡视郡县、纠正刑狱、整肃朝仪，还可以弹劾违法乱纪和不称职的官员，可以说是满朝最"牛"八品官。

但监察御史的工作也不好干。不积极干吧，容易被人以腐败之名清洗下去；积极干吧，容易得罪人，搞不好会遭人打击报复。

陈师合就遇到了这种尴尬事。

贞观元年（627）某天，陈师合从小东门入朝上奏："人之思虑有限，一人不可兼任数职。"

这个意见是想让官员卸下过多的兼职，充分利用专业的时间干专业的事，本来没错，但针对的对象错了，好的意见也成了错。

满朝文武一看便知，这是冲房玄龄、杜如晦来的，就都把目光投给了李世民，看他怎么处置，是愉快地接纳意见，还是不愉快地打击报复。

果然，李世民不愉快了，扭头对戴胄说："朕以至公治天下，今用玄龄、如晦，非为勋旧，以其有才故也。此人妄事毁谤，上状欲离间我君臣。"这是很严重的表态了。

皇帝不愉快不满意，小小的八品监察御史就只能灰溜溜地卷起铺盖走人。上朝回来，陈师合鞋都没换就被李世民打发到岭外（五岭以南地区）去了。

陈师合走后，基本就没有人再弹劾房玄龄、杜如晦了，这也从客观上保证了房、杜的安心施政，为开创"贞观之治"创造了条件。

只是，苦了八品小官陈师合。他为自己没有错的错误交了罚单。

李世民如此理直气壮地为原秦王府的人撑腰，势必带来其中的某些人居功自傲、不守法度的后果，这又与他的初衷不符。

如果任凭这股势力坐大，对李世民执政只有坏处没有好处。毕竟，他现在是皇帝，不是秦王，不能只顾一隅不顾全局。所以，在保护的同时，还要引入新生力量牵制原秦府旧部，保证整个大唐高效运转。启用魏徵、王珪等人，就是李世民全局考虑问题的结果。

当然了，该使用就大胆使用，该压制也得毫不客气地压制，即使是尉迟敬德这样的功臣也不例外。

在玄武门之变中，尉迟敬德功居第一，可以说，若没有尉迟敬德的参与，就不会有李世民的玄武门胜利。而且，在跟随李世民征战过程中，尉迟敬德多次立功，是李世民的贴身保护神。但这位保护神在李世民当上皇帝之后，先任右武候大将军，后任同州刺史。与他同时期在李世民鞍前马后服务的人，有很多人没有他的功劳大，但也都当上了高官，令尉迟敬德很是不满。

有一次参加宫廷宴会，有功劳不如他的人坐在了上首，尉迟敬德大怒说："你有何功劳啊，敢坐在我之上？"

任城王李道宗为了维护安定的宴会局面，上前劝解，结果遭来尉迟敬德的一顿毒打，眼睛差点被打瞎。

宴会不欢而散。

事后，李世民把尉迟敬德找来训话。其一是说，李道宗是我的堂兄弟，你也敢打？其二是说，我以前经常看汉史，曾经奇怪汉高祖身边的功臣少有全身而退的。今天看到你的所作所为，才明白韩信、彭越被杀，都是他们自找的，并不是高祖的过错。

这两个意思，说得尉迟敬德腿肚直转筋，脑门直冒汗。

看尉迟敬德真的受到了教育，李世民又换了口气说："国家大事，全在奖惩。对一个人来说，哪有那么多意料之外的恩惠呀，一不如意就翻脸就打人，谁会喜欢这样的人？以后好自为之，要多反思反思，不断修正错误。"

对于有救命之恩的人，李世民尚且敢于亮剑，其他人就都老实了，都不敢倚功作歹了。

杀鸡儆猴大戏完美落幕。

但其中也有被冤的，比如长孙无忌。

玄武门之变后，长孙无忌因功由左武候大将军升任尚书右仆射，但朝中有人反对他升迁，理由是，长孙无忌是皇上的大舅哥，属于外戚，不能权宠过盛。

本来李世民对此等无聊意见是不予理睬的，但反对的人越来越多，问题变得越来越严重，而长孙无忌也主动要求降职。因此，到了贞观二年（628），李世民不得不罢去他的右仆射职务，算是堵住了外人的嘴。

还有高士廉。

高士廉是长孙无忌的亲舅舅，也是长孙皇后的亲舅舅，是李世民的舅丈人，更是有功于李世民的人。但是，高士廉身上也有污点，他任侍中时，曾压制王珪等人。不过，高士廉的小算盘没打好，让王珪反手奏了他一本，说他故意扣压王珪的合理化建议，结果立刻被李世民降职，出朝当了个安州都督。而王珪则由黄门侍郎出任侍中的要职。

李世民恩威并施，双管齐下，把一个个能人异士治理得服服帖帖。其中，房玄龄任左仆射，温彦博任中书令，王珪任侍中，魏徵任秘书监，戴胄任民部尚书，侯君集任兵部尚书。右仆射杜如晦于贞观四年病逝，李世民增补李靖任右仆射。

在这个班子中，既有原秦府旧属，也有原宫府集团的成员，只有李靖例外，两头都不隶属。

李靖是《封神演义》中托塔天王的原型，其舅舅是隋朝名将韩擒虎。李靖从小熟读兵书，长大后文有计谋，武有韬略，成为唐朝一代名将。

但是，李靖在成为名将之前，差点被李渊杀死。

原来，李渊在太原起兵时，李靖正在马邑任郡丞，在李渊帐下与突厥作战。

当他察觉到李渊有谋反的迹象后，便把自己伪装成囚徒逃走，准备向杨广告密。但是很不凑巧，当时杨广在江都（今扬州），而他以为皇帝肯定住在京城，于是风餐露宿地跑到长安去了。等他再想去江都时，翟让、李密、杜伏威的义军已经把道路给断开了，李靖只能在长安傻等。

这一等，真就等傻了。没过多久，李渊率军攻占了长安，把李靖逮了个正着。

对于告密者，李渊是不会手软的，于是下令：斩！

可惜了满腹经纶的李靖，告密壮志未酬，即将跪地身死。

不过，名将毕竟是名将，即使是死也要喊上几嗓子。李靖喊的是："明公兴起义兵，本是为天下除暴安良，现在暴未除、良未安，却以私怨斩杀壮士，是何道理？"

李靖这么一喊一质问，把李渊整乐了。好吧，看你是条汉子，索性放了吧，以后跟我一道除暴安良，"扫清天下浊"。

刀下捡命的李靖，转而对大唐朝尽心尽力，屡立战功。

大唐的名将都太厉害了，要说什么勇冠三军的，掰着手指加脚趾都数不过来。

而李靖灭国，简直就是砍瓜切菜。

在李世民东征王世充之时，南梁的萧铣想趁机搞点事情，企图攻取唐朝峡州。李渊得知之后，发誓要灭掉南梁。在公元621年，李靖上书李渊"灭梁十策"，受到了李渊的重视。李渊虽然名义上委任河间王李孝恭挂帅，但是把实际的军事指挥权交给了李靖，"三军之任，一以委靖"，这是李渊对李靖的极大信任。

当时正处于秋季，南方的秋天总是阴雨连绵，三峡成了一道天险，水流湍急。萧铣此时明显低估了李靖灭梁的决心，认为这么大的水，唐军定不敢来，结果被李靖不失时机地攻到家门口。萧铣见大势已去，只好向唐臣服。

在平定了萧铣之后，李靖又照方抓药，率军狠揍了一顿伺机占领金陵的辅公祏，彻底平定南方。

李靖有个一般人不具备的优点，就是只管做事，不管站队，跟李建成的关系不近，跟李世民的关系也不近。这种关系，我们也可以认为，跟李建成的关系不远，跟李世民的关系也不远。所以，在改变大唐最高权力结构的玄武门之变中，李靖能独善其身，既无功也无过，事后仍受重用，直到被李世民选进宰相班子。

李世民的这个宰相班子人才辈出，个个精明强干。虽然也有这样或那样的矛盾，但总体来说是积极向上的班子，是敢于向沉疴说不的班子。这个班子在李世民的领导下，开创了"贞观之治"的大业，为更加繁荣富强的"开元盛世"打下了坚实基础。

突厥到底咋回事

说到李渊、李世民，说到大唐的建立，以及说到隋唐众多重要人物，比如刘武周、刘黑闼、王君廓，往往都要说到突厥。

那么，突厥究竟是怎么一回事？他们是从哪儿来的呢？

关于突厥的起源，大致有几种说法。

一是海右遗黎说。

二十四史之一的《北史·突厥传》说，突厥的祖先居住在西海（里海）之右，本是匈奴的一个分支，后该部被邻国灭亡。

当时有一个十岁的小男孩，士兵见他年小，没有杀死他，却用更残忍的方式折磨他，将他砍去双脚扔到荒草中。后来，小男孩被一只母狼救走，长大以后与狼结合。

邻国的国王听说此儿尚在人间，遂差人去杀掉他。来人杀掉了那个已经成年的男孩，在想将狼一起杀死时，狼却逃走了，逃到高昌国北边，在一个水草丰美的山洞里生下十个小男孩。他们长大后，全部拥有狼的野性和冷酷，与抢来的女人成家。其中一支生活在金山（阿尔泰山）南，因金山形似作战时的头盔，名叫兜鍪，而兜鍪又俗称"突厥"，所以他们就以突厥为族号了。

二是漠北索国说。

《周书·突厥传》说，突厥人祖先原生活在匈奴之北的索国（至今也没人知道索国在哪里），部落首领名阿谤步，有兄弟七十人，其中一个叫伊质泥师都，相传为母狼所生。

阿谤步生性愚痴，在与兄弟的领地争夺中败落下去。而泥师都由于得到过上天的恩惠，拥有特别的灵气，能够呼风唤雨。他婆了夏神和冬神的女儿为妻，生下四个男孩。其中，大儿子由于关心同部落人的疾苦，多方予以周济，被大家奉为君主，国号突厥。

关于这两种说法，虽然出自史书，但都是传说，和《史记》里说的刘邦斩白蛇一个道理。

相比较，还是长孙无忌等人编纂的《隋书》比较可信：

突厥之先，平凉杂胡也，姓阿史那（意思是苍色的狼眼）。魏太武皇帝灭沮渠氏，阿史那以五百家奔茹茹（柔然）。世居金山（阿尔泰山）之阳，工于铁作。金山形似兜鍪，俗呼兜鍪为突厥，因以为号。

关于突厥的起源，不妨在这里再追溯一下。

在中国古代的北方，与周秦并列的是匈奴和东胡。由于不断遭受匈奴的打击，东胡分裂为鲜卑和乌桓。在更强大的汉帝国打击下，匈奴分裂成两部分，其中南匈奴归附汉帝国，北匈奴虽然很愤怒，但也无计可施，只能望草兴叹。

时间到了东汉末年和三国时期，乌桓被曹操给灭了，鲜卑反倒强大起来，甚至把匈奴变成了自己的跟班小兄弟，直至同化了。

从晋朝到后来的五胡乱华时期，鲜卑分成了东、北、西三大部落。拓跋鲜卑其实就是北鲜卑。

鲜卑贵族慕容氏在西鲜卑和东鲜卑都很有地位，西鲜卑后来在慕容氏的带领下跑到青海东部安营扎寨，这就是赫赫有名的吐谷浑。

鲜卑拓跋部创立了北魏，这就是南北朝中江淮以北的王朝。北魏一直跟柔然对抗。那也是没办法的事情，柔然原本隶属于鲜卑拓跋部，是拓跋的奴隶，成天干苦力，后来拓跋南迁，小柔然也就闯荡成了大柔然，并跟原来的主人分庭抗礼。

在南北朝时期，翻身的柔然也有了自己的奴隶。其中，负责给柔然炼铁的突厥部落被唤作"煅奴"，意思就是打铁的奴隶，地位十分卑微。

后来，具有雄心壮志的突厥在酋长土门的统领下，各部归于统一，势力逐渐强盛，干翻了嚣张的柔然，自立门户。土门自封"伊利可汗"，将领称"设"，子弟为"特勒"，设官二十八等。

伊利可汗之后三代，政权传到了木杆可汗手里。这位智勇双全的可汗大显身手，北踹柔然，东踢契丹，西辗嚈哒（白匈奴），威震中国北方，建立了东至辽海（辽河下游濒海地带），西至西海（里海），北到北海（贝加尔湖），南达阿姆河（阿富汗与乌兹别克斯坦、土库曼斯坦的界河）的强大汗国。

木杆可汗逝世后，由其弟佗钵接掌可汗大印。佗钵可汗拥兵十万，所向披靡，令当时的北周、北齐不得不纳贡称臣，"争结姻好"。

佗钵可汗死后，突厥上层为争夺汗位大打出手，到隋朝杨坚执政的开皇四年（584），分裂为东、西两个突厥汗国。

阿尔泰山以西，由达头可汗、阿波可汗、贪汗、地勒察率部成立了西突厥。阿尔泰山以东，由土门的孙子，也就是木杆可汗和佗钵可汗的侄子摄图继承汗位（佗钵可汗之子庵逻将汗位让给摄图），号称沙钵略可汗，成立了东突厥。

杨坚统一江南后，采用远交近攻的策略，集中力量对付东突厥。先是联络沙钵略可汗的叔叔达头可汗和堂弟阿波可汗，迫使沙钵略分兵向西防御。后又联络更东边的奚和契丹，迫使沙钵略分兵向东防御。然后，杨坚甩出老拳，直接出兵东突厥，把沙钵略揍得满地找牙，彻底服气。最后，沙钵略再也不打了，向杨坚请求寄居在白川道（呼和浩特），并称杨坚为真皇帝。

沙钵略可汗死后，其弟处罗侯继位，号叶护可汗（莫何可汗）。叶护可汗死后，其子染干和沙钵略可汗之子雍虞闾分别被立为突利可汗（突厥有两个突利可汗，这是第一个）和都蓝可汗。后来都蓝可汗被刺身亡，无人继位。

突利可汗染干很听话，被隋文帝杨坚改封为启民可汗。启民可汗的儿子，就是大名鼎鼎的始毕可汗，就是李渊在太原起兵时借人送马的可汗，就是当年在雁门围困杨广的可汗。

始毕可汗死后，其弟俟利弗被立为处罗可汗，处罗可汗死后，其弟咄苾初被立为颉利可汗。与颉利可汗并立的是始毕可汗之子什钵苾（注意，他们都姓阿史那），也就是突厥的第二个突利可汗，也被称为突厥小可汗。

至此，终于把突厥的来龙去脉讲明白了。

其实，不只突厥来源于鲜卑，大隋和大唐皇室也都有鲜卑血统，他们与突厥算得上是远房亲戚。

据玄奘弟子释彦悰在《唐护法沙门法琳别传》中记载：在李世民时期，有一个僧人叫法琳，曾经当着李世民的面对于李家出自老子、属于陇西李氏的说法加以驳斥道："琳闻拓跋达阇，唐言李氏，陛下之李，斯即其苗，非柱下陇西之流也。"

李唐皇室为了让自己的姓氏更显赫，将自己的始祖从李暠上溯到汉朝的李广，又再上溯到先秦道家始祖老子李耳，宣称李渊是李耳的五十六代孙，李世民是李耳的五十七代孙。

这个法琳和尚认真又明确地指出：唐皇室的李氏家族，不是出自老子，也不是陇西李氏，而是当年拓跋达阇改汉姓的产物，李家是鲜卑拓跋达阇的后裔。

我们不知道法琳的依据是什么，但应该不是信口胡说，否则也不会当着天子的面指斥李氏皇族出自鲜卑，这可是冒天下之险，弄不好要杀头的。

李世民的奶奶独孤氏是鲜卑名将、西魏开国功臣、八大柱国之一独孤信的女儿。独孤信共有六子七女，长女嫁给了北周明帝，小女儿嫁给了隋文帝杨坚，四女儿就是李渊的母亲，因她的三个女儿当了不同朝代的皇后，这个独孤信是名副其实的"中国第一岳父"。

复旦大学历史学系教授樊树志在其所著《国史十六讲》中更是认为，独孤信是"突厥望族"。这样说来，李世民距离突厥血统是很近的。

而李世民的外祖母是北周襄阳公主，是西魏实权人物、北周奠基者宇文泰的第五女，也是鲜卑人。

李世民的外祖父窦毅是东汉大鸿胪窦章的第十二世孙。窦章的儿子窦统在汉灵帝时为雁门太守，为避窦武之难，亡奔匈奴，到了窦毅这一代，已经在北朝繁衍了十代，也不是纯正的汉人了。

便桥之盟

现在，坐在宝座上的大唐皇帝李世民，要面对的是颉利可汗和突利可汗叔侄，一场好戏已徐徐启幕。

李世民是下了决心要解决突厥问题的。

这不只在于突厥一直以培养代理人的方式干涉大唐的统一，而且直接对唐朝出兵。始毕可汗及其后的几任可汗频繁南侵，对刚刚成立的大唐构成了严重威胁，李渊甚至产生了向襄阳迁都的想法，只是由于李世民的坚决反对，才没有迁成。

不迁都就得打。

武德九年（626）六月四日，李世民取得玄武门之变的胜利，当年的八月九日登基当上了大唐皇帝，屁股还没坐热乎，突厥就到门口来了。突厥兵南下进攻泾州，而后一路挺进到武功，进而攻击高陵。

李世民派出勇将尉迟敬德作为泾州道行军总管，抵达泾阳，防御突厥。

泾阳距离长安只有40余里，泾阳若失，长安难保。

尉迟敬德不负所托，抵达前线后立即组织反攻，与突厥军队在泾阳打了一场恶战，生擒突厥将领阿史德乌没啜，并且击毙突厥骑兵一千余人。

虽然尉迟敬德在泾阳之役中小胜，但是仍然无法遏制突厥人的前进步伐，突厥新可汗颉利在隋朝义成公主的撺掇下，率二十万主力部队进抵渭水便桥以北地区，旌旗飘飘数十里，弯刀闪着冷月寒光，直指长安城。

突厥此举纯粹是投机行为。

他们想趁着大唐上层内乱偷袭长安，打算捞点好处就撤。毕竟让这些游牧之人留下来种地，比剥了他们的皮还疼。

陈兵便桥，颉利可汗派出手下得力干将执失思力作为使者入唐，面见李世民。

颉利可汗这么做，主要有两个意思。一是探听探听虚实，以利于动手开打。知己知彼，百战不殆，孙子总结出来的这条兵法，突厥人运用起来也是很纯熟的。二是吓唬吓唬李世民，如果能吓服就不用打服了，省时省力的工作谁都愿意干。

执失思力不辱使命，站在唐廷一顿吹嘘：颉利与突利两位可汗率领突厥百万大军，现在已经杀到门口，还不跪下投降？

但李世民毕竟是李世民，是战神级人物。

他有理有据、绵里藏针地说："朕与你们的可汗当面约定讲和通好，前后赠给你们的金银布帛，多得无法计算。你们的可汗擅自背弃盟约，率领兵马深入唐境，朕可没有对不起你们的地方！虽然你们是戎狄之人，但也是长着一颗人心的，怎么能够完全忘却对你们的巨大恩惠，自夸什么兵强马壮。你跟谁吹牛？信不信我一刀宰了你？！"

现在，四周站着的都是唐人，个个怒目而视，执失思力开始腿肚子转筋，连连求饶。

求饶也不行，必须拘留（囚禁在门下省），看看突厥人哪个还敢蹬鼻子上脸。

两国交兵，不斩来使，这是自古以来的规矩。文化落后的突厥人不懂，大唐皇帝不能不懂。此时，萧瑀和封德彝站出来求情："放他回去吧，咱大国不能失礼。"

李世民说："朕若现在就放他回去，突厥会认为朕很怕他们，就会更加肆无忌惮了。况且朕又不是真的要杀他，先关几天再说。"

此时的长安城虽戒备森严，但只有数万兵力，如《隋唐演义》里齐国远手里的纸糊锤子，一捅就破，一打就败。

面对不利局面，李世民巧设疑兵后，又亲率高士廉、房玄龄等六骑至泾阳前线，隔渭水与颉利对话，义正词严地指责颉利不够意思，背弃约定，挑起战火。

没多久，唐军相继赶到，列队站在李世民背后，阵容强大。用评书里的话说就是：兵似兵山将似将海，金盔金甲银盔银甲铜盔铜甲铁盔铁甲，一个个精神抖擞，耀武扬威。

不过，阵容再强大也是面子上的事，大唐的军事实力远没有突厥强大。

但此时的颉利可汗面对唐军的强大阵容心里七上八下的，又得知执失思力被拘，更不敢贸然动手了。

更让颉利可汗惊惧的是，李世民竟然单骑而来，脸上毫无惧色。

李世民这是唱的哪出呀？难道是布下重兵诱我进套？

在颉利可汗正晕的时候，只听见"扑通扑通"的下马声，他身后的大小首领对李世民"下马罗拜"。

这仗还怎么打？

第二天，颉利可汗又遣一使进唐营。不过，这次不是吓唬人，而是诚心诚意讲和来了。

李世民心里非常清楚自己的实力，吓唬一阵子还行，真的硬碰硬就不好使了，于是就坡下驴，利用突厥"君臣之志，唯贿是求"的弱点，广撒钱财。

突厥人"既得所欲"，都无心打仗。

第二天，李世民与颉利可汗相约便桥之上，杀白马盟誓，双方和好，共谋发展大计。这就是历史上有名的渭水之盟，也称便桥之盟。

随后，唐朝将扣压的执失思力放出，以示友好。

那个曾不可一世的执失思力，此时只能耷拉着脑袋跟随颉利可汗北撤。后来，东突厥在强大唐军的打击下，一败再败，执失思力又被颉利可汗选为特使，向大唐请降。再后来，东突厥灭亡，执失思力彻底归附大唐，成为李世民手下得力干将。李世民也够仗义，不但让他担任左领军将军，还把自己同父异母的妹妹九江公主嫁给他。

这是后话，现在继续说便桥之盟的事。

按照《旧唐书》和《新唐书》的记载，便桥之盟时，颉利可汗主动向李世民进献了"马三千匹、羊一万只"。

如果这些记载为真，那么这场博弈和较量中，唐朝几乎是没有付出任何代价的完美受益人，既得了里子，又得了面子。

但是，这种记载却不是历史的真实。毕竟当时的突厥与大唐军力上的强弱对比实在是太明显了。

在突厥进逼长安的态势下，李世民即使依靠疑兵震慑住对方，颉利、突利可汗也只会忌惮唐朝而与之拼个鱼死网破。如此一来，军力占优的突厥根本没有必要将自己当作弱势的一方，再去通过进献牲畜讨好对方。

最合理的解释就是，便桥之盟也和玄武门之变一样，遭到李世民的美化和删改。与史籍记载中单纯凭借李世民威严和气场压制突厥的"高大上"不同，真实历史上的渭水之盟中，唐朝付出了极高的代价，比如传言中被几乎搬空的长安府库。

在便桥之盟的当时，大唐是处于弱势地位的。唐朝送给突厥大量金帛财物，双方在二十八日约和，而在三十日正式订立盟约。其间两天的时间，双方应是在讨论合约的具体内容，唐朝也是在筹措财物；除了金帛财物之外，在此以后，"贞观初……颉利可汗自恃强盛，每有所求，辄遣书称敕，缘边诸州，递相承禀"。

这里说的"敕"，是上级对下级的命令。从中可以看出，唐建立以后要争取与突厥地位平等的努力失败了，我们可以猜测在盟约中存在唐朝恢复称臣于突厥的内容。这其实就是突厥对大唐的不平等条约，所以说这次盟约对于唐太宗来说，是一生之耻。

纵观李世民一生，在敌人面前从不委曲求全，更无退缩。武德三年虎牢关一役，李世民率领三千五百人大破窦建德十万大军，由此可见其勇武。

而今在便桥上，李世民选择委曲求全，撒钱又称臣，实际上是因为自身实力赶不上突厥。加之刚刚即皇帝位，杀兄逼父导致皇位尚不稳定，朝中力量还在整合期，一切要以稳定为主。

而且从另一个角度思考，在李世民立约罢战之前，尉迟敬德已经小胜一场，但李世民依然选择以较为屈辱的方式结束这场战争，结合李世民的个人性格可猜知，唐朝在当时与突厥的实力对比是处于下风的，而且实力差距不是一星半点。

司马光在《资治通鉴》中借李世民之口说得实在是精辟："所以不战者，吾即位日浅，国家未安，百姓未富，且当静以抚之。一与虏战，所损甚多；虏结怨既深，惧而修备，则吾未可以得志矣。故卷甲韬戈，啖以金帛，彼既得所欲，理当自退，志意骄惰，不复设备，然后养威伺衅，一举可灭也。将欲取之，必固与之，此之谓矣。"

这些话，充分说明了李世民的雄韬大略。

在便桥之盟以后的数年时间，李世民打造了一支钢铁雄狮，将东突厥生生撕碎，活捉颉利可汗。李世民用大唐的强盛根基来为自己洗刷了耻辱，从此之后，大唐仿佛插上了腾飞的翅膀。

战前准备

以李世民的个性，对突厥可以忍一时，所谓小不忍则乱大谋，但绝不能忍一世，因为一贯忍让则是无谋。

李世民在等待机会，等待对突厥下狠手的机会。

突厥汗国不同于中原地区的皇朝，他们基本是由部落或部族组成的军政联合体，所以，突厥汗国大部分时间都处于分裂状态，权力也比较分散。各个部落头领都拥有自己的军队，一言不合，立马开打。更要命的是，他们连共同的语言、文化都没有，从来不认为天下突厥是一家。

从这一点看，秦始皇还是有远见的，他灭六国后强行统一文字、货币、度量衡，才使得中国在大多数时间里都处于大一统的稳定状态。

因为，有了相同的东西，大家才会觉得是一家人。而突厥汗国没有这样的觉悟，肯定会纷乱下去。

另外，颉利可汗与突利可汗叔侄二人面和心不和。颉利对突利心存戒备，处处提防。突利对颉利心生不满，时时作对。

这些问题，李世民了如指掌。为了打败突厥，报便桥之仇，李世民针对突厥的优劣特点做了很多准备工作。

首先是外交准备。

突厥汗国的东边有契丹、奚等部落、部族，由突利可汗统兵管辖。一方面，突厥暴政，"征税无度"；另一方面，大唐宽宏，休养生息，契丹和奚趋利避害，渐渐归附大唐了。他们对大唐的归附，或者说是对突厥的反叛，让突厥人失去了东方的盟友。

这里，简单介绍一下奚的历史，便于读者了解当时的情况。

奚与契丹都源于鲜卑宇文部的一支，他们语言相通、文化和生活习俗相近，是同族异部的兄弟关系。《辽史·卷七十三》载"契丹与奚言语相通，实一国也"。大名鼎鼎的萧太后就出自奚族萧氏。奚人发明的奚琴，就是现在人们熟悉的二胡。蒙古的马头琴也是由奚琴演化而来。

可以说，奚与契丹是同进同出的，突厥失去契丹，也就意味着失去了奚。而突厥对两族的失去，正好是大唐的外交胜利。

再说回纥与薛延陀，本来也是突厥的盟友，但他们与突厥的关系也只是强者有益。

哪里有压迫哪里就有反抗。在李世民当上皇帝的当年，回纥人不堪欺压，举兵反抗。颉利派侄子欲谷设统领十万大军镇压，在回纥酋长的率领下，五千回纥兵竟然奇迹般地打败了突厥十万大军。颉利又派突利可汗征讨，也被打败，突利可汗带着不多的骑兵仓皇逃遁。

贞观二年（628），薛延陀以乙失夷男为首建立起了薛延陀汗国。之后，夷男自感实力不济，顶不住突厥的进攻，于是向大唐求助。

收到求助消息，李世民脸上都乐开花了，马上决定干预突厥内政，支持薛延陀，并派出使者深入漠北，封夷男为真珠毗伽可汗。从此，两国结盟，南北夹击，共同对付突厥。

其次是军事准备。

李世民领导的唐军，实力不可谓不强，要不也干不成征关中、战山东的伟业。但是，面对剽悍骁勇的突厥骑兵，唐军就力不从心了。

突厥长期在草原上生活，打仗以骑兵见长，来得快，去得疾。而历史上的中原王朝大多缺少骑兵这种陆战之王，用两条腿当然跑不过四条腿。

为了解决这个问题，让唐兵也能在马上纵横驰骋，为将来与突厥决战做准备，李世民开始训练卫兵，中下级军官也不例外，同样跟着卫兵接受训练，打算以此带动唐军整体作战水平的提高。

李世民说："朕不让你们干穿池筑苑的粗活儿，那不是你们要干的事，你们的事是给我练好作战本领。平时朕是你们的教练，一旦拉到战场上，朕就是你们的统帅。"

李世民训练卫兵对付突厥，这事在历史上是真实发生的。几百人的队伍，集中在显德殿拉弓射箭，舞刀弄枪，成绩好的还给奖赏，赏弓赏刀也行，赏金赏银也可。这不是一般人敢玩的。

按照当时的法律规定，如果有人敢带兵器进宫，是要处以极刑的。

所以，李世民在宫里练兵，让很多人担心，也招来很多人反对。这些担心和反对不是没有道理。这么多人带刀带箭，万一有人偷袭怎么办？皇帝若有闪失，大唐社稷就塌了。

怎么可能有闪失呢？李世民对劝谏的人说："王者视四海如一家，封域之内，皆朕赤子，朕一一推心置其腹中，奈何宿卫之士亦加猜忌乎！"意思是说，天下百姓都是我的子民，我与他们推心置腹，何必猜忌他们呢？

在李世民的鼓励和推动下，唐军战斗力大增，具备了与突厥骑兵一决雌雄的实力，从此横扫万里，声震名扬。

贞观元年（627），鸿胪卿郑元璹（shú）出使突厥，回来时兴冲冲地报告说："不出三年，突厥必亡。"

"何以见得？"

郑元璹说："看一个家庭日子过得好不好，看他的饭桌就行了；看突厥的日子过得好不好，看他的牛羊牲畜就行了。这两年北方大雪，突厥的很多牛羊都冻死了，民饥兵弱，部族叛离，此将亡之征兆。"

李世民说："这么好的机会，得打，得彻底把突厥打服，彻底灭了他，省得他再惹是生非，省得他再干涉大唐发展。但一年前刚刚和突厥签约，现在乘人之危出兵，这事好说不好听啊。试想一下，全天下的部族会如何看待此事？"

李世民犹豫，把宰相们找来商量。

萧瑀就主张打。在萧瑀看来，机不可失，时不再来，在千载难逢的机会面前，犹豫是最大的敌人。

但长孙无忌不主张打，还极力反对。长孙无忌主要是从政治方面考虑，认为现在出兵就是背信弃义，虽然能取得军事胜利，但在政治上是败笔，不划算。

李世民频频点头：若论高手，还得是我大舅哥啊！

李世民对大臣们说，别说他很多牛羊都冻死了，就是六畜都死光了，朕也不打，乘人之危不是大丈夫所为。要打就在他兵强马壮时打，那才叫爷们儿，才叫展示。

李世民要展示的，无非是两点，一是突厥的暴政，二是大唐的威仪。就是要让天下人看看，不是大唐乘人之危灭突厥，而是突厥自己作死。其实就是要让天下人心服口服，达到灭一服十的目的。

兵强马壮的李世民开始蚕食突厥外围势力。先是收复了刘武周妹夫苑君璋盘踞的恒州，为进兵突厥创造了有利的地理条件。紧接着命令柴绍、薛万钧攻打朔方的梁师都。

梁师都出身夏州朔方豪族，隋朝大业年间官至鹰扬府郎将。由于被朝廷免职，梁师都怀着一肚子不忿回到家乡。眼见天下即将大乱，他一咬牙聚众造反，直接杀了朔方郡丞唐世宗，自称大丞相，随即开始了自己的反王之路，然后也像模像样地建国称帝，定国号为"梁"。

虽然当上了皇帝，然而梁师都的实力并不算强，所以他选择了依附于突厥的策略，凭借突厥的支援站稳了脚跟。始毕可汗送以狼头大旗，并册封其为"大度毗伽可汗""解事天子"，梁师都乐颠颠地接受。为投桃报李，梁师都多次主动进攻唐朝，虽多次被打败，但从未被打死。

作为一代雄主，李世民不可能允许梁师都与唐并存，因此决定先礼后兵，先是奉劝梁师都投降，但是遭到拒绝。在梁师都看来，突厥实力豪横，完全可以保住自己。

然而，梁师都不知道的是，此时的突厥已陷入内乱之中，而唐朝经过休养生息，国力今非昔比。在柴绍、薛万均的疯狂进攻下，梁师都兵败如山倒，最后被其堂弟梁洛仁杀害。至此，只待机会出现，大唐便可出兵，一举击溃突厥。

一举击溃

机会终于在贞观三年（629）出现了。

这年八月，负责监督突厥情况的代州都督张公谨报告说，现在可以出兵攻击颉利可汗了。张公谨列举了六大理由，每一个理由的背后都是留给大唐的绝佳机会。

第一，颉利纵欲逞暴，亲小人，远贤臣；第二，施政不得人心，导致薛延陀等部族闹事；第三，把突利、拓设、欲谷设等突厥可汗都得罪遍了，自己已无容身之所；第四，百年不遇的超级大雪灾袭击了突厥的大草原，导致人无粮食马无草，军队没有战斗力；第五，颉利事事依靠东方的胡人，而胡人反复无常，唐军一到，必然叛逃；第六，在隋末大乱时有大量汉人移民突厥，可作为内应。

先前还不可一世逼迫李世民签渭水之盟的颉利可汗，转眼就在大规模叛乱中过起了风雨飘摇的苦日子。

这么好的机会，李世民怎会错过？但李世民没有被好机会冲昏头脑，他要找一个绝佳的借口，保证师出有名。这个借口，颉利可汗自己送上门来了。

贞观三年十一月初，颉利可汗命令手下将军雅尔金和阿史那社尔率军进扰河西。虽然在肃州（今甘肃酒泉）守将张士贵、甘州（今甘肃张掖）守将张宝相坚壁清野政策的阻挡下无功而返，没有对大唐国土造成太大伤害，却为李世民反击贡献了出兵的借口。

杀气腾腾的李世民于二十三日升帐，点将，兵分六路进剿东突厥。

兵部尚书代国公李靖为定襄道行军总管，张公谨为副，率领中军直捣"狼窝"。

并州都督英国公李世勣为通漠道行军总管，由东路率主力进攻东突厥腹地。

华州刺史霍国公柴绍为金河道行军总管，在西路顺黄河前进，与李靖、李世勣遥相呼应。

礼部尚书任城郡王李道宗为大同道行军总管，张宝相为副，从灵州往西北挺进。

检校幽州都督卫孝杰为恒安道行军总管，镇守燕云地区，防止突厥军队东逃。

灵州都督薛万钧为畅武道行军总管，借道东北出击突厥后方，监视突利可汗。

于是乎，大唐朝的战争机器全速运转，十余万府兵纷纷集结，大唐的民夫们踊跃支前，运输武器装备和粮草补给。

在李靖、李世勣的统率下，唐军进展神速，屡破突厥骑兵防线。十二月，突利可汗首先归唐，亲赴长安觐见李世民，被封为北平郡王。

第二年正月，李靖率三千骁骑从马邑出发，进屯恶阳岭（今山西平鲁西北），乘夜袭占定襄城（今内蒙古和林格尔西北土城子）。

正为饿肚子发愁的颉利可汗未料到唐军突至，认为李靖敢孤军深入，定有主力随后，慌忙将牙帐撤至碛口（今内蒙古善丁呼拉尔）。

李靖又派间谍离间其部众，颉利的心腹大将康苏密挟隋炀帝皇后萧氏及其孙杨政道至定襄降唐。

颉利不敢停留，继续率部向阴山撤退，在浑河边与柴绍的金河军交战，之后又在白道（今内蒙古呼和浩特西北）遭到兵出云中（今山西北部）的李世勣率领的通漠军截击，大败。

退屯铁山（今内蒙古白云鄂博一带）的颉利只收集到数万残部，自觉已不是唐军对手，派执失思力为特使，到长安向李世民谢罪请降。

实际上，好战分子颉利根本就没打算真降，他打算等到草青马肥之时转移到漠北，伺机东山再起。

李世民将计就计，派鸿胪卿唐俭、将军安修仁去谈判，以便稳住颉利，使其不再组织兵马反抗或者向沙漠纵深逃窜。同时，令李靖率兵接应。

二月，李靖引兵至白道与李世勣会合。

李世勣说："颉利虽然战败，但还有不少人马，如果走过沙漠，得到九姓铁勒的庇护，就很难追上他们了。如今皇上派唐俭和安修仁到突厥营，颉利必定放松戒备，我们尾随偷袭，就可以轻易平定贼寇。"

李靖握着李世勣的手腕高兴地说："老兄啊，你的这番话，就是韩信灭田横的策略啊。"副将张公谨怕这么做会使唐俭等人身陷险地。李靖说："战争总是要有牺牲的嘛，只要能剿灭突厥，唐俭的安危根本不用去考虑。"

于是，李靖挑选一万精兵，带上二十天的军粮连夜出发，李世勣统大军续后跟进。

颉利见唐使前来谈判，以为李世民太好骗了，以为自己的诡计得逞，因而放松了戒备。没承想，唐俭身后还有硬货。

二月初八夜，月光暗淡，大雾弥漫，李靖派偏将苏定方率二百骑兵为前锋，衔枚疾进，至颉利牙帐七里才被发现。

颉利可汗再想组织反击，已经来不及了，自己的牙帐被苏定方一举攻破，他只好爬上马背逃窜。

突厥余部群龙无首，被随后赶到的李靖率人一顿刀劈斧砍，哭爹的哭爹，喊娘的喊娘，乱作一团，溃不成军。

唐俭、安修仁趁乱脱险而归。

这一仗，唐军歼敌一万余人，俘获突厥男女十余万人，还获得牛羊杂畜十多万头，大获全胜。捎带着，还杀死了颉利可汗的妻子，也就是总撺掇颉利攻打唐朝的隋朝义成公主。

倔强的义成公主是隋朝宗室杨谐的女儿，在突厥生活近三十年，先后嫁给启民可汗、始毕可汗、处罗可汗、颉利可汗，把瑰丽的青春献给了陌生的突厥可汗，也献给了隋朝的"靖边事业"，堪称女中豪杰。

这个执着的公主对隋朝的感情太深了，便始终认为李唐是"篡逆"，想借助突厥的力量复国，最后却惨烈地死去。

在李靖集中力量围歼颉利可汗的时候，李世勣率军切断了突厥北窜的道路，俘敌五万余人。

颉利可汗北撤无路，只好选择继续向西，打算投奔吐谷浑国王慕容伏允或高昌国王麹文泰。没想到，在半路上正好撞进李道宗布下的口袋阵，一番激战后，被张宝相擒获。

颉利可汗显然没有老婆义成公主视死如归的勇气，被擒后乖乖地做了李世民的阶下囚。

至此，东突厥汗国彻底被灭，这也是唐朝历史上拓边战争中最辉煌的胜利。而颉利可汗也创造了历史，成为有史以来第一个被中原帝国活捉的草原帝国最高统治者。

捷报传来，举国欢庆。

李世民举杯对身边大臣们说："想当年，我们在太原起兵时，屡受突厥要挟，不得不称臣纳贡。现在，终于洗雪了多年耻辱。"

太上皇李渊也高兴，召李世民及众功臣到凌烟阁，宴庆胜利。李渊自弹琵琶，李世民也放下皇帝架子翩翩起舞，尽情欢乐。

值得一提的是，颉利可汗被押送至长安后，李世民登上顺天门召见他，当面数说他违背盟约、恃强好战的不是，最后又说："不过自从便桥会盟以来，你没有大规模地入犯，所以朕可以不杀你。"

颉利可汗感激不杀之恩，哭谢而退。李世民把颉利和他的家属安置在太仆寺，厚加款待。颉利可汗仍然郁郁不乐。他住不惯青砖碧瓦的中原房子，在院子里搭了个帐篷。

但在帐篷里也是闷，看不到风吹草低见牛羊的辽阔景象，更没有醉卧沙场的豪情，只能同家人悲歌哭泣，形容消瘦。

李世民知道后，就改任他为虢州（今河南灵宝）刺史，并对颉利说，虢州地近山区，麋鹿野兽很多，可以游猎。

颉利不愿前去，唐太宗就又任他为右卫大将军（禁军的高级武官），赏赐了大量田宅。

后来颉利病死，唐太宗按照突厥风俗实行火葬，还在灞水东面为他筑了高大的坟墓，并让颉利的儿子终身袭其父职。

活捉颉利可汗不久，突厥大将执失思力、阿史那社尔、阿史那思摩以及契苾何力等悉数归降，都受到唐朝的重用。

后来，真珠可汗夷男也上表表示归顺。

至此，大唐国威远播，东北地区的奚、室韦等十几个部族和西域的各小国都纷纷要求内属。逃到高昌国的突厥人，听说李世民对归降的突厥人待遇优厚，重又回来归唐。

贞观四年（630）三月，北方各少数民族君长来到长安，请求尊奉大唐皇帝李世民为"天可汗"。从此以后，李世民不仅是唐朝的皇帝，还是各民族的"天可汗"，是天下共主。李世民凡以皇帝名义发往北方各族首领的公文，落款一律自称"天可汗"。

不但如此，他的"天可汗"威名还传袭给了子孙，除他本人外，唐高宗李治、武周皇帝武则天、唐中宗李显、唐睿宗李旦、唐玄宗李隆基也曾被称为"天可汗"。

他晚年曾得意地说："自古帝王虽平定中夏，不能服戎狄，朕才不逮古人而成功过之。"

的确，李世民灭东突厥，功绩是他之前的帝王不可比拟的，被称为千古一帝也不过分。

剿抚并用，一劳永逸

唐军北进草原攻击突厥，活捉颉利可汗，歼敌一万多，获得牛羊杂畜十多万，这当然都是大好事，但对于俘获的十余万突厥男女怎么处置，却是个棘手的问题。大唐的朝廷官员们就突厥移民安置问题展开了热烈讨论。

很多人建议将他们全部内迁到山东、河北、河南，分散居住，再安排人教他们学习耕织技术，"永空塞北之地"。说白了，这个建议就是要突厥人全盘汉化。

夏州都督窦静认为不宜全盘汉化，"戎狄之性，有如禽兽"，让他们改变生活风俗，等于让猴子穿衣服行周礼，根本就不可能。所以，"不可以刑法威，不可以仁义教"，建议仍旧让他们居住在北部边疆地区。

温彦博的意见也是不要改变突厥人的习俗，让他们替大唐守卫边疆，防止更北边的薛延陀汗国作乱。

魏徵的意见更狠，既不同意突厥内迁中原，也不同意戍边的方案，而是认为突厥"非我族类，其心必异"，主张让他们从哪儿来回哪儿去。

魏徵的理由很简单，突厥人狡诈，你强了他就服你，你弱了他就欺负你。现在把十万突厥人留在内地，多年以后他们生子生孙，队伍壮大，必然成为心腹之患。

说完这些，魏徵又举了晋朝的例子，说晋初胡汉杂居，山阴令江统劝晋武帝把胡人逐出塞外，武帝不听，结果酿成了悲剧，二十年后，"伊洛之间遂为毡裘之域"，前车之鉴啊！

在很多重大问题上，李世民对魏徵是言听计从的，唯独这次例外，没有采纳魏徵的意见，而是同意温彦博的主张，把内迁的突厥人安置在河南朔方之地（今内蒙古南部乌审旗一带），保全原有的部落，仍由酋长治理，维持原有的风俗习惯，仍以畜牧业生产为主。突厥的首领也分别得到任用和安置。这就安抚了内迁的突厥部众。

既然归顺了，突厥人也就是大唐的人了，就挡不住有人去更好的地方发展，甚至住进了长安城。据统计，突厥人担任五品以上官职的有一百多人，长期居住在长安的突厥人有近万家。当时长安城内蕃汉杂居，蕃人有的戴汉帽，汉人也有戴蕃帽的，和睦相处，不分彼此，就连皇太子也常把突厥人召入宫中游玩。

李世民对突厥大臣十分爱惜，如以智勇闻名的阿史那社尔率部内属后，被唐太宗封为左骁卫大将军（禁军的高级武官），因在后来平定高昌的战役中屡立战功，被赐予宝刀，封毕国公；契苾何力率铁勒部内属以后，李世民任他为左领军将军（武官），他也屡建战功，在一次打仗中被敌军刺伤，李世民还亲自为他敷药。

李世民这种剿抚并用之道非常奏效，成本也非常低廉。这个政策，一方面安抚了突厥部众，结束了唐与突厥持续多年的战争。同时，内迁的突厥人逐渐适应了农业生活，也开始使用农具种菜种庄稼了，这有利于大唐的经济发展。最重要的是，突厥人起到了屏障的作用，在北方强大起来的薛延陀始终没有南下危及中原，突厥功不可没。

东突厥灭国后，新的薛延陀汗国顺理成章地接管了大量人口，成为填补草原真空的新一代霸主。

当时的薛延陀可汗夷男，没有立刻和唐朝产生冲突，而是满足于在名义上称臣。这主要是因为他的薛延陀帝国尚不稳固，治下民众大多是一起反抗东突厥的铁勒兄弟，还有被灭国的东突厥遗民。夷男只能采取韬光养晦策略，期望以最短时间消化胜利成果。

但深谙权力斗争法则的李世民也从未真正相信过他们，所以将夷男的两个儿子分别册封为小可汗，为日后的薛延陀内乱埋下种子。

天有不测风云，人有旦夕祸福。贞观十三年（639）四月，在长安的突厥贵族突然发动了一场针对李世民的暗杀活动，差点改变了历史。突利可汗的弟弟阿史那结社率，率四十多名亲信武士夜袭皇帝行宫。疏于防备的守卫被打了个措手不及，一度让他们冲破四道宫门，差点酿成大祸。幸好后续补救措施到位，守卫成功干掉了二十多名突厥叛军。阿史那结社率也只得抢了一匹宫马出逃，刚渡过渭河就被追击而来的唐军截杀。

这个突发事件让李世民意识到，大量的突厥人内迁确实存在安全隐患。因此在同年七月，李世民将忠于自己的东突厥贵族阿史那思摩重新册封为东突厥可汗，让他率众回到漠南居住，以便减少内部的不安定因素，同时也可以让突厥作为大唐和薛延陀间的军事缓冲区。

这一改变，只能算是李世民的民族政策微调，大部分突厥人还住在河南（黄河以南的河套地区）。至于别人怎么说，那是别人的事，他这个"天可汗"要做的是腾出手来给隋朝做个总结，以便汲取隋亡教训，开创大唐盛世。

给隋朝做个总结

李渊这个皇帝当得比较轻松——在太原扯了一杆反隋大旗，然后一竿子捅到西，靠儿子们东征西讨打下了江山。

但李渊这个皇帝当得也比较累。一共当了九年皇帝，前七年都在努力统一；后两年，外乱平息了，儿子们却在家里折腾起来了，最后刀兵相见，死了两个儿子十个孙子，自己也退位了才算完事。

等到李世民接班成为大唐皇帝的时候，对内整顿了宰相班子，对外解决了突厥问题，但全国已经成了漏雨的破草棚，经济凋敝不堪。李世民意识到，如果经济问题不解决好，大唐江山长不了。

想解决经济问题，首先要医治战争创伤；想医治战争创伤，首先要弄清楚，战争是怎么来的，隋朝是怎么没的。

李世民不必知道隋朝是怎么来的，因为不论隋朝开国皇帝杨坚是篡了外孙的宝座，还是抢了北周的江山，跟他都没什么关系。但李世民必须得知道隋朝是怎么没的，因为可以吸取隋亡的教训，现固自己的江山。

有人说，隋朝是怎么没的，他李世民不清楚吗？那不就是他李家父子给干没的吗？再扩大点说，是李密、薛举、王世充、窦建德、杜伏威这些人联手给祸害没的。

其实，这种说法也对也不对。说对，是因为隋朝确实是这么没的，而不是哪个人变戏法给变没的。说不对，是因为这种说法只看到了表面，没有深入隋朝内部分析问题。

隋朝不像秦朝开国时那样暴，也不像汉朝开国时那样穷，隋朝开国是非常平和的，也是非常富足的。富到什么程度呢？

隋文帝开皇十七年（597），隋朝的税收巨大，到处都是钱，连国库库房都不够用了，只能堆积到库外的廊檐下。这种富足，即使是全国百姓啥都不干也够吃五十年的。这还真不是吹牛，有事实为证。隋亡二十年后，库存粮食布帛还在为唐朝所用。1969年在洛阳发现了一座隋朝粮仓，面积达45万多平方米，其中一个粮窖还留有已经炭化的谷子50万斤。

于是，心花怒放的杨坚大手一挥说，这一年的正赋不收了，把钱留给老百姓花吧。这种因为太富而让利于民的好事千古罕见，是放在任何时候都令人亢奋的盛举。

当然了，也不能说是前无古人，因为之前的汉文帝刘恒也免过税。但两者还不一样，刘恒免税是因为百姓太穷，不得不免。穷到什么程度呢？《汉书·食货志》上说："自天子不能具醇驷，而将相或乘牛车。"意思是皇帝出行时，连拉车的四匹马都找不到相同颜色的，而将相就更惨了，有时候只能坐牛车出行。国家高层尚且如此，底层老百姓就更不用说了。

因为穷，刘恒若想发展经济，开创国泰民安的大好局面，就只能免税，让老百姓有喘息之机，再图长计。经过文帝、景帝两代人的积累，汉朝终于在武帝时出现了欣欣向荣的景象，而此时距汉朝建国已经过去七十年了。

与汉朝不同，隋朝仅仅用了十七年的时间就走完了汉朝七十年才走完的路，实现了经济腾飞。

其实严格来说，还不到十七年，因为在开皇十二年（592），隋朝就已经富得流油了。

据《隋书·食货志》记载，开皇十二年，有主管官员向杨坚上奏，请求另建国库，原因是原有的府库都满了，后续收上来的钱物没地方盛。

杨坚感觉很奇怪，实施了多年的减税政策，他还担心国库空虚呢，为何突然就盛不下了呢？

主管官员说，这些年该花的钱一分都没少花，但收入远远大于支出，所以就盛不下了。

于是杨坚下令修建了左藏院，建房建楼盛钱盛物。同时又下诏，在全国范围推行教化，提高百姓的修养。同时，把河北、河东当年的田赋再减免三分之一，兵役减半，功调全免。

有人说，隋朝的富跟杨坚的性格不无关系，因为杨坚平生节俭。这话不无道理。

杨坚出身显赫，父亲杨忠是北周柱国。虽然如此，但杨坚的成长经历却与别的显赫家族子弟完全不同，他是在冯翊般若寺出生并由尼姑抚养长大的。据说杨坚出生时"紫气充庭"，有一个尼姑对杨坚之母吕苦桃说，这个孩子异于常人，不能养在俗世。并把杨坚带到别馆，亲自抚养。

说杨坚出生时"紫气充庭"，这种说法有点玄乎，没几个人真的信，但杨坚从小生活在寺庙中，并且养成了崇尚节俭的性格，这倒是真的。当上了隋朝皇帝的杨坚一直保持着食不重肉、饰不用金的良好习惯，而且还带动独孤伽罗皇后勤俭节约，成为受人称颂的模范夫妻。

有一次在市场上，突厥和隋朝互市，出售一筐价值八百万钱的明珠。有随从劝独孤皇后买下来，独孤皇后说，珠宝非我所须也。当今戎狄屡寇，将士疲劳，不如以八百万分赏有功者。此举为杨坚赚来了更多称颂。

杨坚与独孤伽罗不但夫唱妇随，而且要求子女及朝廷官员也要跟随。太子杨勇就是因为生活奢靡，遭到杨坚训斥，并最终丢了太子之位。

太子尚且如此，别人就更不敢造次了，自然，盘剥百姓的情况也就不易发生了，民众也因此能够安居乐业。

但财富是创造出来的，不是省出来的。隋朝之所以能有如此巨大家业，除了杨坚重视农耕之外，还与他实行的两项重要措施有关。

自魏晋南北朝以来，国家的征税系统一直存在严重的漏洞，主要表现在两个方面。一个是谎报年龄，明明是二十多岁的青年，愣说自己是十三四岁的少年，明明是四五十岁的壮年，却谎称是古稀之年。这样做的目的，都是为了逃税。

另一个是藏户于豪族。当时势力非常强大的豪族，每家都有很多家丁、佣人，尤其拥有数量庞大的农户。这些人的数量，只有豪族掌握，官府根本就不知道其数量多少，而这些人也只负责向豪族登记户口并纳税，根本就不向官府缴税。

为此，杨坚推出了大索貌阅和输籍定样两项政策。

简单来说，大索就是在全国开展人口普查，包括每个人的出生日期，以及大致长相（因为那时没有照相技术，个人长什么样只能通过文字描述出来），这样就可以把藏于豪族的"黑户"检索出来。貌阅就是现场核对个人长相与之前户籍上的文字描述，让谎报年龄的人"现出原形"，从而堵住税收漏洞。

至于输籍定样，则是将老百姓的户籍依照既定的样本分成上中下三等，明确各等级的户籍应该交多少税，而且遵循上户多交、下户少交的原则，使大量的老百姓脱离原来依附的豪族，转而向官府缴税。

由于大索貌阅和输籍定样的成功推行，隋朝的纳税人口迅速增加。在政策颁布推行的开皇五年（585），隋朝户口仅三百八十万户，到隋炀帝大业五年（609）就增加到八百九十万户。在二十四年的时间里，纳税户口数激增百分之一百三十四。

事实再一次证明，开源要比节流有效得多。

按说，国力如此强盛，大隋应该长治久安才对，为何只经历了父子两代三十八年就土崩瓦解了呢？有人说隋朝是被杨广折腾死的，其实事情没那么简单。

隋朝在经历了立朝初期的休养生息，尤其是国库充盈之后，出现了如下几种情况。

一是大搞重点工程与面子工程。开皇十三年（593），杨坚听说府库的钱已经多得没地方放的时候，内心开始膨胀了，也搞起了享乐主义，最典型的就是命令宰相杨素主持修建仁寿宫（唐称九成宫）。而杨素又极为严酷，致使民夫因劳累过度死亡万人以上。但杨素对此视而不见，将尸体推入土坑，就地掩埋。宫城营造从开皇十三年二月施工至开皇十五年（595）四月竣工，历时两年三个月。工程建成后，大臣高颎奉命前往视察，回来向杨坚上奏说，仁寿宫修得豪华壮观，太过耗费人力，死了不少人。隋文帝听后大怒，觉得杨素是在害自己，会让天下百姓群起而骂。

本以为立了大功的杨素坐不住了，战战兢兢向独孤皇后请罪求情。一向以节俭著称的独孤皇后，此时却改变了态度，不但不怪罪杨素，反而安慰他说，你这么做都是为我们老两口儿好，放心吧，皇帝不会怪罪你的。后来，独孤皇后吹了几次枕边风，杨坚转怒为喜，还念及杨素的辛苦，赏赐给他"钱百万，锦绢三千段"。上行下效，父往子从，杨坚大修仁寿宫，杨广就大建东都洛阳，开凿大运河。

二是穷兵黩武。在隋朝建立以前，北朝一直受突厥的侵袭。隋朝建立初期，用兵以保境安民为主。可到了杨广当皇帝的时候，已经不满足于防守性质的军事行动了，而是四下出击，先是在西边开疆拓土，设置了西海、河源、鄯善、且末四郡，接着又在东边三征高句丽，最终耗尽府库钱财，进而导致天下大乱。

三是官员为媚上谎报政绩。一般来说，想干大事的皇帝都是因为手里有余钱。可问题是，当钱已用完而大事还没干成时，应该怎么办，是停下来还是继续干？多数皇帝都会选择后者，没有钱搞钱也要干。于是，有办法搞来钱的官员就会受到赏识，提拔的速度也比别人快。但一个以农业为主的国家，财富总量是一定的，朝廷得到的多了，老百姓失去的就相应地多了。为此，官员们一方面加捐加税，用搜刮老百姓得到的财富来上缴国库，另一方面为粉饰太平，一旦激起民怨就使用暴力弹压。官员的浮夸与赞歌，又进一步刺激了皇帝的雄心壮志，而老百姓们忍无可忍，只能被迫走上起兵造反的道路。

再加上杨广的花样折腾，隋朝就真的随了东流之水，不见踪影了。

其实，汉武帝刘彻和杨广一样，也喜欢折腾，只不过刘彻的折腾是积汉初几代人百年积攒的人财之力而折腾，而杨广则是以二十年之功，干了很多前人想干而不敢干的大事。而且，刘彻到了晚年及时醒悟及时收手，发布了《轮台诏》，对之前的所作所为表现出一定的悔意，而杨广则一意孤行，最后只剩下躲在江都富贵之乡"躺平"的丧气。

而且，就民心来说，杨广也没法和刘彻比。刘彻是汉朝第七位皇帝，他登基的时候，汉朝已立国六十多年了，绝大多数人对汉朝的认同感和归属感都极强。而杨广则是隋朝第二位皇帝，他开始折腾的时候，隋朝立国才二十年，无论是朝廷还是民间，很多人都是在前朝出生的，对杨家的忠心远远不够。所以，同样是折腾，刘彻尚有回旋余地，而杨广就只能看着江山易主了。

有人说，李世民是个被历史高估了的皇帝。由于被广为传颂的虚心纳谏，李世民深受后人的爱戴与吹捧。当然了，说李世民被高估，并不是说他的军事才华被高估，他的军事才华绝对是出类拔萃的，说高估指的是治国的才干被高估了。尤其是征税方面，李世民远不如杨坚和杨广。但也正因如此，李世民时期的府库一直不充盈，迫使他只能继续奉行不折腾的国策。

等到李世民晚年，府库逐渐充盈起来，他也开始奢侈腐化，好大喜功，连年对外用兵了。这是后话，我们在后面的章节里会详说。

偃武修文

被高估了的李世民，还是非常清楚底层民众力量和民间疾苦的，他曾对身边大臣说，治国犹如栽树，本根不摇，则枝叶繁茂。因此，他明确提出：为君之道，必须先存百姓；若安天下，必正其身。

所谓"存百姓"，就是要让老百姓安居乐业，至少得让他们能活下去。别不拿老百姓当回事，别以为老百姓好欺负，等到活不下去的时候，老百姓造反的力量不比九级地震的破坏力弱。

所谓"正其身"，就是当皇帝的必须抑情损欲，克己自励，就是要克制自己过分的欲望，不因一时冲动而折腾百姓，也就是"君无为则人乐，君多欲则人苦"。

在给隋朝做总结后，李世民吸取了隋亡的教训，逐步形成了清静无为的治国理念。他常说，君能清净，百姓何得不安乐乎？

魏徵和王珪等也都竭力支持李世民的清静无为思想，继而提出："静之则安，动之则乱"，"帝王为政，皆志尚清静，以百姓之心为心"。其中"心"思想无外乎是在家待着别折腾，让百姓好好过日子。

李世民的清静无为，首先是偃武修文，就是埋头过日子，不折腾。当然了，必要的仗还是要打，不打不足以平天下，不打不足以做皇帝。但战争毕竟是战争，具有极大的破坏性，如果得了天下还到处树敌，满脑子琢磨打仗的事，那就是治国低能。显然，李世民与这两者都不搭边。

平定了天下的李世民要读书了。自古以来的开国皇帝，都是马上得天下，读书治天下。李世民虽然不是开国第一皇帝，但也参与了大唐开国，而且是重要参与者。由于四处征战，导致读书少，知识结构不全面，所以他现在不能不抓紧时间读书了。

李世民总结过前代帝王，除了东汉光武帝刘秀是三十三岁就当上了皇帝，其他都是四十多岁才当上皇帝。而四十岁的男人，已经是不惑之年了，很多事情都能灵活运用了。但李世民十八岁随父举兵，二十四岁定天下，二十九岁成为大唐皇帝，他深感自己经验不足，在很多事情上远远没到融会贯通的程度，于是就开始学——向身边人学，在书本中学，在一切可学之处学习。早晨起床先读书，吃罢晚饭进书房，通宵达旦，手不释卷。

读到兴头上，还不忘挥毫写几首诗，其中数《赋尚书》写得最好，也最为有名：

> 崇文时驻步，东观还停辇。辍膳玩三坟，晖灯披五典。
>
> 寒心睹肉林，飞魄看沉湎。纵情昏主多，克己明君鲜。
>
> 灭身资累恶，成名由积善。既承百王末，战兢随岁转。

李世民读的主要是史书。"以古为镜，可以知兴替"，这句读书心得是李世民留给后世的名言，是帝王名言经典中的经典。

针对前面好几朝没有修史的问题，李世民令房玄龄、魏徵主持修史工程。

修史的事，对房玄龄、魏徵来说，是事也不是事。

说是事吧，因为多数朝代都把修史当个事，而且是很重要的事，甚至上升到与社稷并提的高度。然而梁、陈、北周、北齐、隋存在的时间都很短，没来得及修史（修前朝史）就灭亡了，现在皇帝主张修史，那就一定得当个事去办。

说不是事吧，是因为这两人修文治史能力比较强，再网罗颜师古、孔颖达、许敬宗等人，搜资料查档案，统筹规划，协调安排，这事就成了。

事成之后，李世民在召集修史有功人员开的庆功会上说，朕看过很多前代史书，都是表扬好的，斥责恶的，可以规诫自己以后的言行。看到史书里写的人物身上的不足，以及他们由盛而亡，朕心有余悸。同时朕也注意到，应该把他们好的地方拿来学习和借鉴，并以他们的过失为戒，避免再次走上灭国的道路。纵观历史，秦始皇属暴君，奢侈无度，焚书坑儒，不得人心。隋炀帝虽有文采，但他瞧不起天下有学问的人，以至于终无所成。朕就不想像他那样，所以朕必须学会细观前朝得失，时时告诫并反思自己。

这段发言表明，李世民是重视修史工作的，是在意给隋朝，尤其是给隋炀帝杨广做个总结的，也是非常在意给古今人物下定论的。

给前朝修史，往往是以自己的正确为出发点，贬低前朝皇帝以反衬自己的正确。

尽管如此，李世民支持编修的这五朝史——《周书》《北齐书》《梁书》《陈书》《隋书》，尤其是《隋书》，有很多优点，其中最明显的就是较少隐讳。比如，虞世南是李世民的亲信，是当初的秦王府"十八学士"之一，也是"凌烟阁二十四功臣"之一，但纪传中写到他哥哥虞世基迎合隋炀帝的心意，逢迎拍马等罪恶行径时，有一说一，有二说二，一点都没客气。

再比如，著名的政治家、外交家、战略家裴矩虽已是唐臣，但对他在隋朝的所作所为，尤其是委身于窦建德，以及降唐等对不住隋朝的糗事，书中也不加任何掩饰。

当然，也不能什么都不掩饰。比如李渊太原起兵，废黜杨侑，自己当上了皇帝，这对隋朝来说就是大逆不道。但李渊的大逆不道不能写成大逆不道，得写成英明神武。

再比如《房彦谦传》，也是刻意拔高了。当时，很多人都不知道房彦谦是谁，更不知道为何能破格收入人物列传里。后来人们才知道，这个隋朝的司隶刺史、泾阳县令竟然是大唐宰相房玄龄之父。

对待前朝史，李世民的态度是相对客观的，但是对本朝史，就不那么客观了。而且不仅仅是不客观，他还为后世开了一个恶例。

中国历代均设置专门记录和编撰历史的官职。尽管各朝对史官的称谓多有不同，但工作职能却大致相同，主要分为记录类和编撰类。

刚才说的写《隋书》等五朝史书就属于编撰类，是史馆史官的主要工作，而专门负责记录当朝皇帝言行的被称为起居注史官。

起居注史官们对历代帝王的记事，都是字斟句酌。有了功绩，做了好事，当然要大书特书。就是没有功绩，没干好事，也要虚构

165

一些载入史册。或者"假人之美，藉为私惠"，或者颠倒黑白，把坏事说成好事。总之，凡是对自己有利的事，必书无疑；凡是对自己不利的事，万万不可见诸史册。帝王们哪能不干些坏事呢？要是都载入史册，传之后代，那怎么能行？

从这个角度看，最有权力的也许不是帝王，而是史官。史官们坐在书房里，笔头偏一点，便可化腐朽为神奇，或者化神奇为腐朽。所以，唐代宰相韦安石曾不无感叹地说，世人不知史官权重宰相。宰相但能制生人，史官兼制生死，古之圣君贤臣所以畏惧者也。

史家之所以有如此大的权力，是因为中国史学的目的不是"求真"，而是"惩恶扬善"，是"以史为鉴"，使"乱臣贼子惧"。

在中国古代，史书尤其是当代史书作为宫廷秘籍，由太史负责，史官有记载特权，帝王不能查看国史对自己的记载，但这种良好正直的风气却被李世民破坏了。

贞观十四年（640），李世民在召集修史有功人员开的庆功会上对房玄龄提出了看国史的想法，不过他先绕了个弯子："朕每次阅览前代的史书，都是表扬好的，斥责恶的，可以规诫自己以后的言行。不知道自古以来，当代的国史，为什么不让帝王亲自阅览呢？"

对此，房玄龄解释说："国史要好事坏事都必须记载下来，而历朝皇帝有几个做事能不乱规呢？所以必然要求不能如实记录。史官既要秉笔直书，又害怕抗旨丢命，所以不让陛下看。"

李世民是何等机智，表达什么想法都是绕着弯子说，他接过房玄龄的话说："朕（看国史的）本意与古人是不一样的。现在想自己看（自己的）国史，如果有好事，当然不须言论；如果有坏事，也只是想鉴戒自己的言行，使朕能自己改正错误。你可以放心抄录过来。"

皇帝发话了，而且说得很委婉、很和气，房玄龄也不敢不答应，于是将国史删略为编年体，撰武德、贞观《实录》各二十卷呈上御览。

李世民这一看，还真看出问题来了，他发现关于玄武门之变的记载"语多微文"。于是李世民又把房玄龄找来："昔日周公诛杀管叔、蔡叔而周王室得以安宁，季友毒杀叔牙而鲁国得以安宁，朕所作所为跟两者类似，都是为了安定社稷，利于万民。史官在写作时，自必有所隐讳？"

原来史官在记载玄武门之变时，有所曲笔隐瞒，引起了李世民的不满。同时李世民还为这件事定了调子，把自己发动兵变，杀死太子李建成、齐王李元吉的行为说得冠冕堂皇、正义凛然。

后来无论是《旧唐书》《新唐书》，还是《资治通鉴》，都是以唐朝国史为材料编撰的，而这正是李世民篡改后的记录。

按照史书的说法，太子李建成庸劣无能，而李世民则是战功赫赫，因此引起了李建成的妒忌，他千方百计地迫害李世民，甚至下毒酒想将其毒死。之后李建成又想利用突厥进犯的机会，削去李世民的兵权，将其除掉。李世民出于自保，被迫发动玄武门之变。

这种说法流传很广，以至于千百年来一直为人们所信服，但这是李世民篡改的历史。现在的我们，根据挖掘的其他历史细节，可以这样认为，李建成并非昏聩无能之辈，李世民发动兵变，也不是什么"安社稷，利万民"的正义之举。

但历史选择了李世民，开创了"贞观之治"，也为盛唐打下了基础，这还是值得肯定的。

客观地说，李世民之雄才伟略世之罕有。他年少从戎，率兵平定海内，为大唐立国打下了坚实的基础。做皇帝后，又攻灭东突厥，为大唐开疆拓土，消除了边患。从军事角度来讲，李世民完全称得上是一个出色的军事家、战略家。但他的才能又不局限于军事范畴，他施行仁政，善听逆耳忠言，在他的治理下，各族百姓都安居乐业。

难怪主持编纂《资治通鉴》的司马光评价李世民时说："太宗义武之才，高出前古。盖三代以还，中国之盛未之有也。"

大唐之盛在军乐上盛的表现就是《秦王破阵乐》。

《秦王破阵乐》最初是军歌。武德三年（620），当时还是秦王的李世民打败了叛军刘武周，巩固了大唐新生政权。于是，将士们以旧曲填新词，为李世民唱赞歌：

受律辞元首，相将讨叛臣。咸歌《破阵乐》，共赏太平人。

四海皇风被，千年德水清。戎衣更不著，今日告功成。

主圣开昌历，臣忠奉大猷。君看偃革后，便是太平秋。

被人唱赞歌谁都喜欢，李世民也喜欢。贞观七年（633），李世民亲自将《秦王破阵乐》设计成了《秦王破阵乐舞图》，破阵乐变成了阵乐舞图的主题曲。

《秦王破阵乐》名气很大，连印度人都知其大名。当年玄奘取经到达印度后，印度戒日王拜见他时就曾问起此曲："师从支那来，弟子闻彼国有秦王破阵乐歌舞之曲，未知秦王是何人，复有何功德致此称扬。"

厉行节俭

在中国古代，有极个别皇帝懂得力戒奢靡，崇尚节俭。其中，以唐太宗李世民最为典型。

李世民从十八岁开始长期在外统军征战，目睹了百姓的艰难，也亲身经历了隋朝由盛转衰直至灭亡的全过程，对骄奢亡国的教训比别人认识得更深刻。当上了皇帝后，他力戒奢侈，躬行节约，以上率下，开创了戒奢尚俭的"贞观之治"。

主政之初，李世民提出一个问题："大禹'凿九山，通九江'，嬴政营造宫殿，同样是劳民伤财，为什么大禹得到了百姓拥护，而嬴政被称为暴君？"

大臣们你看我、我看你，一时不知道怎么回答了。

李世民接着说："因为大禹为民谋利，而嬴政为己私欲，民心向背是不一样的。那么，我们由此能得出什么结论呢？"

大臣们又不知道怎么回答了。

李世民说："我们一定要记住：一、俭则人不劳（老百姓不受苦），二、恣其骄奢，则危亡之期可立待也。"

李世民马上定下了戒奢从俭四原则，就是宅第、车服、婚嫁、丧葬，准品秩不合服用者，宜一切禁断。

作为规矩的制定者，李世民也不例外，带头遵守，很快就树立了榜样。

住房上，他提出"崇饰宫宇，游赏池台，帝王之所欲，百姓之所不欲"的理论，坚决反对大兴土木。他住的宫殿都是隋朝建的，几十年下来，已经很破旧了。贞观元年（627），李世民想要营建几座像样的宫殿，至少也得把旧宫殿好好整修，展示一下新朝气象。当时木材都已备齐了，但"远想秦皇之事，遂不复作也"。

李世民患有气喘病，而长安的旧宫殿潮湿，容易犯病，群臣以"今夏暑未退，秋霖方始，宫中卑湿"为由，建议在宫中建个暖阁，结果建议没通过，被李世民给否了。大臣们以为新皇帝只是客气客气，未必不想住暖阁，于是再三请愿。这时，李世民搬出了汉文帝刘恒的故事：刘恒本打算修造一个露台，台基都已建好了，但得知这一工程要消耗"十家之产"后心疼了，立即下令停止。

李世民说，修建宫殿"靡费良多"，自己"德不逮于汉帝，而所费过之"，绝非"为人父母之道"。

然后，李世民又引申教导说，朕的身体的确受不了夏季的湿热，但是也不能因此而搞特殊。建暖阁需要花钱吧，需要找人来建吧，这就是劳民伤财嘛。劳民伤财的事，朕不干。

话都说到这份儿上了，也就没有装的意思了，群臣也就不勉强了，免得又把马屁拍到马蹄子上。

其实，李世民也不是一味地不修不建，洛阳老百姓的房子被大水冲塌了，他就主张建。没有备料如何建？拆东墙补西墙，拆洛阳的隋朝旧宫殿建老百姓的房墙。拆前朝的房子安自己的民心，这买卖值得。

其实，李世民并非圣人，他也有七情六欲，也经常有享乐思想作祟。不过，他手下有正直的大臣劝谏纠偏，他的脚步也就没迈错过。

贞观四年（630），李世民见社会经济有所好转，老百姓能吃饱穿暖了，朝廷也比较宽裕了，就打算东巡洛阳，下令重修已经毁于战乱的乾阳殿。

这时就有人站出来唱反调了，给事中张玄素就是其中一个。

当初景城县（今河北沧州西景城）被窦建德攻陷，户曹（掌管户籍，征收赋税的官）张玄素以隋臣自居，面对窦建德的封赏态度是不接赏不受封，一副"死猪不怕开水烫"的架势。后来听说杨广在江都被杀，才接受窦建德委任，任黄门侍郎。

现在，面对李世民想重建乾阳殿的动议，张玄素的轴劲又上来了，上书谏奏，认为"阿房成，秦人散；章华就，楚众离；乾阳毕功，隋人解体。今民力未及隋日，而役残创之人，袭亡国弊，臣恐陛下之过，甚于炀帝"。意思是说，经过隋末大乱的严重破坏，百姓疮痍，如果此时修乾阳宫，袭亡隋之弊，你李世民连杨广都不如。

敢这么当面呛皇帝的，如果不是特别轴，谁能干得出来？

幸亏，作为张玄素的领导，李世民不轴，否则有可能闹出人命来。

不轴的李世民琢磨着张玄素的话，再想到隋亡的教训，他决定不建乾阳殿了，而且还赏赐张玄素二百匹彩帛，作为劝谏的奖赏。

后来，到了李世民儿子李治当皇帝时，还是花巨资重建了乾阳殿，并改名为乾元殿。但那是李世民之后的事了，算不到李世民头上。

在丧葬方面，李世民更是旗帜鲜明地反对"以厚葬为奉终，以高坟为行孝"的社会不良风气。他一改秦汉以来"封山起冢"，即在平地将封土堆积成山的做法，直接选取九嵕（zōng）山"因山为陵"，免得在他死后子孙"仓卒劳费"。并明确提倡薄葬，要求墓中"不藏金玉、人、马、器皿，皆用土木形具"。

吃穿用度、出行、婚嫁等方面的事比较烦琐，不好找出特例，但李世民的节俭，可以从一段对话中大略窥知。贞观十年（636），李世民对房玄龄说："朕每一食，便念稼穑之艰难；每一衣，则思纺绩之辛苦。"意思是，他时刻不忘民生多艰，不敢只顾自己纵欲享受，让老百姓受苦受累，所以"唯欲躬务俭约，必不辄为奢侈"。

有李世民带头，朝野上下尚俭成风，即便是位极人臣的宰相，也大多过着节俭乃至清贫的生活。

比如中书令岑文本，可谓"权倾天下"，但他居住的地方又低洼又潮湿，屋子里"无帷帐之饰"，非常简陋。

有人劝他买房置地，改善居住条件，他连连感叹道："我本来是汉南的一介平民，没有立下什么重大功劳，只凭借文墨之事升到了中书令的高位，这已经是极致的荣宠了。蒙受如此丰富的俸禄，心中已是常怀惴恐，怎么还能再谈添置田产的事呢？"劝说的人只好怏怏而退。

还有户部尚书戴胄，掌管着整个王朝的钱袋子，可他同样"居宅敝陋"，去世后连个像样的祭祀场所都找不到，更别说什么"棺椁极雕刻之华""冥器穷金玉之饰"。如此简陋，连李世民都有点过意不去了，只好下旨，"令有司特为之造庙"，并厚赠钱物，这才把戴胄的丧事办得像点样。

魏徵病重之际，李世民前去探望，竟发现其住所既无正堂，又缺家具，只能勉强遮蔽风雨。感慨之余，李世民命人将准备建造小殿的木材运到魏徵家里，为他建造临时的客厅，并派使者送去魏徵平时喜欢的素面布褥。魏徵去世后，他的夫人力辞"一品礼"，送葬时更寒酸，连茅草扎成的人马都没有。

庙堂之上，君臣一心，江湖之远，百姓生息。《贞观政要》记载："由是二十年间，风俗简朴，衣无锦绣，财帛富饶，无饥寒之弊。"

中国历史上节俭的皇帝不只李世民一个，隋文帝杨坚也是出了名的节俭，但他建立的大隋朝只存在三十多年就灰飞烟灭了。原因之一正是他的接班人杨广不节俭，把好好的江山社稷全败光了。

轮到李世民时，这个问题就不能不当个重要事来思考了。

李世民的儿子们，"生而富贵，不知疾苦"，"百姓艰难，都不闻见"，不知节制，奢侈成性，要是把大唐的发展重任交给这些人，李世民还真不放心。但不交给这些人还能交给谁呢，总不能交给杨广的儿子吧?!

为了让儿子们成器，守住李家江山，李世民命令魏徵编辑《自古诸侯王善恶录》，希望儿子们能用心读，懂得什么是居安思危，什么是戒奢以俭。

他还叮嘱张玄素（曾任负责东宫内外事务的太子右庶子）等官员，在辅佐太子时一定要多给他讲讲老百姓的事，让他知道底层的苦，要"敦之以节俭"，一旦发现太子有奢侈骄纵的苗头，必须"切言直谏"。

知子莫若父，李世民对太子不放心不是没有道理。

李承乾对治国兴趣不大，一门心思花在"骑射畋猎，饮酒酣乐"上，花钱大手大脚，两个月内"用物已过七万"。

这位太子哥还十分在意房子和面子。他居住的东宫由隋朝建造，本就十分奢侈，但他自觉是储君，仍觉得不够舒适，在此基础上"更有修造，财帛日费，土木不停"。而且不顾百姓死活，选在"盛农之时"动工，工程浩大，累月不止。

张玄素和太子詹事于志宁一再规劝："停工吧停工吧，这些奢靡之事，皇帝都没敢干，你胆子怎么就那么大呢？"

年少轻狂的李承乾怎能容下这种刺耳的话？于是搞出一个更损的招儿——派刺客深夜行刺于志宁。结果刺客潜入于志宁的宅子后空手而归，原因是他发现这位于大人寝卧在草席上，正在为母守孝，实在不忍心下手。

四年后，李承乾因密谋篡位被废。

在《废皇太子承乾为庶人诏》中，李世民痛斥他"酒色极于沉荒，土木备于奢侈。倡优之技，昼夜不息；狗马之娱，盘游无度"。

汲取了李承乾的教训，李世民对如何教育新太子李治尤为用心，亲自上手施教。吃饭时问李治："你知道餐饭怎么来的吗？"然后马上教育他："种庄稼很辛苦，都是依赖民力，不要耽误农民种地的时间，就能长久吃上饭。"

见到李治骑马也问："你知道马吗?"并引申说："马能减少人的辛苦,让它们也有休息的时间,不让它们过于劳累,便能长久拥有马。"

经过一番苦心调教,李治很成器,继位后也照李世民的样子去做,轻徭薄赋,节用民力。一时边陲安定,百姓富足,史称"永徽之治"。

轻徭薄赋,与民休息

李世民这个皇帝当得是真不容易。不但费劲地抢了大哥的位置,还得经受旱灾、水灾、霜灾、蝗灾轮番上阵的考验。

贞观元年(627)六月,山东各州大旱;八月关东及河南、陇右遭受霜灾,粮食歉收,出现卖儿卖女现象。

贞观二年(628),天下普遭蝗灾,河南、河北霜灾。

贞观三年(629),关内各州大旱,入夏则全国发大水。

贞观七年(633)八月,山东、河南十三州大水灾。

贞观八年(634)七月,山东、河南、淮南大水,陇右山崩。

贞观十一年(637)七月,洛阳大水,淹死六千多人;九月,陕州、河阳黄河泛滥。

贞观十二年(638)冬至十三年(639)五月,全国长期无雨。

轮番遭灾的严重后果是,没粮。

本来,经过连年战争,大唐初期的人口只有三百多万,还不到隋的五分之一。黄河之北,千里无烟,江淮之间,一片荒凉,人烟断绝,鸡犬不闻。再加上各种灾害,李世民当皇帝的前几年,米价噌噌上涨。

面对这种情况，李世民除了带头节省以外，就只剩下轻徭薄赋、与民生息这一招了。

毕竟，那时的条件有限，既没有人工降雨和庄稼微灌技术，也修不起长江三峡、黄河小浪底这样的巨型水利工程，有的，只能是勒紧裤腰带，少吃少用，坚持活下去。

当然了，这是李世民这样的皇帝才能做出来的。在中国封建王朝的历史上，与民共克时艰的皇帝不多，更多的是横征暴敛，荒淫无度。

玄武门之变后，李世民施行大赦，放回武德年间被流放的人员，放出宫女三千余人。同时宣布免除关内及蒲、芮、虞、陕、泰、鼎六州两年租税，全国免除徭役一年。连续多年派出特使巡视各州遭灾的农田，救济、慰问灾民，妥善安置灾民，尽快恢复生产。

有人就有一切，搞生产啊，打胜仗啊，都得靠人来完成，没人一切免谈。所以，李世民在给老百姓减税的同时，还特别在恢复人口上大做文章。

贞观元年（627）二月初四，李世民下诏：庶民男子二十岁、女子十五岁以上未娶未嫁的，州县官府安排按礼节仪式订婚、迎娶；因家穷付不起聘礼和置不起嫁妆的，由同乡的富人与亲戚资助。

好政策还得有好的配套措施，不能搞一刀切，否则到下边就歪了，招骂。李世民在诏书上规定，鳏夫六十岁、寡妇五十岁和已有子而能守节的孤孀，不强求婚娶。这个补充性规定，避免了极端情况的发生。

第二年三月，李世民又拿出宫里的钱，派人帮助饥民赎回卖掉的孩子，让家人团圆，让家长安心种地。

水利是农业的命脉，大力加强农田水利基础设施建设，改善农业生产条件，不但可以增强农业综合生产能力，同时也是维护大唐社会安定局面的有效措施。

李世民执政，尤为注意兴修水利，这里不妨列举一下：

贞观七年（633），在夏州朔方开延化渠，引乌水入库狄泽，灌溉二百顷良田。

贞观十年（636），汴州陈留县令刘雅开观音陂，灌田百余顷。

贞观十一年（637），扬州大都督李袭誉在江都引雷陂水，又构筑城塘，灌溉八百余顷农田。

贞观二十三年（649），河中府龙门县令长孙恕凿十石垆渠，"溉田良沃，亩收十石"。

为了发展经济，繁荣社会，李世民还提高了商人的地位，让他们放心大胆地创业。

古代的商人地位一直比较低，排在士、农、工的后面，有点抬不起头。到了李世民执政时期，商人的头抬起来了，腰板也直了，不但可以放心经商，而且有机会进入政府部门担任财政官员。商业活动有了内行管理，大大促进了经济发展。

那时做生意的不只男人，还有女人。大唐妇女的社会地位显著提高，女人也能独立做生意。李世民时期一位丈夫姓贾的女人，在丈夫死后继续做生意，成为远近闻名的大商人。这些事，成书于宋代的《太平广记》中均有记载。

田税一直是中国古代最重要的税种。虽然李世民时期的商业很发达，但农业人口依然占人口的绝大部分。田税是按庄稼生长的周期来征收，通常是一年一收。

经过长年的战争，唐初的土地荒芜很严重。李渊时实施了均田制，对无田的农民免费赠田，一户人家可以获得一百亩土地。唐朝的田税主要是实物税，税率约为百分之二，比"文景之治"时的"三十税一"还要低。一百亩地，只需缴纳两百多斤米，合一亩才两斤多米。没有对比就没有伤害，隋朝的一百亩田最少要缴纳三百斤米，而北周更高，百亩税收达一千斤米以上。

但是，李渊时的均田制也不是一点问题都没有，问题就是不能让所有农户都获得一百亩田。在这种情况下，李世民时做了深度革新，如果一户人家的田地达不到法定的一半（五十亩），这家就可以免交赋税。我们也可以这样认为，五十亩是田税的起征点。这绝对是大好事。

如果是远离汉人居住地、生产更为落后的少数民族，在税率上还有优惠政策，在已经减少的基础上再减半。

因灾害而影响收成的农户，在田税减免上也有相应的规定。一般产量损失达到百分之四十的，可免粮食税；损失百分之六十的，可免粮食税和经济作物税；要是损失达到百分之七十的，所有的赋税全免。

前面我们说的百分之二的农产品实物税叫"租"，是普遍性的。在唐初，还有两种附加的田税："庸"和"调"。"庸"是徭役，就是老百姓要为政府义务干二十天的工作，并以这种形式来纳税。"调"是针对丝绸、麻布等经济作物征税，其实也是一种实物税。

隋代的徭役一般是三十天，工匠为六十天，而李世民时将徭役减少为二十天。不仅如此，大唐政府还规定，如果为政府工作达到二十五天，可以免除经济作物的赋税；如果达到三十天，则可以免除所有赋税。

当然了，为政府加班也不是没有约束，唐初法律规定，服徭役的时间上限为五十天。而在一般年份里，不允许擅自要求百姓多服徭役，如有违反，地方官吏将受到严厉惩处，严重的可判处死刑。

李世民时减税，减的不只是农业税，还有商税。

李世民刚当上皇帝不久，就下诏书规定，在北方地区严禁收缴流转税，并废除黄河流域各个口岸的关卡，目的是让国内货物以最快的速度流通起来，促进经济发展。

李世民的主导思想只有一个，就是把大量财富都留在民间，这样才能提高经济活力。

为了防止政府官员与民争利，同时规定，五品以上官员不得经商，违者重惩。并最大限度地使这些高级臣工认识到，商业活动的主体是商人，政府或政府官员的主要任务是营造良好的政商环境，为经济发展提供保障性服务。

无论是在当时还是后世的历史学家、经济学家，都不能不承认，李世民时期的税负痛苦指数是相当低的，因而，人们的幸福指数也是相当高的。

到贞观四年（630），全国粮食大丰收，"流散者咸归乡里，米斗不过三四钱，终岁断死刑才二十人"。

尽管地区之间发展还不够平衡，尽管还有这样或那样的问题，但大唐的社会经济已经迈上了新台阶，这与李世民实行的偃武修文、轻徭薄赋的政策是分不开的。

革新兵制

民富必然国强，国强必出精兵。

唐朝的军队，在当时的亚洲几乎就是无敌般的存在。这支无敌军队的形成，得益于李世民对军队的改革。

李世民当上皇帝后，对之前形成的府兵制做出进一步改革，将军府更名为折冲府。全国折冲府最多时有六百三十三（或六百三十四）个，其中关内道二百六十一个，占全国总府数百分之四十以上，然后是河东、河南两道，其他各道府数很少。中央统领府兵的十二卫和东宫六率。十二卫即左右卫、左右骁卫、左右武卫、左右威卫、左右领军卫、左右金吾卫。每卫设大将军一人，将军二人。左、右卫皆领六十府，其他诸卫领四十至五十府。东宫六率即太子左右卫率、左右司御率、左右清道率，各领三至五府。

统率这些府兵的是各卫、率的大将军和将军。每个卫、率手下都有一定数量的折冲府。折冲府不归地方州郡管辖，而点兵、练兵、发兵以及军需等工作，州郡又负有协办义务。这种相互牵制的安排，既不让地方掌握军权，又不会使军队成为独立于中央的军事力量，一举两得。

折冲府分上、中、下三等，上府一千二百人（有时增至一千五百人），中府一千人，下府八百人，所属的兵士通称卫士。每府置折冲都尉一人为正职，左右果毅都尉各一人为副职（别将），另有长史、兵曹、参军各一人。

每府辖四至六团，每团二百人，团的军事主官称校尉。每团辖两个旅，旅级主官称旅帅。每旅辖两队，每队五十人，其主官、副主官称队正、队副。十人为一火，主官称为火长。

府兵平时讲武习射，上番（轮替值勤）前进行试阅，每年冬季由军府组织教战。府兵的主要任务是轮流到京师长安宿卫，其次是出征作战或戍边。府兵上番，按距长安远近确定番期，如五百里内五番，一千里七番，一千五百里八番，即将全府兵士分成五组、七组或八组，轮流到京师宿卫，每番一个月，期满后返回军府。

大唐军队的强大，不但体现在兵制的改革上，还体现在单兵装备上。毕竟，国家有钱才置得起好装备，有了好装备，才能打胜仗。

唐军的主力部队多是步骑混成劲旅，一个标准军团包括步兵一万两千五百人，骑兵五千至六千人，辎重兵一千至两千人。

在这一万两千五百名步兵中，有甲兵七千五百名，主要使用明光甲。在这七千五百名甲兵中又有二千五百名陌刀兵。

陌刀这种工艺复杂、威力巨大的单兵作战武器是从西汉斩马剑发展而来的，又吸收了汉露陌刀及六朝长刀的形制与冶炼技术，有具体部门铸造、贮藏、管理。

陌刀极为锋利，砍杀效果极佳，在战争中主要用来砍杀敌骑兵，而且由于其威慑力大，又被用于文武高官及藩镇的仪卫。

配有陌刀的步兵每人在两腰分别挂有弓一把、箭三十，背后交叉插有长柄陌刀一柄，长枪一条。此外的五千甲兵也各有弓一把、箭三十，枪一条，断柄重刀一把。五千轻步兵中，二千五百人各配弓一把、箭三十，断柄重刀一把，长枪一条，方形牛皮盾一面。另外二千五百轻步兵各配弓一把、箭三十。背后背着一个更大的箭篓，装箭一百，配弩一把，长枪一条。唐军弓弩配备率达到百分之一百二十，每名士兵都配有三件以上的武器。这与秦汉军队相比，火力强出了三至五倍，冲击力也大有提高。

而更有意思的是，为了配合骑兵完成对运动速度快而路途又远的游牧军队的围攻，唐军主力的步兵部队都是坐车马机动的，而非徒步，到了战场才下车列阵作战。

唐军骑兵与此前南北朝时的有很大区别。南北朝时，成熟的马镫被大量使用，使骑兵由秦汉时的轻骑兵向重甲骑兵发展，也就是人马皆以重甲防护，在战场上发起冲击作战。但唐军当时的主要对手是游牧轻骑兵，且是以长途出击为主，所以唐军虽然也有重甲骑兵，但更多的还是轻骑兵。

唐军的骑兵一反此前南北朝时的重装化，战马的防护甲片很少，只是护住前胸和脸部。唐骑兵有完善的战甲保护，其战甲与步兵甲形制类似。早期的玄甲也逐渐被淘汰，代之以明光甲。但骑兵的裙甲、膀甲明显比步兵的短，这是为了方便在马上作战。为了弥补短甲的不足，唐骑兵使用皮带在腿和手膀上固定甲片。

唐骑兵每人身背长枪一条，配圆盾一面，弓一把，箭三十，长短唐横刀各一把。装备相当完善。

说完单兵装备，再说说唐军的战术。

唐军远程作战的战术运用也有了很大突破。实战中，唐军骑兵与坐车的步兵共同到达战场。如果敌军首先发动进攻，唐军拥有高密度的弓弩配备量，先以箭镞攻击对手，随后刀阵迎击，当两军混战时，骑兵迅速从侧翼绕到敌军后方，两线夹击对手。如果唐军主动进攻，骑兵主要担负从侧后绕到敌军后方，牵制对手主力，同时步兵开始以刀阵推进，最终实现围歼。

唐军步骑的配合与后来的"两翼铁骑"是完全不同的。唐军骑兵虽与步兵合为一体，但在战斗中是完全独立于步兵的，可以说是由唐军创造了世界战争史上步骑合战的最优秀典范。

唐军的战术是力图全歼，这与其他军队在骑兵面前将步兵作为列阵死守的工具的作风完全不同。这充分说明了唐军拥有极高的主动进攻精神!

可见，唐军的基本战术是"侧翼迂回，前后夹击"。他们将步兵列阵的威力和骑兵强大的机动性能通过"畜力化运载步兵"这一创新完美地结合到了一起，发挥了历史上最强大的"反骑兵军团"的威力。

李世民改革后的府兵制，士兵平时在家耕种，战时统一集结，由将领统率。战后，将领上交印信，士兵返回各自的军府。这种兵民合一的军制，既减轻了国家经费开支，又保证了农业生产。

颁行《唐律》

社会逐渐安定，这也得益于李世民时期缓和社会矛盾的一系列法制。

面对初创的大唐，封德彝主张重刑严法，钳制百姓。他认为当权者就应该霸道些，对老百姓实行高压统治，这样才能让社会安定。

魏徵不同意。

魏徵主张施仁政，行王道，宽刑简法，缓和社会矛盾。他认为这才是保证社会安定的不二法门。

魏徵在瓦岗军里待过，非常清楚当年八大柱国多年编织出来的关系网，尤其清楚这个网带动的社会底层的巨大力量。这个力量就像是蕴藏在大海深处的波澜，一旦涌上海面，将带来不可估量的破坏力，比海啸严重得多。

面对截然不同的两种观点，作为当局者的李世民审时度势，决定弃封用魏，对之前的严刑峻法进行改革，以保大唐的长治久安。

改革先从改法条开始。

当年，李渊带兵杀入京城的时候，为安定民心，曾约法十二条，规定只有杀人、劫盗、背军、叛逆者处以死刑，隋朝其余的死刑规定全部废除。武德七年（624），李渊又下令对《隋律》进行修订，颁布了新的律令《武德律》。

李世民当上皇帝后，交由长孙无忌、房玄龄等人负责，继续修订《武德律》，删繁就简，除酷从宽。

在李世民的主持下，原来的五十条绞刑被改为断右趾免死。后来，又把断右趾改为役流三千里，劳役两年。再后来，将死刑条款废除了将近一半，解除了普天下劳苦大众的刑罚之苦。

旧《隋律》还在"缘坐法"中规定，兄弟连坐俱死，祖孙发配充军或没为官奴。在李世民执政初期，发生了一起"房强兄弟谋反连坐案"，经李世民亲自过问，不但免了房强死罪，而且因此案将法律条文一并修改完善了。

事情是这样的：

同州人房强的弟弟以谋反定罪，在当时，谋反不仅是一等大罪，还需要连坐，所以，哥哥房强按照律令也是死罪。

由于唐代执行死刑需要走非常慎重的五套审核流程，即州县初审、大理寺复审、刑部复核、皇帝裁决、复奏请旨。当案子到了大理寺复审阶段，李世民知道了这事，并亲自过问。他觉得弟弟谋反，判没有参与其中的哥哥一起死刑，在如此盛世之下未免过于苛刻。思考良久，找来群臣认真商议。

房玄龄等人提出对兄弟连坐法的修改意见：旧律条规定的谋反者兄弟连坐皆死，改为兄弟连坐配役（没入官府服劳役）。

修订后的律条内容如下：

诸谋反及大逆者，皆斩；父子年十六以上皆绞，十五以下及母女、妻妾、祖孙、兄弟、姊妹及部曲、资财、田宅并没官；男夫年八十及笃疾、妇人年六十及废疾者，并免。

后来，在这个问题上出现过争论。贞观十六年（642）十二月，刑部提出：反逆连坐兄弟没官的惩罚太轻，请恢复为原来规定的从死之法，并奏请八座（指尚书令、仆射及吏、户、礼、兵、刑、工六部尚书）详议。

右仆射高士廉、吏部尚书侯君集、兵部尚书李世勣等人同意刑部的意见，主张从重；民部（即户部）尚书唐俭、礼部尚书江夏王李道宗、工部尚书杜楚客等仍主张从轻法不改。两派人物都位高权重，谁都说服不了谁。

正当两派相持不下之际，给事中崔仁师站出来说："周礼主张，用刑应当平恕，父子兄弟罪不相及，怎能以夷三族的亡秦酷法，代替本朝合于周礼的现行之法呢？再说了，现行律条已经规定了犯反逆之罪者父子连坐皆死，这足以警告欲谋反者了。如果父子之情都不能相顾，又怎能爱惜兄弟呢？"

这话说得比较有水平，李世民也认为有道理，于是采纳了从轻派的意见，兄弟反逆连坐仍为没官，不改从死。

"房强兄弟谋反连坐案"在当时并非大案要案，却引起了司法上一次不小的改革。从秦汉的谋反者夷三族，到隋唐之际实行父子、兄弟从死，再到李世民时的仅父子从死，不包括兄弟，反映出一种历史的进步。有关律条的修订和后来的重新争论，在司法史上都有重要意义。

但《隋律》毕竟是前朝的律法，本朝对其完善得再好也不是长久之计。所以，当务之急是制定本朝的律法。

贞观十一年（637）正月，《唐律》终于制定出来并正式颁布了。这是属于大唐朝的根本大法，与著名的《隋律》相比，更加待人以宽，共免除死刑、流刑一百六十三条，并且条目更为简要、完备、明确。

可以说，《唐律》是我国古代保留下来的一部最古老、最完备的法典，后来的宋、元、明、清等朝的法律，基本都是以《唐律》为依据制定的，只是有所增删而已。

所以说，大唐的辉煌，绝对不只是政治、军事、经济、文化的辉煌，更有法制的辉煌。而包括法制在内的这些辉煌，又离不开李世民的功劳。

封禅，为还是不为

在中国古人的心中，众多名山大川以泰山的地位最高，泰山为"天下第一山"。泰山封禅大典是中国古代帝王来泰山山顶祭祀天地的大型典礼，封为"祭天"，禅为"祭地"。帝王来泰山进行封禅大典，以示自己是受命于天来统治人间万民。泰山封禅是古代帝王的最高大典，也是古代最有面子的政治礼仪。历史上到泰山封禅的皇帝不少，"秦皇汉武"都曾来泰山封禅，但开创了"贞观之治"的一代明主"唐宗"却没有到泰山封过禅。

唐朝建立之初，战神李世民披坚执锐，历经数年征战，最终结束了隋末的烽火战乱。在登上皇位后，对内成就了"贞观之治"的盛世，天下安泰；对外平定突厥，"四夷"宾服，被尊为"天可汗"。拥有这样的丰功伟绩，如果说李世民不想到泰山封禅，不想让自己成为继秦始皇、汉武帝、光武帝之后第四位被记载的千古一帝，谁都不信。

想法是有的，但李世民没有明说。因为，按照历代封禅的惯例，这种自我表功的事情，不能由皇帝自己主动提出来，得由大臣们再三上书请求，皇帝再三推辞，最终"实在不得已"，方能"勉强"答应。

这种走过场的事并不难，当时确有很多大臣上表，希望李世民能去封禅。

李世民也确实"再三推辞"："我的功劳再大也不能跟尧舜比，当今老百姓还不是人人快乐安康，汉文帝开启了文景之治，可他也没去封禅，但是这并不影响后人对他称颂景仰。秦始皇倒是去封禅了，可他是暴君，还是有很多老百姓对他不满意，而且反对他。所以帝王丰功伟业的关键不是去泰山封禅，而是要让全天下老百姓都过上好日子。"

后来又有大臣接二连三上奏，当李世民认为火候已到，正想顺水推舟、"勉强"答应下来的时候，魏徵却突然站出来强烈反对。

李世民是当然的不高兴，质问魏徵："你不让我去封禅，是因为我功劳不够高吗？"

"够高。"

"是我德行不够厚吗？"

"够厚"。

"是全国还未安定下来吗？"

"安了。"

"'四夷'还未被征服？"

"服了。"

"连年谷物不丰？"

"丰。"

"符瑞未至？"

"已至。"

"这就很奇怪了。既然已万事俱备，那你为什么不同意我去封禅呢？"

魏徵先是把李世民给夸了一顿："如今国泰民安，四夷归顺，陛下您也是一位非常有作为的君王，绝对有资格去泰山进行封禅。"

然后话锋一转，提出了各种反对理由："可是天下刚刚进入太平盛世，黎民百姓才刚刚安居乐业。泰山封禅需要大量的兵车护卫，沿途州县还要修筑道路，供奉山珍海味和各种奢侈品。一次所要花费的人力物力是非常大的，到头来受苦的还是老百姓，就算朝廷免除他们几年的徭役怕也难以恢复。"

李世民被魏徵怼了一蹶子后，虽然心里不太舒服，但也觉得确实有道理。如果坚持去泰山封禅，之前的偃武修文、轻徭薄赋，都变成无用功了，一世功名付东流，不值得。再加上此时河南、河北数州大水，所以李世民心里的这个结也就解开了。

也正是因为这次放下，李世民继续兢兢业业治理天下，经过多年的积累，国家仓廪已实，已经完全具备到泰山举办封禅大典的条件了。

然后，又有人窥视出了李世民想去封禅的心理，适时站出来劝谏封禅，有的被李世民主动拒绝了，有的同意了，但又一次被魏徵似的人物给阻止了。比如贞观十五年（641），一切准备就绪，车驾正待启行时，太史令薛颐和起居郎褚遂良站出来表示反对。

李世民当然是很不满，正要责问这俩人的时候，主管天象的大臣也报告天上出现了彗星，显示为大凶之兆。

在帝王封禅泰山的前提条件中，有一条就是要有祥瑞之兆，如果不祥，那是绝对不能去封禅的。现在既然出现了彗星之凶，说明上天很不满意，这个时候去封禅，向上天表功，无异于作死，所以李世民也就没必要责备哪个人了，只能彻底放弃了封禅的打算。终此一生，他都没能到泰山进行封禅。

从整个过程来看，李世民在封禅的问题上，心结是很重的，既想去泰山向上天汇报一下丰功伟绩，让自己的内心得到极大满足，又顾及臣民的反应，不想因此留下好大喜功的不良形象。思来想去，最终还是克制住了情绪，用理性战胜了感性的心结。因此我们也可以这么评价李世民，"存百姓""正其身"的思想在他头脑中还是占上风的，他称得上是一位好皇帝。

很多人都知道唐朝是个辉煌的朝代，但很多人不知道的是，隋朝也是一个伟大的王朝。

这个伟大，不仅体现在隋朝结束了魏晋南北朝三百多年的分裂局面，更体现在其对行政制度的全面改革。

但是很遗憾，杨家的隋朝很快就被李家的唐朝给灭掉了，所以属于杨隋的改革也就半途而废了。

唐承隋制。唐朝建立之初就开始照搬照抄隋朝的政治制度。这一点都不奇怪，隋朝的政治制度非常先进，但是，唐朝在仿照隋朝的同时，也充分发挥了后发优势，继续对一些制度进行改革。尤其是李世民当上皇帝以后，采取了一系列的措施，进一步加强了中央集权制度，使大唐能够更加顺畅地前进。

改革宰相班子

在很多人眼里，宰相是最大的官，比宰相大的就是皇帝了，但皇帝是君不是官，所以，谁要是当上了宰相，那就是天下第一大官了。

其实，宰相不是一个人，而是一群人，是中国古代对辅佐皇帝并掌握国家最高行政权力的官员的一种通称，而且，宰相也不是一个具体的官名。例如，汉代的丞相可以称为宰相，很长时间就是一个人；魏晋南北朝的录尚书事可以算宰相；唐代的三省长官，甚至参加政事堂会议的官员都算宰相，这时的宰相就是一群人。

唐朝实行的是群相制，宰相的权力被大大限制，所以"安史之乱"之前很少有霍光、王莽、司马懿、刘裕这种级别的权臣把持朝政的情况。

不过，群相制度又是脱胎于三省六部的中央官制，且三省六部是其核心，而三省六部制又改自三公九卿制。所以，弄清楚三公九卿制到三省六部制的演变，就基本弄清楚唐朝的群相制度了，也就基本了解了唐朝的官僚体制。

秦始皇统一六国后设立了中国第一套较为完善的三公九卿制。三公指的是管理军事的太尉、管理行政的丞相、监察百官的御史大夫，九卿指的是奉常、廷尉、治粟内史、典客、郎中令、少府、卫尉、太仆、宗正。

三公分管不同的职能，涵括了最重要的军事与行政，且有御史大夫监督，可以防止百官越权犯错。这套制度下皇帝领导三公，三公管辖九卿，逐级分层控制，看似很高效很完美。因为其"先进性"，后世几百年的封建王朝基本是以这套中央官制为基础的，很少有本质上的改动。

但是，这套看似完美的制度，其实有个极大的漏洞，虽然有御史大夫监督，但三公之中管理军事的太尉与管理行政的丞相权力还是过大。在皇帝力量不强大的情况下，管军事的太尉可以直接兵变篡位，管行政的丞相可以通过任免百官来逐步把持朝政，很容易出现权臣，影响皇权，甚至直接导致改朝换代。

随着时间推移，改革中央官制成为各朝各代统治者首先要考虑的问题。

最终解决这个问题的，还是隋文帝杨坚，他设立了更加有效的三省六部制度，影响了之后中国所有封建王朝的行政制度。

三省六部制度中的三省指的是尚书省，最高长官为尚书令；中书省，最高长官为中书令；门下省，最高长官为侍中。这几位都掌握着实权，可以说是实际的宰相，由皇帝直接领导与任免。

三省具体分工是，中书省掌管机要，负责起草、发布皇帝诏书和中央政令，然后交由门下省审核。如果门下省认为合格了，可直接或者经过皇帝审批同意下发到尚书省，再由尚书省下达给六部的具体执行部门。如果认为不合适，可以驳回，这就是封驳权。

中书省长官称中书令，下有中书侍郎、中书舍人。

门下省长官称侍中，或称纳言，其下有黄门侍郎、给事中、散骑常侍、谏议大夫等。

六部则是具体的管理部门，受尚书省直接领导，具体分工如下：

吏部：管理文职官员，掌品秩铨选之制，考课黜陟之方，封授策赏之典，定籍终制之法。

户部（唐高宗时因避李世民名讳，改民部为户部）：掌全国疆土、田地、户籍、赋税、俸饷及一切财政事宜。

礼部：掌典礼事务与学校、科举之事。

兵部：掌全国军卫、武官选授、简练之政令。

刑部：主管全国刑罚律令及审核刑名。

工部：管理全国营造（即工程）、屯田、水利、山林、川泽。

三公九卿制度中管理军事的太尉、管理行政的丞相，互相之间往往是不相干的，互不干涉；而三省六部制度中尚书省、中书省、门下省之间是互相制衡的关系，尚书省不能自己制定政令，中书省能制定政令但又必须被门下省审核无异议政令才有效，而门下省只负责审核，无法直接干预制定与执行的环节。

也正因为三省六部制的互相制衡关系，三省的长官（也就是宰相）必须让三省都有自己的人，才能彻底控制中枢的权力。随便少一省，都谈不上控制。所以在这种制度之下，权臣出现的概率大大降低了。可以说，三省六部制度较为完美地弥补了三公九卿制度的缺陷。

光凭这一点，杨坚就值得被称为杰出的改革家。

不过，这项制度也不是绝对完美，也有三公九卿制度类似的缺陷。

李世民自己担任过尚书令，对三省六部制的缺陷比谁都清楚，那就是，三省的实际权重还是有差别的。

虽然三省互相制衡，但实际执行的部门是尚书省，其管理的六部才是真正的执行部门，是对下的实权机构。所以李世民认为尚书省的尚书令实际权重过高，如果尚书省的长官尚书令像他当尚书令时那样，可以打通下面的实权部门，且自己的子孙后代无法管住尚书省，这尚书令极有可能会成为权臣。这就有点类似三公九卿制度下的太尉与丞相的合体，是相当恐怖的。

于是李世民将尚书令的官职取消了，改为原先尚书令的下属副官左右仆射为新的长官。

自此，原先的宰相分割成中书省的两个中书令、门下省的两个侍中、尚书省的左右仆射，有时还临时任命其他官员居宰相职位，宰相数量众多，相权降低到空前程度。

虽然三省在名义上是并列的，但实际情况是，宰相的权力重心在中书省和门下省，尚书省权力被进一步限制。

到了唐朝中后期，因逢乱世，宰相之职务名称变动较大，又出现了更多名义上的宰相，使得唐朝成为历史上宰相最多的朝代。

另外，唐朝的宰相中书令、侍中、左右仆射一般都是正三品，与三公九卿制度的三公为一、二品有极大不同，也是相权降低的体现之一。

值得一提的是，唐朝的一、二品，比如三公（太尉、司徒、司空）、三师（太师、太傅、太保）都是虚职没有实权，既给宰相留了一个上升的荣誉空间，又可以限制可能出现的权臣，没法从名义上一个人掌握更多的实权，需要把权力分散出去才能达到效果，皇帝制衡他们的压力也会小很多。

李世民的这项改革，对整个唐朝都是最重要的，这是大唐中枢权力稳定的一个重要因素。不过可惜的是，李唐子孙在中唐之后就乱改了一番，最终这项制度的优势还是失效了。

这是后话。

地方政府改革

大唐设有州（或郡）县，州的长官叫刺史（郡为太守），县的长官叫县令。与州平行的还有府，府是京师等个别地区的地方行政建制。

一般来说，州（府）领导只管地方民政事务，不管军事，这种军是军、民是民的管理制度，可以防止地方政府搞军事割据，威胁大唐的安全稳定。

大唐刚建立时，归附大唐的各方势力多如牛毛，哪个不安抚下来都不行，都有可能再扯旗造反。而安抚最好、最简便的办法就是封官。

大的封刺史，小的封县令。原有的地盘不够封，就从大地盘往外划小地盘，就是没有地盘创造地盘也要封官。所以，李渊时代的人口不多，但州郡数量特别多，基本是十只羊九人赶，谁都不想当闲人。

但是到了李世民时代，天下稳定下来了，再要那么多人吃马嚼的官就没有用了，于是李世民一声令下，合并州县。到贞观十四年（640），全国剩下三百六十个州，一千五百五十七个县。

尽管如此，全国的州还是太多了，李世民一个人管不过来，几个宰相也管不过来。为了便于中央管辖，李世民依照山川形势，将全国划为十道，分别为关内道、河南道、河东道、河北道、山南道、陇右道、淮南道、江南道、剑南道和岭南道。

李世民设置的道只是个监察机构，而非正式行政机构。每道设置监察御史，负责诸州的军事、财赋转运，或者负责监察地方吏治。但只是监察而已，没有实权，更没有东汉州刺史那么大的行政权力，不会对中央构成威胁。然而这个没有实权的监察权也不可小瞧，监察御史有弹劾行政官员的建议权。

唐朝的这项监察制度特点如下。

第一，有着独立的组织，职责明晰。唐朝监察制度直接由中央管理，但是却隶属于地方，做到了地方和中央分权。

第二，有着广泛的监察范围、具体的监察内容，以皇帝为专制中心，保证了行政效力。

第三，监察考核制度非常严格，对于监察官员实行的是小考核和大考核相结合的考核方法，包含的内容有德义、公平、清明等。

第四，也是最重要的一点，监察御史由皇帝亲自任命。隋朝也有监察御史，但监察御史由吏部任命，这就出现了御史对吏部监督力度不足的问题。这就等于抓住了监察这把防腐利剑的剑柄，既能查人，又不伤己。

所以，选拔、任命监察御史就需要特别慎重，既要充分信任，让他们能出马干事，又不能放任不管，出现灯下黑现象。

选谁合适呢？

李靖行，萧瑀也行。

孙伏伽行，褚遂良也行。

李靖不但能武，还能文，对李世民更是忠心耿耿。萧瑀呢，虽然口无遮拦，逮啥说啥，治理天下却是把好手，而且还是自己的嫡系，用起来也放心。

与李世民手下能臣名将比起来，孙伏伽这个人的知名度不算高，但一说起他是中国历史上有据可查的第一位状元，那知名度就高了。武德五年（622），孙伏伽参加科举考试，高中状元。由于在玄武门之变中站对了队伍，被李世民赐了个乐安县男的爵位，旋即又被任命为大理寺少卿。在当了几年的刑部郎中后，又升任为大理寺卿。

孙伏伽最厉害之处不在这些，而在于敢说敢谏，如果他认为是正确的，在天王老子面前也敢说。武德九年（626），孙伏伽曾弹劾民部尚书裴矩"苟钓虚名"，而不"救恤百姓"。由于他的弹劾，大唐的赋税由以户为单位改为以人口为单位，使广大农民得到了实惠。

李世民称帝后，天下逐渐太平了，于是迷上了打猎，几天不打猎心里就痒痒。一天李世民又要出去打猎，弓箭也背上了，猎鹰猎犬也带上了，结果被闻风而来的孙伏伽堵了个正着，硬是不让他去，弄得李世民连哭的心都有了。

手下有这种死谏之臣，李世民虽然脸面上有点挂不住，但心里还是很高兴的。因为他心里比谁都清楚，孙伏伽死谏，受益最大的还是他李世民。

相比孙伏伽，褚遂良的名气就大得多了。此人不但出身名门，其父褚亮是大隋的散骑常侍，李世民的国事顾问，而且他本人也是著名的政治家。其在书法方面的造诣更是出类拔萃，被称为"初唐四大楷书家"之一。褚遂良早年追随薛举薛仁杲父子，薛家父子失败后归降大唐，先是出任起居郎，后被提升为谏议大夫、黄门侍郎。阻止李世民去泰山封禅的人里就有褚遂良。

以上这些人，敢说敢谏，能力强又忠心耿耿，李世民用起来也感到十分顺手。

于是在贞观八年（634），李世民派李靖和萧瑀等十三人出京城，到各处巡视去了。贞观二十年（646），又派孙伏伽、褚遂良等二十二人巡查四方，对庸官贪官有免职查办的权力。

当然了，要想天下太平、官清政明，这种自上而下的巡视必须形成制度。否则，那些缺少监督的各级官员就敢狐假虎威鱼肉百姓。

在好制度的影响下，李世民治理下的大唐出现了很多优秀官员。

第一个是陈君宾，武德初年任邢州（今河北邢台）刺史，贞观元年专任邓州刺史。陈君宾安抚百姓特别有一套，不出一个月就将因战乱流落四方的百姓都安抚好了，归家的归家，生产的生产，邓州出现了一片欣欣向荣的景象。

贞观二年，天下遭灾，蒲州、虞州是重灾区，百姓连饭都吃不上，但邓州却安然无恙。不但自己没事，陈君宾还主动开仓放粮，救济周边的饥饿百姓，得到了李世民的赞扬。

第二个是李桐客。此人是前朝门下录事，也是个著名的谏官。当年隋炀帝打算将都城迁到丹阳，满朝大臣都极力表示拥护，唯独李桐客反对，还差点因此被治罪。

归顺大唐后，李桐客先是在秦王府任法曹参军，李世民当上皇帝后，他又出任通州、巴州刺史。《旧唐书·良吏传》对李桐客有留言："所在清平流誉，百姓呼为慈父。"这个留言虽然有造假自吹的嫌疑，但也能说明李桐客执行了李世民清静无为的政策。

第三个是薛大鼎，早年随李世民参加了太原起义，后在沧州刺史的岗位上勤勤恳恳、任劳任怨，不但组织农民疏通了荒废多年的无棣河，让百姓获得了舟楫渔盐之利，而且修好了长芦、漳河、衡河，让低洼的沧州地区免受洪灾之苦。薛大鼎也因此与瀛州刺史贾敦颐、曹州刺史郑德本一起，被河北人民称颂为"铛脚"式的好官。

最能体现好制度下涌现出来好官员的，当数"铛脚"之一的贾敦颐。

贾敦颐当过好几个州的刺史，政绩是相当的好，在老百姓中很有威望。他一直很节俭，车是旧的，马是瘦的，连马套也是破的。走在进京入朝的路上，不认识的人根本就看不出他是当时的朝廷大官。

但正直的人也有背运时，在洛州司马的任上，贾敦颐因为工作出了差错被下狱问罪，最终还是爱才、惜才的李世民给释放出来的。

从那以后，贾敦颐就把更多的心思扑在了工作上，玩命似的给李世民干活儿，成绩斐然。

贞观二十三年（649），贾敦颐任瀛州刺史，把瀛州治理得政通人和。当时，瀛州界内有一条滹沱河，还有一条滱水，两条河经常泛滥，毁坏房屋无数，淹没洼地好几百里，让两岸百姓受了很多苦。

这苦，以前不想受也都受了，因为没有人出来正经地管一管。但贾敦颐来了就不一样了。实地调研后，一场大规模群众性治水运动全面展开。经过多年努力，滹沱河治好了，滱水也消停了，瀛州也因此成了著名的鱼米之乡。

当时，贾敦颐的弟弟贾敦实在属瀛州管辖的饶阳县当县令，也是个被百姓爱戴的好官。因为制度有规定，亲兄弟不能在同一个地方当官，得调走一个避嫌。但李世民不管那些，让这哥儿俩继续在一起当上下级的官。

贾敦颐用什么方法来报答李世民的深恩呢？他继续尽忠于大唐，尽忠于李世民。到后来，又继续尽忠于李世民的儿子，也就是唐高宗李治。

李治当皇帝的时候，贾敦颐又回到洛州任职。和之前不同的是，这次不是主管纲纪政务的州司马，而是行政首脑的州刺史。上任后，贾敦颐工作作风不变，体恤民情不变，同样敢说，同样敢干。当时洛州豪强多，违反规定大量兼并土地的恶性事件更多。贾敦颐到任后，顶着压力查没三千多顷土地，转手把这些地分给贫民，大快人心。

都是分封惹的祸

古代那些帝王，最在意的除了吏治，就是搞分封。

所谓的分封，就是中国古代分封诸侯的制度。当年，周武王率领联军讨伐商纣成功，建立了一个新的国家，为了维持自身统治的稳定，周王室采用分封制的手段，将土地跟民众赏赐给功臣或者贵族，诸侯在自己的封国内享有世袭统治权，也有服从天子命令、定期朝贡、提供军赋和力役、维护周王室安全的义务。

这种手法，在周初期还能使各诸侯帮助周天子守江山，但时间久了就出问题了，特别是到了春秋战国时期，诸侯争霸，分封制已名存实亡，适应中央集权的郡县制逐渐取代分封制。秦始皇统一六国后，更是彻底废除分封制，建立了第一个专制主义中央集权的王朝。虽然后来也有王朝搞分封，比如汉朝跟晋朝都曾经分封皇室子孙，但也都是开历史倒车，比如西汉的"七国之乱"，还有西晋的"八王之乱"。可以说，秦后的分封不利于中央统治，时间越久，国家就越容易分裂。

当然了，秦之后的汉、晋、南北朝，以及后来的隋、唐，还多多少少能看到分封制的影子。不过，此分封与周分封已经完全不同了。周天子分封下的诸侯不但有自己的封地、封人，而且地上产的、树上长的、水里游的、山上猎的，都归诸侯所有，周天子更像是个盟主，平时与诸侯各过各的日子。汉、晋，尤其是隋、唐的分封就不一样了，隋、唐的分封完全是虚封，没有封地，也没有实权，地上产的、树上长的、水里游的、山上猎的，也不归自己所有，都得交给国家。

说到这儿，有必要科普一下唐朝的分封爵位。

唐爵分九等：一曰王，食邑一万户，正一品；二曰嗣王、郡王，食邑五千户，从一品；三曰国公，食邑三千户，从一品；四曰开国郡公，食邑二千户，正二品；五曰开国县公，食邑一千五百户，从二品；六曰开国县侯，食邑千户，从三品；七曰开国县伯，食邑七百户，正四品上；八曰开国县子，食邑五百户，正五品上；九曰开国县男，食邑三百户，从五品上。

其中皇帝的兄弟、儿子，皆封为王；皇太子的儿子，封为郡王；亲王之子，承嫡者为嗣王，诸子为郡公，以恩进者封郡王；袭郡王、嗣王者，封国公。

比如，李渊当了大唐皇帝后，封李建成为太子，李世民为秦王，李元吉为齐王。后来又封儿子元景为赵王，元昌为鲁王，元亨为酆王，元方为周王，元礼为郑王，元嘉为宋王，元则为荆王。

李渊的儿子多，儿子多了自己没封完，就留给李世民继续封。李世民当上皇帝的第五年，封小兄弟元裕为邓王，元名为谯王，元祥为许王，元晓为密王。反正都是没封地没实权，威胁不到自己的地位，那就封吧。

为什么要大肆封王呢？这是因为李渊回顾了隋亡唐建的历程，发现了一个大问题：隋朝灭亡的一个重大原因在于隋朝宗室力量太薄弱。

打仗亲兄弟，上阵父子兵。自家没人撑门面，自然就有外姓人踹门而入。因此，李渊便着手加强宗室力量看自家门，不但给儿子封王，还封赏一大批宗室为王。

据《资治通鉴》记载，李渊对一些较为疏远的宗室也封了王：郑公神通为永康王，安吉公神符为襄邑王，柱国德良为新兴王，上柱国博义为陇西王，上柱国奉慈为渤海王。

到李世民当上皇帝的时候，更进一步发现了问题的严重性。周分封子弟，国祚八百多年，而秦改分封为郡县，仅历两代就被灭了。再看看大汉朝，吕后篡权，最终还得倚靠宗室亲王们助力，才将老刘家的江山扳回来。所以李世民得出个"英明"论断：靠谁都不如靠自己人，分封还得继续搞。

然而李世民刚把这个打算说出来，立刻招来一片反对声，第一个站出来反对的就是魏徵。

魏徵是从政府运行成本和老百姓负担的角度反对的。他认为，如果搞分封，每个封国都得组建自己的领导班子，国有国相，封有封臣，会多出来不少官员。要负担这些人的吃喝拉撒费用，就得多向老百姓征税。现在，国家的主要赋税收入是靠各州县，要是都封国封邑过起了自己的小日子，谁还给中央政府上贡出钱啊？

礼部员外郎李百药也反对：以过时之古道，治现时之国政，这是典型的刻舟求剑、胶柱鼓瑟。换句话说，用前朝的剑斩本朝的官不行，用周朝的制度封本朝的官员也不行。

反对有理。

幸好，李世民不是昏君。但面对反对时，面对自己发现问题、解决问题的办法被否决时，他心里也不舒服。

不舒服能怎么办呢？那就折中一下吧，搞个世袭刺史。

说干就干，在贞观十一年（637），李世民就分封他手底下的十四位功臣为外地的刺史，并且让他们的子孙继承他们的刺史官位和爵位。

这件事，《新唐书》上有记载："乃以无忌为赵州刺史，以赵为公国；房玄龄宋州刺史，国于梁；杜如晦赠密州刺史，国于莱；李靖濮州刺史，国于卫；高士廉申州刺史，国于申；侯君集陈州刺史，国于陈；道宗鄂州刺史，王江夏；孝恭观州刺史，王河间；尉迟敬德宣州刺史，国于鄂；李勣蕲州刺史，国于英；段志玄金州刺史，国于褒；程知节普州刺史，国于卢；刘弘基朗州刺史，国于夔；张亮澧州刺史，国于郧。"

这种世袭刺史实际上还是换汤不换药的诸侯分封，只不过是将同姓王与异姓王合而为一，就是开历史倒车。一旦世袭刺史做久、做强了，必然出现争霸现象，到时候更容易亡国。

李世民糊涂了，他手底下的大臣可不糊涂。房玄龄、魏徵、长孙无忌、马周、李百药、于志宁等大臣极力反对，他们认为历史上已经出现了诸侯王造反的现象，现在又给我们这些功臣这么大的权力，又怎么能保证子孙后代不会造反呢？

李世民也很郁闷，本来是一番好意，大臣们却不领情。

双方就这样僵着。

长孙无忌见苦劝李世民没有效果，就搬出了自己的儿媳妇，也就是李世民的嫡长公主——长乐公主。

长乐公主是长孙皇后的女儿，甚得李世民的喜爱，还给她取了一个好听的名字叫作李丽质。等到长乐公主成年，李世民把她许配给了表哥长孙冲，也就是长孙皇后的亲侄子，长孙无忌的嫡长子。

长乐公主进宫见到自己的父皇，不再从大臣的角度劝谏李世民，而是站在皇家角度帮助老爸分析问题，并代为传话："我们这些大臣为了大唐的事业，历经千辛万苦，好不容易天下才统一了，现在把我们赶到外地搞世袭，这和那些流放的徒刑犯有什么区别呢？"

李世民心里肯定是不爽："割地分封功勋大臣，这是古今常见的做法，朕的意思是想让你们的后代辅佐朕的子孙，共同将王朝传之久远；而你们却发这么大牢骚，我也没强迫你们马上去封地呀！"

但李世民毕竟是李世民，糊涂一时不会糊涂一世，经过反复思考，觉得分封确实不妥，也就不再跟大臣们僵持了，放弃了分封的想法。

搞分封，绝对算是李世民执政生涯里的一大败笔，那么，他为什么非要逆历史潮流搞分封呢？

究其原因，无外乎这么几点：

第一，从整个历史的发展来看，分封确实有其延续性。商周始创封建，统治达数百年之久，这种"天下大同"的政治局面成了后世君王竞相模仿的对象，分封制也因此根植在这些人的思想深处。西汉初年，诸侯封国与郡县并存，王国势力过于强大，即使是异姓七王被削平后，其他王的势力依然很强。从汉景帝到汉武帝，通过颁布"推恩令""附益之法"等一系列削藩法案，才终于使王国势力有所减弱。

然而到了魏晋时期，又开始了分封制与郡县制的争议。曹魏政府倒是分封了宗室，但只有分封之名，而无分封之实，因而惹来很多被分封人的不满。甚至有人明确指出，曹魏不实封宗室，早晚有一天政权会落入他人之手。此话不幸言中，后来司马氏果然轻易地夺了曹家的权，这件事在后来的统治者心里造成了很大影响，他们认为曹魏之亡主要是没有分封宗室。因此西晋一口气封了二十七个同姓王，并不断扩大宗室诸王的权力，要政权有政权，要军权有军权。所以，延续到李世民这里时，想通过分封巩固政权，也就不足为怪了。

第二，从李世民个人来看，分封确实有其合理性。他们关陇老李家长期受胡人之风影响，比如李世民的祖母是北周八柱国大将军独孤信之女，是胡人，母亲窦氏即乞豆陵氏也有胡人血统，皇后长孙氏也是胡人。这种家庭结构，要想不受胡人影响，那怎么可能？

当然受胡人影响也不是说不好，比如相对于正统思想来说，受胡人影响就具有很强的包容性，便于吸收各种思想为己所用，体制也会采用先进形式，谁好就学谁，谁好就用谁，这是大唐之所以兴盛的一个原因。但也不能不承认，胡人思想具有一定的落后性，李世民搞分封，就是这种落后思想的具体体现。

第三，从李世民上位的方式来看，分封确实有其迫切性。李世民的皇位是通过宫廷政变得来的，上位后的他自然会担心政变再次发生，诸多皇子留在京城皇宫里，宫斗不可避免。为了大唐江山的长治久安，把成年皇子分封到全国各地去，互不窜通，互不沆瀣，互不结党，就成了最迫切的选择。

现在，咱们再回过头来看看，长孙无忌等大臣为什么反对分封。按理说，分封对他们来说是大好事，站出来反对分封是不是有点傻？

分封诸侯是商周的做法，正如长孙无忌所说，当时朝廷没有足够的力量经营偌大的中原地区，所以不得不把权力下放。秦以后，废诸侯而建郡县则成为主流。

由于后世的中央集权相对于地方诸侯力量非常强大，而自己的后世子孙一旦触犯邦宪，自取灭顶不算，还因为有世袭之赏，整个家族都会跟着遭殃。作为大臣，为保家族长盛就要避免地位过于突出，因而极力反对分封。

李世民在放下分封之后，又提起了修氏族志的事，这次，他成功了。

氏族志不修行不行

隋唐时期，"军阀"是一个褒义词，谁家要是能被称为"军阀"，就是光宗耀祖的事情。比如《新唐书》就有"郭虔瓘，齐州历城人。开元初，录军阀"的记载。

古代的时候，一个人有五品功名，就可以在家门口立一根柱子，名曰阀。文官的阀，叫门阀。武将的阀，叫军阀。那个时候的军阀，代表着家族的军功，是家族荣耀的体现。连续三代人有五品功名，可以在家门口再立一根柱子，名曰阅。阀和阅是家族荣耀的象征，合起来就叫门第阀阅。我们常说的门当户对，古代的时候就是要看阀阅。

阀阅需要好多代人的积累。有些高门令族就是积累了上千年的阀阅。比如著名的高门令族弘农杨氏，就是富贵了近千年。弘农杨氏从楚汉争霸的赤泉侯杨喜开始显贵，东汉时期曾经连续四代出了三公级别的官员，被《后汉书》誉为"四世三公，东京名族"。

弘农杨氏虽然是顶级门阀，但是和五姓七望还有差距。隋唐时期，有七个高门令族，分别是博陵崔氏、清河崔氏、太原王氏、陇西李氏、赵郡李氏、范阳卢氏、荥阳郑氏。五个姓氏的七个郡望，是当时阀阅最高的七个家族，并称五姓七望。

五姓七望都是历史悠久的高门令族，以陇西李氏为例。陇西李氏，系出柱下。柱下史是官名，是周朝管理国家档案的官位。历史上有个著名的柱下史，名叫李耳。李耳写了《道德经》，被道教尊奉为太上老君。陇西李氏从先秦时候开始显贵，一直持续到唐朝，显贵了一千多年。当然了，这个渊源很有可能是李渊李世民他们当了皇帝后硬靠上去的。

门阀士族是由官僚集团组成，对时局起着主导甚至决定性的作用，大部分时期连皇权都得避让三分，东晋甚至形成了"王与马，共天下"的局面。魏晋南北朝时期，皇帝换了一茬又一茬，但门阀士族却屹立不倒，可谓流水的皇帝，铁打的门阀。

北魏末年，北方六镇叛乱，在混战中形成了以宇文泰为首的西魏八柱国，他们凭借强大的武力在关中打出一片天地，之后他们重用并团结汉人士族，形成了"关陇集团"这一强有力的门阀士族集团。随后，关陇集团成为西魏、北周、隋、唐四个政权的统治基础。

隋末群雄混战时，杨玄感、李密与李渊之所以能振臂一呼、应者如云，正是因为他们都是"上柱国"之后，就像讨伐董卓时，袁绍凭借"四世三公"的高贵出身，一举成为联军盟主一样。可见，唐初门阀士族的影响力是巨大的。

这个巨大影响还涉及婚姻方面。高门势族自恃清高，根本不与庶族出身的官员及其子弟通婚，门第完全成为判别人品及取官婚配的标准，即所谓"取士必问家世，婚姻必问阀阅"。在这种情况下，谱牒（记述氏族、家族世系的书籍）之学应运而生，士族纷纷为自己编撰家谱、族谱，以此评定门望等级。

李渊建唐后，所用的宰相杨恭仁、宇文士及、封德彝、萧瑀、陈叔达等人是清一色门阀贵族，且大部分是关陇门阀贵族。当时国家初定，如果没有门阀士族的支持，统治很难稳定下来。但这种行为无异于双刃剑，既然要依靠门阀士族稳定统治，便得让出部分皇权作为交换。而过度让出权力，是不利于自身统治的。所以，没有一个皇帝愿意坐看门阀士族壮大。

因此，修自己的《氏族志》，成了李世民打击门阀士族的一项重要手段。

贞观十二年（638），李世民令吏部尚书，也就是他的妻舅高士廉率人修《氏族志》。但高士廉显然没有理解李世民的意图。《氏族志》修成之后，仅仅是四品官员的黄门侍郎崔民干居然位列第一。因为博陵崔氏是山东士族大家，世代显赫，北方"崔卢李郑"，博陵崔氏位居第一，按传统就应该这样。

高士廉把《氏族志》敬呈李世民御览，没想到李世民看后顿时火冒三丈，将高士廉一顿批："我与山东崔卢李郑虽无仇恨，但他们已经衰微，几代没有官宦，凭什么还自称士大夫？以婚姻为名，多要财物。才疏学浅，还自高自大。朕不了解世人为何看重他们。朕修《氏族志》是为了推崇今朝冠冕，难道你们不看重朕给你们的官爵吗？"

李世民这番话，将修《氏族志》的目的说得很清楚：不论你是关陇门阀也好，山东贵族也罢，或是寒门庶族，只有当上我李世民的官，才是豪族。

发完火，李世民下令，把陇西李氏排在第一位。陇西李氏本来就是五姓七望之一，显贵了一千多年，又是天子之姓，排在天下第一姓的位置确实没问题。

问题是，李世民为了往长孙皇后脸上贴金，居然把洛阳长孙氏排在天下第二姓的位置。洛阳长孙氏从上党王长孙稚开始算起，到长孙皇后和长孙无忌这一辈，也就显贵了五代人。按照时间来算的话，也就显贵了不到二百年时间。显贵不到二百年的洛阳长孙氏，力压博陵崔氏、清河崔氏、太原王氏、赵郡李氏、范阳卢氏、荥阳郑氏，排在天下第二姓的位置。除了陇西李氏之外的五姓六望，都对这份排名不服气。

不仅仅是五姓六望不服气，弘农杨氏等高门令族，也不服气。洛阳长孙氏，出了一个王爷外加一个皇后，就排在天下第二姓的位置。人家弘农杨氏，皇帝出了三个，分别是隋文帝、隋炀帝、隋恭帝。弘农杨氏在西晋和北周都出了皇后，至于三公和宰相级别的官员，也比洛阳长孙氏多了许多。弘农杨氏阀阅这么高，对五姓七望都有一点不服气，何况是新晋贵族洛阳长孙氏呢？

京兆杜氏、京兆韦氏、彭城刘氏、颍川陈氏等高门令族，也对洛阳长孙氏不服。这么说吧，但凡是当时有阀阅的高门令族，都比洛阳长孙氏的历史要久远得多。把洛阳长孙氏排在天下第二姓的位置，除了排第一的陇西李氏士人没有意见之外，其他姓氏的士人心里都不服气。

李世民强行往长孙皇后脸上贴金，搞得天下士人都不服气。最直接的结果就是导致《氏族志》的权威性丧失。《氏族志》推出之后，天下士人都不承认这个排名的权威性；连长孙无忌都对自家天下第二姓的位置没有信心，《新唐书》记载，《氏族志》推出之后，世家大族依然喜欢和五姓七望联姻，长孙无忌也上赶着和太原王氏联姻。

李世民下诏修撰《氏族志》，本想打压五姓七望等老牌贵族，抬高本家和妻族的地位。结果由于洛阳长孙氏底蕴不够，位置又被拔得太高了，导致天下士人不服。如果李世民只是把陇西李氏排在第一位，不把洛阳长孙氏排在第二位，《氏族志》的权威性将大大加强，效果就不一样了。

但李世民所修的《氏族志》也不都是由着自己的性子来，其中还是有很多折中。《氏族志》共二百九十三姓，一千六百五十一家。

第一等当然是皇族，第二等为外戚也没什么不妥，第三等中崔卢李郑、王谢袁萧等豪族不管有无当朝官职，仍名列前茅，这就给足了面子。比如之前说的崔民干，只是个四品黄门侍郎，在朝廷没有多大的话语权，但在《氏族志》定稿里也列入了第三等，说明李世民还是让步了。毕竟，当时门阀士族的影响仍然很深，李世民对士族不能不有所顾忌。

修《氏族志》是李世民顺应历史发展潮流采取的一项非常重要的改革措施。这是因为，随着生产力的发展，生产工具的进步，门阀士族对于土地已不再有垄断条件。农民可以轻松获得高效简易的铁犁与耕牛，从而实现深耕易耨，出产的粮食交够赋税之后，足以丰衣足食，不需要求庇护于士族大家之下。随之，政府大力施行均田制，越来越多的农民脱离门阀成为自耕民，所以，门阀制度必将走向衰亡。

经过后人，也就是唐高宗李治和中国唯一的女皇帝武则天的进一步完善，《氏族志》确定了以皇权为核心的统治，门阀士族不再有生存土壤，退出了历史的舞台。

所以说，李世民利用编写《氏族志》打破士族门第，树立皇权，是一点含糊都没有的，这也是他行政改革的重要一笔。

选人是个技术活

选人是一门"技术活"。人尽其用就是让骏马到草原驰骋、让雄鹰去搏击长空。这一点，李世民做得可谓恰到好处。

大唐建立之初，基本是承袭魏晋以来"崇武轻文"的风气，在战场上叱咤风云、夺关斩将的人物，在朝堂上也是举足轻重，不可小觑。但是，在马上能夺天下，在和平时期却不一定能下马治天下。尤其是很多武将，舞刀弄枪好使，处理政务不一定好使。

一方面是上去的武将不好使，一方面是好使的文人上不去。你说如何是好？

为什么很多文人上不去呢？这里面至少有四个原因。

一是经历了隋末多年的战乱，很多文人被整怕了，不敢出来。二是有很大一部分文人自命清高，认为自己是天下第一才子，治世第一高手，不给相应的高位，不肯出来。三是有些文人确实是清高，认为官场水太浑，蹚不起，所以不愿出来。四是有些人确实胸有文墨，但资历浅，门望低，想出也出不来。

虽然李世民当上皇帝后起用了房玄龄、杜如晦等文人，但那只是局部的，各级各部门大多数还是武夫当家，大好局面还是没能打开。

怎么办呢？

唯一的办法就是让有知识、懂政治的人出来，而不是让那些打天下的武将舞刀弄枪瞎胡闹。

但是，有知识、懂政治的人怎么样才能出来呢？他就是棵能长成参天大树的幼苗，也得有人浇水施肥吧？谁浇水谁施肥呀？李世民踅摸踅摸，好了，就尚书省吧。尚书省既然是最高行政机关，那就有义务举贤荐能，发掘人才。

这活儿，尚书省不接也得接。只有左右仆射管事。而左右仆射管的事太多了，上至天下不能决者，下至六部不能断者，事无巨细，都得请左右仆射决断。所以，左右仆射就是安三头接六臂，那也忙不过来。就是这么忙，还给安排个识人、荐人的活儿，这能干好吗？肯定干不好。

干不好还得干，那就得想办法，于是左右仆射关照尚书省官员，以后除非有要务，日常琐碎事务都不用报告给我们，直接报告给尚书左右丞就可以了，我们得留出时间和精力给朝廷举荐人才。

但即使这么做，也有偷懒不尽力的，比如尚书右仆射封德彝。他每次与左仆射萧瑀商议政事，都当面表示赞同，但到李世民面前，却说出相反的主张。萧瑀也不傻，时间久了，封萧不和就公开化了。早就对封德彝心存不满的李世民，借机好好敲打了封德彝一番。

"我让你举荐人才，你举荐哪儿去了？我咋一个都没看见？"

"皇上啊我冤枉，不是没举荐，是真的没有人才可举荐啊！"

李世民继续敲打："从前历朝历代圣王明君，都是以当时的需要为标准选拔人才，一世之才足够一世之用，没有到先朝或后世借用人才的道理。"

经此敲打，封德彝面红耳赤，思虑重重，竟然在尚书省工作岗位上突然发病，回家没几天就死了。李世民也算很有情义，不但亲自去探视，还追赠他为司空，赐谥为明。

可是，谁能料到呢，在封德彝死后十多年，突然被剥夺了司空之职，还被削除所封食邑，改谥号为缪。这李世民是不是太不讲究了？

其实不是。李世民是太讲究了，讲究得被骗了十多年。

原来，封德彝生前虽然数次向李世民进献效忠之策，深受李世民礼遇，但他背地里又小动作不断，最典型的就是在太子废立的事情上，没少给李世民设钉子、使绊子。当年李渊曾打算废黜李建成，立李世民为太子，但因封德彝力谏而止。封德彝甚至还对李渊表示："李世民自恃功高，不肯屈居于太子之下，如果不能立他为太子，就早日将他除去。"

由于这些事做得非常隐秘，以至于封德彝死后多年，才被李世民得知。被自己的下属耍，李世民焉能不怒？不削他官职改他谥号还等什么？不掘他坟鞭他尸就算便宜他了。

李世民选人，不但让别人去选，他自己也处处留心，一旦发现人才，不惜破格提拔。

贞观三年（629），李世民召集文武百官议论朝政得失，多提改善建议。中郎将常何一口气提了二十多条，条条思路清晰，见解高明。

李世民就很纳闷。

一个使枪弄棒的武将，在玄武门之变时正宿卫北门，因在李世民夺取玄武门的战事中立下大功，被提升为中郎将。但他没读过几天书，这一点，李世民还是很清楚的。没读过书的常何能提出这么多优秀建议，如果不是有高人指点，那就太诡异了。

在李世民的追问下，常何立马就"招"了。不出所料，他背后确实有高人，此人名叫马周。常何的建议都是马周提出的。

听说有这么个高人，李世民很高兴，当天就召见马周进宫面谈。这一谈之后李世民很满意，马上让马周进门下省任职，没多久就升他为监察御史，后来又提升为中书侍郎、中书令等要职。

马周不负所望，处事公允有见解，敢于直言有机辩，深得李世民赏识，甚至李世民还说出了"我于马周，暂不见则便思之"这样感情用事的话。

李世民用人，从来不预设条条框框，既不计资历地望，也不计恩怨亲疏，只要是个人才，他统统留下重用，为开创贞观之治的大好局面奠定了坚实基础。

马周出身社会最底层，到武德年间才混上了个"博州助教"，就是州学校的老师，很不得志。

不得志又年轻，马周决定辞职去长安谋发展。但一路上既不顺心更不如意，在新丰驿站，店老板更是瞧不起他，连店也不给他住。好不容易漂到了长安，也只是做了个寄人篱下的食客，当年的雄心，后来的壮志，都被抛到脑后去了，毕竟，生存比发展更重要，连饭都吃不上，还谈什么理想？

像马周这种既无开国之功，出身又"卑贱"的人，如果不是李世民慧眼提拔，怕是只能在底层蹲一辈子了，不可能成为贞观年间的枢要大臣，更不要说建功立业了。

在李世民的政府序列中，像马周这种情况的人不在少数，虽然有些人是小地主，但基本都属于庶族，与魏晋以来一直垄断朝政的士族根本就没法比。这些人，文官有戴胄、杜正伦、张玄素、刘洎、岑文本、崔仁师，武将有侯君集、李世勣、张亮。

杜正伦的出身比马周的出身好一点，在隋朝时候是个秀才，开始时只是在秦王府文学馆中干点杂事，因为魏徵举荐，李世民便升他为兵部员外郎，后来又升任给事中、中书侍郎。

张玄素，原是流外小官，由于有才，被提升为太子左庶子（辅佐太子，将太子的言行好坏上奏天子的官）。

张亮，原本出身于农家，也是因才官至刑部尚书。

更多出身卑贱的才人贤士，只要被李世民发现，总能获得一官半职。如刘洎和马周共同举荐的李义府，李世民初次召见他时，让他即兴作一首诗，李义府张口就来了一首酸诗："上林许多树，不惜一枝栖。"意思是说，朝廷官位那么多，却不肯给自己一席之地。李世民也不吝啬，说你要是真有才，朕把整棵树都给你，还差那一枝半枝的？

李义府有才是真有才，但无德也是真无德，生性贪婪，阴狠残忍，到李世民儿子李治当皇帝的时候，已经是中书令、检校御史大夫、太子宾客、河间郡公的李义府，与老婆、子婿大肆卖官鬻爵，结党营私，最终死在了流放地巂州。

李世民用人，不但能用底层人，还能用仇人，这就不是一般人能做到的了。比如曾经是李建成阵营的王珪、魏徵、韦挺，只要有真才实学，有治国安邦之策，统统重用。

对这种以直报怨、化敌为友的做法，秦王府原班人马很不理解。选拔人才可以，但也不能啥人都用啊，连当年想整死你的人都重用，是不是有点没心没肺？

有一次，李世民在九成宫宴请，长孙无忌就毫不客气地说："王珪、魏徵这帮人曾经都是咱的仇人，现在却在一起喝酒聚会，我心里不舒服啊！"

李世民说：“朕知道魏徵是仇人，但那是曾经的仇人，现在的魏徵尽心做事，敢于进谏，不许朕走歪路，这么正直可靠的人朕不能不用啊！”

既然仇人都能用，家人用不用？原秦王府旧属都是李世民的骨干力量，亲仇人而远家人，放哪儿都说不过去。但李世民用家人也遵循量才授职的原则，行就用，不行是真不用，至少不能重用。

所以，即使是秦王府旧属，也有人没获高官，自然心生怨气。房玄龄将此事报告给了李世民。李世民说：“用人得看才能智力，岂能只因旧属而重用？那些背地里发牢骚的人，只说朕嫌弃他，却不看看自己有没有才能。无才无能，凭什么让朕用他？”

对旧属如此，对老乡也是如此。李世民出身关陇大户，当上大唐皇帝以后，对关陇老乡的照顾也就难免了。

但现在是全国一盘棋，如果目光只盯着关陇，这棋就没法下了。所以李世民还是有眼光的，山东（崤山以东）要管，江南要顾。就说提拔官员吧，贞观时期提拔了二十五人坐上了相位，其中非关陇出身的有十八人，占了七成。

大量提拔非关陇地区出身的官员有什么好处呢？首先是言路广，其次是根基深。

这些人，个个都是精英，社会基础也好，敢于说真话，更敢于纠正李世民的错误。另外，隋唐之前的南北朝，北朝尚武，南朝崇文，论治国打仗，北朝人好使，要是论经义，南朝人更好使。这些，对于一个国家来说，都是不可或缺的。

当然了，李世民提拔山东人和江南人，也不等于冷落了关陇人，关陇的贵族和世族，在朝廷各部门里还是占优势的。李世民的用人特点是兼收并蓄，有才就用，绝不埋没。

但再有才，也得看德行，如果德行不行，那就真的不行了。

开始的时候，吏部用人只看"言辞刀笔"，能说能写就行，别的行不行就不管了。对于这种用人方式，李世民心里很是担忧，对负责选拔官员的杜如晦说，用人必须德才兼备，这种刀笔之人往往使许多案件乾坤陡转，或无中生有，或大事化小、小事化了，如果选人重才不重德，则贻害无穷。

除了德才兼备，李世民用人还有个特点，那就是用其所长，舍其所短。

有个叫凌敬的谋士，就是典型代表。

此人原是窦建德的重要谋士，在当年的虎牢关之战中，差点打败李世民。他向窦建德献计：进攻怀州、河阳，大张旗鼓做出欲进攻汾州、晋州的姿态，李世民就是有十个胆子，也不得不退兵。

这本来是个绝好计策，窦建德也打算采用，但困于洛阳的王世充不干了，派出使者在窦建德面前哭求，同时又贿赂窦建德左右大将，让他们在窦建德面前贬低凌敬，说凌敬书生不知军事。结果窦建德没有采纳凌敬的建议，最后败亡。

有学识，强谏诤，这是凌敬的长处。但凌敬也有短处，比如，爱生活，好经营。

贞观十一年（637），经魏徵举荐做了官的凌敬被所司弹劾了，罪名是私放高利贷。李世民就责备魏徵，不分好赖乱举荐。

魏徵辩解说："这事你赖不着我。当初我举荐时把他的长处短处都说得很清楚，现在皇上只看短处，不用长处，还责备我，我表示不服。"

李世民玩味玩味，觉得这事还真怪不着魏徵，也就不责备了。但从这件事上，李世民还真下了一番功夫，对下属的长处短处都了如指掌。

贞观十八年（644），李世民把长孙无忌等人找来说："人苦于不知道自己的过错，你们可以对朕评价。"

长孙无忌拍马屁说："皇上这么圣明，我们这些人怎么赶都赶不上，您还有什么过错可言啊！"

李世民说："朕是向你们询问我的过失，你们却拍起了马屁。既然这样，那朕就评论评论你们的优缺点吧，也好让你们互相鉴戒改正，你们看怎么样？"

于是李世民挨个儿点评。

长孙无忌善避嫌疑，应答敏捷，断事果决超过古人；然而领兵作战，却非他所擅长。

高士廉涉猎古今，心术明正通达，面临危难不改气节，做官没有私结朋党；所缺乏的是直言规谏。

唐俭言辞敏捷善辩，善解人纠纷；然侍奉朕三十年，却很少批评朝政得失。

杨师道性情温和，自身少有过失；而性格怯懦，缓急之务不可依托。

岑文本性情质朴敦厚，文章做得华美；然而持论常依远大规划，自然不违于事理。

刘洎性格最坚贞，讲究利人；然而崇尚然诺信用，对朋友有私情。

马周处事敏捷，性情正直，品评人物，直抒胸臆，朕近来委任他做事，多能称心如意。

褚遂良学问优于他人，性格也耿直坚贞，每每显示他的忠诚，他如同飞鸟依人一样亲附于朕，让人见了自然生出怜悯。

评完文臣评武将。

现在，很多人都已去世，称得上名将的，只有李世勣、李道宗、薛万彻三人。李世勣、李道宗谨慎，虽然不能大胜，但也不会大败。

薛万彻勇猛，不是大胜就是大败。

文臣武将的长短优劣，李世民都了如指掌，自己用起来就得心应手，他们工作起来就能扬长避短，各得其所。

推行科举，广开才路

李世民对选拔人才向来是不遗余力的，除了靠人选，还在制度选人上大做文章。

之前所谓的人选，说白了就是靠人推荐，即由地方官员或有威望的人推荐人才给中央录用。这种选人制度最大的弊端是，选谁用谁都由地方豪强说了算，中央政府没有选人的主动权，只能被动接着。被选上来的官员，自然对选他的人负责，至于对中央负责，那只能是排在第二位的选项。

当然也有制度选人，比如九品中正制度。

九品中正制大体是指由各州郡分别推选大中正一人，所推举大中正必为在中央任职官员且德名俱高者。大中正再产生小中正。中正就是品评人才的官职名称。大、小中正产生后，由中央分发一种人才调查表，在该表中将人才分为九等，上上、上中、上下、中上、中中、中下、下上、下中、下下。此表由各地大小中正以自己所知将各地流亡人士无论是否出仕皆登记其上，表内详记年籍各项，分别品第，并加评语。小中正襄助大中正审核后将表呈交吏部，吏部依此进行官吏的升迁与罢黜。

采用此项制度最大的好处是官吏选拔实现了标准化，最大限度地杜绝了官场的滥竽充数现象。再有一个好处就是缓解了中央政府与世家大族的紧张关系。因为能够充当中正的人一般都是二品官员，而二品官员几乎全部出身于门阀士族，这就等于是门阀士族拥有了选拔官员的特权。

但这也正是九品中正制最大的弊端。

本来，九品中正制评议后备官员的标准是家世、道德、才能三者并重，但担任中正的大多出身于世家大族，他们也不可能越过门阀到底层老百姓那里去选人。所以，一个人的德才不是那么重要，家世才是最重要的。这种制度，到西晋时终于形成了"上品无寒门，下品无势族"的局面。

到南朝时期，情况就更严重了。在中正的评议中，所重视的只是魏晋间远祖的名位，而辨别血统和姓族只需查谱牒，中正的品第反成无足轻重的例行公事。九品中正制的衰落也就不可避免了。

那么，有没有更好的选人制度呢？

当然有了，这就是科举制度。

一提起科举，有人就会嗤之以鼻，不屑一顾。科举制度不就是只要求考生能写出合乎形式的八股文章，而不重真才实学的刻板制度吗？不就是那个让各路精英困于科场、虚耗光阴的荒唐制度吗？不就是让范进疯掉的害人制度吗？

是的，刻板，荒唐，害人，这些都是科举制度的标签，但也不能一股脑儿地把脏水都泼给科举制度。科举制度从隋朝诞生，到唐宋完备，那也是非常先进的选人制度，顺应了民意，更促进了历史发展。

所谓的科举，就是通过考试选拔官吏。由于采用分科取士的办法，所以叫作科举。

早在隋炀帝大业三年（607），隋朝就开设了进士科，用考试办法代替九品中正制来选取人才。

这种办法虽然还不够成熟，但把读书、应考和做官三者紧密结合起来，能够给底层寒门子弟跻身上层社会一个正常途径，绝对算是中国人才选用史上的一次巨大创新。

唐初的那些重要官员，就是通过隋朝的科举制度选拔出来的人才。比如房玄龄、杜正伦、许敬宗、岑文本，都是郡举秀才，之所以没考上进士，当上个状元、探花什么的，那完全是因为隋末战乱没来得及，而不是科举制度本身的问题。

虽然科举考试从隋朝就开始了，但隋朝的科举就是个小花苞，还很不成熟。比如，规模小，录取人数少。隋朝有明文规定，上郡每年只录取三人，中郡录取两人，下郡就更可怜了，每年只有一人。说是每年，其实做不到每年。

在隋朝的三十多年时间里，总共录取的秀才只有十多个，平均一个郡连一个都分不上。所以也可以这么说，在选拔人才的作用上，隋朝的科举是可有可无的。

俗话说，前人栽树后人乘凉，前人挖井后人吃水。在隋朝刚开出个花苞的科举制度，却意外地在大唐朝结了果子，尤其是在李世民的贞观时期。所不同的是，李世民对科举制度进行了全面的改革，所以结的果子也是自己的果，至少，整形剪枝、浇水施肥的活儿都是李世民干的。

所谓整形剪枝、浇水施肥，说白了就是扩招。李世民时候的科举，一般分为常科和制举两种。

常科每年招一次，国子监学生和州县学校的学生都可以报考，非州县学校的学生，经州县考核后也可以报考。与隋朝每年考一次不同，李世民时期的科举考试，春夏秋冬四季都可以考，而且不限人数。如果考中，那就脱胎换骨了，立马由吏部授职当官。

除了常科，李世民还要求各地官员举荐优秀人才进入政府系统，这就是制举。

虽然通过制举上来的人不多，每次只有两三个，或者三四个，远没有常科影响力大，但规格高啊，每次都能被皇帝面试（也需要在试卷上糊名），不但有面子，也有里子，又实惠，所任官职也略高一些。

科举就是通过考试选拔国家官员，科举内容是很丰富的，有秀才、明经、进士、明法、明书、明算六项。

秀才就是优秀人才的意思，唐朝的秀才和后来宋明清的秀才不是一个意思，唐朝的秀才是通过察举产生的，就是地方官员举荐，但需要经过考试才能被录用。考试的时候，考官会提出一些治国和经义方面的问题，这叫"策问"，被考者回答问题叫"对策"。

虽然考秀才只考五道方略策，似乎不多，但难度足可以让绝大多数考生直接放弃。对策分为经策、史策、时务策和方略策之类。顾名思义，经策考的是"五经"，史策考的是"史传"，时务策则是回答有关时事、政务的观点。

比起来，方略策更难写。难就难在要发表有关圣贤治国理政、如何古为今用之类的高谈阔论，还必须言之有物。这就要求考生不光把"五经""三传"之类背得滚瓜烂熟，博古通今，还需在此基础上融会贯通，形成独到的见解。而且秀才科和进士科一样，注重对策的文采和义理，缺一不可。

而且，这还不算最难的，最难的是要考官一致认可才行，就相当于考官手里有了否决权，其中有一个没投赞成票都不好使。

可想而知，考个秀才比登天还难。

所以，在唐初的李渊执政时期，秀才绝对是"珍稀物种"。比如武德五年（622），全国只录取了一个秀才，武德九年（626），录取两个。这种情况，到了李世民当皇帝之后也没啥改变，贞观元年（627）录取一人，贞观七年（633）录取两人。差不多每年都是一两个，有时候干脆一个都没有，最多的时候是贞观十九年（645），三个人考取了秀才，这已经是破天荒了。

但天下的考生是很务实的，秀才这么难考，大家干脆就不考了，所以都不考的后果就是秀才科基本上成了摆设。

造成秀才科成了摆设的原因还有一个，就是地方官员也不愿这么玩了。因为按照规定，秀才考生由各州举荐，如果考生通不过秀才考试，举荐他的地方官员就要被处罚。谁知道考生能不能考上啊？举荐的考生考上了自己不一定有奖，没考上一定受罚，那还是别举荐了。后来秀才科干脆被取消了。

秀才科取消了，考生们就只好考其他五科。

五科不多，掰手指都能数出来。

明法考的是法令知识，明书考的是文字训诂知识（大致有《说文》《字林》等），明算考的是算学知识（大致有《九章算经》《五经算经》《五曹算经》《夏侯阳算经》《张丘建算经》《周髀算经》《海岛算经》《孙子算经》等），都太专业了，没一个好考的。剩下的，就只能选明经和进士了。

再看看明经和进士有什么不一样。

明经考试要求先写一篇经学论文，再口试，回答十道有关"五经"的问题，然后再考三道"时务策"，虽然录取规则复杂，但考题不算太难。

进士科就不一样了，进士要考五道对策，再写一篇"大经"论文。"大经"一般指《礼记》和《春秋左传》，也就是说考试范围比较窄，不利于考生自由发挥，而且论文的篇幅也比明经论文长得多。此外，进士科还要考诗赋，完全着眼于文字形式方面的功夫。肚子里没有点干货，靠死记硬背是没有用的。

所以，考进士比考明经难得多，所以有"三十老明经，五十少进士"的说法，但正因为进士难考，地位自然比明经高得多。

考上了进士，就等于迈进了政府高级官员的行列。当然了，按照唐朝的考试制度，通过了礼部的进士考试还只能算是及第，要想真正当官，还得通过吏部考试，但这离今后的飞黄腾达已是近在咫尺了。

格律诗的兴起，给了进士科以压倒性的优势。进士虽然难考，但可以以诗代题，这一点，相对枯燥的明经科只能眼巴巴地瞅着了。

在唐朝，说哪个人不会吟诗，就像现在有些人不会用电脑一样，是让人瞧不起的。不会吟诗的人还想当官，难。即使当上了，也不光彩。

进士及第后，考试书籍就不用再读了，可以放松心情，写信向家人报喜，拜谢考官，参谒宰相，还可以参加各种宴会，各种嗨皮，各种开心，其中最开心的事情莫过于杏园探花。

唐人以杏花为科举的吉祥花，因此每每指派及第进士中最帅的两个年轻人为探花郎，骑马巡街探访名花。

按唐制，进士考试在秋季举行，发榜则在下一年春天。这时候的长安城，到处莺歌燕舞，喜气洋洋。尤其是城东南的曲江、杏园一带，春意更浓，推杯换盏之友，偎红倚翠之侣，随处可见。

这一切，都被唐朝诗人孟郊记录下来。他在七言绝句《登科后》写道："春风得意马蹄疾，一日看尽长安花。"

孟郊四十六岁那年进士及第，按捺不住得意欣喜之情，便写下了这首别具一格的小诗。

其实，孟郊也只是表达一下激动的心情，此时的长安道上早已是车马拥挤、游人争观，怎容得他策马疾驰呢？

虽然通过科举选拔上来的人才已经很可观了，但李世民还是感觉有点不解渴，想让人来个毛遂自荐，认为有能耐有经世之才的人，

221

可以推荐自己。也就是说，到底是驴是马，给你机会出来遛遛。

想法是好想法，心思也是好心思，但具体到事儿上却不一定可行。自古知人者智，自知者明。能看清别人已经很难了，能看清自己的就更难了。

站出来唱这个反调的人，是魏徵。魏徵当然不是反对李世民选拔人才，也不是反对毛遂自荐做法本身，魏徵反对的是浮夸，防止有人借自荐之名行浮滑之实，免得到时候千里马没选出来，倒让一群蠢驴冒出了头。

李世民开明啊，他选人用人注重德才兼备，也正因为如此，一大批能人被选拔上来。所以，面对满朝济济人才，李世民可以十分得意地说："天下英雄尽入吾彀中矣。"

明君还是昏君

李世民是善于认清现实的人。

刚当上大唐皇帝的时候，有人给李世民出主意，权力是个好东西，谁都喜欢，喜欢的人多了，就有人敢动邪念了。所以，作为皇帝，一定要独断专行，让大臣们只能"阿旨顺情，唯唯相尚"，即使是皇帝说错了做错了，也不敢吭声，这就是霸气，就是震慑的力量，这样才能维持稳定局面。

虽然出这个主意的人对李世民是忠心耿耿，怕他大权旁落，将来不好收拾，但李世民毕竟是李世民，他不糊涂，立马就判断出这是个馊主意。

馊主意再忠诚也是馊的，李世民环顾左右，觉得历史的教训不能不吸取，现实的问题不能不考虑，他不可能再用隋炀帝独断专行的办法来治国，而是要另辟蹊径。

在长期的战争过程中，李世民结交了很多布衣出身的民间朋友，这些人走南闯北，东征西讨，眼界比较开阔，和他们在一起，李世民受益匪浅。和很多人不同的是，即使当上了皇帝，李世民也没有忘乎所以，而是更加虚心地采纳这些人的建议。

有一次，他跟萧瑀坐在一起喝茶聊天，有意无意地说到了弓箭的事。他说，朕从小爱好弓箭，自以为没有人比朕更懂得弓箭的好坏了。最近得到十几把上好的弓，拿给做弓箭的师傅看，弓箭师傅看了看说，都不好。朕问，到底是怎么个不好呢？弓箭师傅说，木头的中心不直，脉理歪斜，这种弓看似刚劲有力，但射出去的箭却总是跑偏，所以不是上好的弓。从这件事中朕领悟出很多道理。朕是通过打仗得到天下的，所用过的弓箭非常多，而朕尚且不懂得识别弓箭的要领，更何况治理这偌大的国家呢？

有一次，李世民又和萧瑀聊天，聊着聊着就聊到了杨坚。李世民问萧瑀，论治国理政，杨坚这个人怎么样？

萧瑀说，杨坚克己复礼，勤劳思政，是个励精图治的人。你看他每天办公都工作到中午，对五品以上的官员，总是让他们和他坐在一起讨论国家大事。

李世民说，你呀，是只知其一不知其二，只知其表不知其里。杨坚这个人，虽然性格谨慎周密，但内心并不能明察秋毫。心里不能明察秋毫就容易犯错误，即使小心谨慎却也容易疑心重重。他本来是靠欺骗前朝皇帝的遗孤寡妇，夺取江山登上皇位的，所以总是害怕群臣不服，因此不肯放手，更不敢相信手下的每个人，每一件事他都亲自决策，劳神费力。尽管工作勤奋，日理万机，最终却事与愿违，而且事情也不都处理得合情合理。朝中的大臣虽然知道这点，却不敢指出来。丞相以下的官吏，处理政务都只是敷衍应付。

李世民接着说，朕不能像隋文帝杨坚那样治理江山，天下如此之大，事情如此之多，千头万绪又变化多端，朕不可能一人定夺。只有将政务交给百官商议，由宰相筹划后上奏，然后再由朕令天下执行，这样事情才会稳当。只靠一个人殚精竭虑，累死也是不行的。如果一天处理十件政事，有五件不合理，这已经算是比较好的了，何况还有更差的呢？而日积月累，错误必然更多，国家不亡才怪！为什么不广用贤良呢？皇帝只需在朝廷把握方向，严肃法纪，看谁还敢胡作非为！

这段对杨坚的论述，实际上也是对劝他专权的人的否定。李世民明确地表明，治国不会用隋朝的那一套。

我们都知道李世民有一个"水能载舟，亦能覆舟"的著名比喻，其实他还有一个比喻也很著名，就是把自己比喻成璞玉，把大臣比喻成大工匠。有一次李世民对魏徵说，玉虽美，但藏在石头里，要是没有大工匠琢磨，跟破石烂瓦没什么区别。要是遇到了好工匠，就成了流传百世的珍宝。转而又说到了魏徵和自己。他说，朕虽然本质不太好，但幸亏有你这个良工雕琢，用仁义来约束我，用道德来光大朕，使朕能成就今天这样的功业，你确实是个大工匠啊。

这些话，明着是在夸奖魏徵，实际上也表明李世民并不糊涂，他很清楚自己是谁，也清楚什么样的人才能帮助他成就一番事业。

贞观二年（628），李世民问魏徵，在你眼里，何为明君何为昏君？

魏徵说，兼听为明，偏信为昏。

然后又举了三个例子。一个是秦二世胡亥，对指鹿为马的赵高偏听偏信，导致天下大乱，最后被逼自杀。另一个是南朝的梁武帝萧衍，因宠信阿谀奉承的中书通事舍人朱异，引发了侯景之乱，使"南朝四百八十寺，多少楼台烟雨中"的繁华都城建康被焚掠一空，他本人也饿死于台城皇宫净居殿。第三位就是隋炀帝杨广，因偏信内史侍郎虞世基，导致江都兵变被杀。

魏徵总结说，如果懂得兼听，懂得纳言，奸臣就不得堰塞言路，必然会出现春和景明的新气象。

这番话，李世民听进去了，所以他不但要求自己尽量做到明，而且希望左右大臣也能担起忠言辅弼的责任，共同为开启大唐盛世而努力奋斗。

李世民还重点讨论了杨广和虞世基的问题。

李世民说，明智的统治者能时时反省自己的过失，并且不断改进，然而昏庸的统治者总是力图掩饰自己的短处。杨广当政期间，刚愎自用，不纳谏言。虞世基迎合杨广的心意，逢迎拍马，因此获得一再提拔，官居内史侍郎（唐之中书侍郎），专典机密，即以中书侍郎衔行宰相职务。他也曾劝谏杨广，可是杨广听不进去。他从此看透了杨广的本质。怕死的性格使他屈从了，最终也为此付出了生命的代价。后来，宇文化及在江都搞兵变，杀了杨广，虞世基也被诛杀。

还说到了商代的箕子，用装疯卖傻的办法保全自己，后来孔子还评价他仁义。李世民与大臣们讨论的问题就是，虞世基到底该不该被杀。

杜如晦说："统治者身边有敢于直言的大臣辅佐，虽然自己治国无道，也不会失去天下。虞世基怎么能因为杨广无道，不接受忠言，就闭口不提意见呢？他身居要职，却苟且偷生，又不肯辞官隐退，这和箕子装疯离去，根本就是两回事。"

然后杜如晦又举了晋朝的例子，惠帝的皇后贾南风要废掉愍怀太子，司空张华非但不据理力争，反而阿谀顺应贾后，苟全性命。后来赵王伦起兵废掉贾后，派使者捉拿张华，张华狡辩说："这事不怪我。贾后废太子的时候，我不是不想阻止，只是怕贾后不会采纳我的意见。"使者说："太子没有罪却被废掉，你贵为三公，怎么不站出来说话？就算你的意见不被接受，又为什么不辞职呢？"张华无言以对，于是被杀。

杜如晦继续说："危难不扶持，倾倒不支撑，用这样的宰相有什么用呢？虞世基身为宰相，该进言的时候却不吱声，的确该死。"

唐太宗很赞同杜如晦的观点："皇帝必须有忠臣辅佐，才能够自身平安，国家太平。杨广难道不是因为身边没有忠臣，看不到自己的过失，才使得罪恶和灾祸越来越大而导致灭亡的吗？如果皇帝行为不当，手下人又不尽职，只知道阿谀奉承，凡事只知道拣好的说，那么皇帝就是昏庸的皇帝，臣子就是阿谀的臣子，离死期就不远了。"

然后，李世民表明了自己的态度："希望朝廷上下都恪尽职守，勠力同心，共同成就一番功业。你们一定要尽到自己的责任，及时地指出并纠正朕的过失，我们君臣之间切不可因为开诚布公，指出彼此的过错而相互误会和怨恨。"

纠正过失光靠嘴说不行，还要有制度做保障。这种制度上的保障，首先是从五品以上在京官员在中书内省值班开始的。值班是为了官员能随时被召见，赐座后李世民会问些民间疾苦、政事得失等问题，如果没有准备，或者不了解民情，面对李世民的提问，只能胡编乱造，或者缄口不言，这都是很难过关的。

对于重要的事情，李世民也不自己决断，而是让中高层官员们先充分讨论一下，然后交由宰相们筹划，考虑成熟了再由他签署施行。同时，还搞出了"五花判事"的制度。简单说就是每有大事，先由六名中书舍人各自陈述自己的意见，形成参政议政提案，并杂署其名，就是张三的名字署在李四的提案上，李四的名字署在王五的提案上。

这种"匿名制"，既可以使中书舍人各抒己见，又能使他们的长官中书令和副职中书侍郎在审阅提案时不带成见，甚至能将不同意见一并向皇帝汇报。何况，还有门下省把关。

门下省的把关人除了首席侍中和副职门下侍郎，还有给事中。给事中有封还权、涂改权和批驳权，哪怕皇帝的敕令也不例外，该改就改，该批就批。

给事中只是个五品中层官员，之所以敢这么做，都是因为门下省有权力，包括审核权和副署权。审核权是针对中书省的，副署权却是针对皇帝的。说白了，都是把关权。没有给事中的审核，中书舍人的所有参政议政意见都白提。同样，没有给事中的副署，皇帝的敕书也没有效力。

这些制度上的设计，避免了个人专权，使各级官员都能畅所欲言，充分发挥作用，保证了军国大事和重要政令的审慎。

放下架子听人说话

明君不但敢于接受意见，而且还敢于求谏。为了保证有人能站出来说真话，李世民做了三件不同寻常的事。

第一是诏令宰相开会商议军国大事时，必须有谏官列席，以便能听到各种意见。

第二是要求中书省、门下省坚守直道。

唐朝的中书省负责起草法令，门下省负责审议中书省起草的法令。但这两省的官僚们，尤其是门下省的官僚，常常只做老好人，不愿惹人，手里有审核权也不用，更不用说顶撞皇帝的副署权了。

所以，很多时候，李世民亲手设计的这个检查制度根本就没应有的作用，李世民不生气才怪。

于是李世民把黄门侍郎（门下省副长官）王珪找来，说："中书省所草拟颁发出的文告命令，门下省有不同看法，有时还发现错误，有没有站出来纠正呢？本来设置中书省、门下省，是为了相互防止发生过错失误。人的意见，常有不同，有正确的也有不正确的，追根溯源都是为了公事。但有的人护短，不愿听别人指出自己的过失，一旦有人指出了，就在心里怨恨人家；有的为了避免和人家搞坏关系，互相顾惜面子，明明知道不属政事的范围，仍马上施行。这种迁就一个官员的私情，可以立刻成为万民的大害，实在是亡国之政，你们特别需要注意防范。隋朝时候内外大小官员，办理政事没有主见，而酿成祸乱，人们多不能仔细想想其中的道理。当时那些人都以为灾祸不会落到自己身上，当面说好话，背后搬弄是非，总认为没有什么。到后来大乱一起，家国尽失，即使有脱身的人，虽没有遭到刑戮，也是吃尽苦头仅免一死，还会受到世人的谴责。你们身为大臣特别应该灭除私情，秉公办事，坚守正道，凡事互相启发帮助，不要上下一个腔调。"

批评完王珪，又批评中书、门下两省其他官员："中书根据朕的命令陈表旨意，门下的人却诺诺没有意见，得过且过，无一谏言的人，这是什么道理？你们都身居高位要职，都是经过慎重考虑选拔出来的，如果只干署名的事，那还要你们干啥？朕聘个文书就行了。"

第三是重赏敢于进谏的官员。

李世民是战神出身，骑马打仗是他的强项。后来天下太平了，没仗可打了，于是迷上了打猎，几天不打猎心里就痒痒。

一天，李世民领着几个侍卫，背弓插箭，带着猎鹰和猎犬，又要去打猎，大理寺少卿孙伏伽不合时宜地赶了过来，一把拉住马缰绳说："陛下打猎，游戏林中，骑马射箭，没有必要的保护措施是很危险的。一旦有个三长两短，谁来主持政务？劝陛下为了国家百姓，不要贪图一时痛快，任着性子干这种无益的营生。"

正在兴头上的李世民好像被人当头泼了一盆冷水，又扫兴又尴尬，真是气不打一处来。但是他又不想破坏虚心纳谏的待人作风，于是就耐着性子说："朕今天闲着也是闲着，又不贪恋女色，只想借打猎的机会出去走走。再说朕打猎都绕着村庄，从不惊扰百姓，另外侍卫也带了十来个，你还有什么不放心的？"

说完就要扶鞍上马，准备出发。

哪料到，孙伏伽把马缰绳绕在腰间，跪在马前说："如果陛下今天非要出门，就请从我身上踏过去，我愿意用死换取皇上对诚实忠告的采纳。"

唐太宗大怒，说："朕本来认为你是个诚信勇敢的人，能以诚言进谏，所以也不好卷你颜面。哪知你却不知好歹，目无高低，竟管起我来了。朕连打猎这点儿事都做不了主，还当什么皇帝？"然后，冲侍卫挥了挥手："把他给朕拖出去斩了。"

身高马大的侍卫拖个孙伏伽还不容易吗？三下两下就把孙伏伽像抓小鸡一样抓过去了。

哪知，孙伏伽面无惧色，还强硬地对李世民说："夏朝的关龙逄因直言进谏而被杀，我情愿和他在九泉之下相见，也不愿意再伺候你了。"

听了这话，李世民却笑了，说："朕不过是试一试你的胆量嘛，看来你还真是个人物，有你真是大唐的福分啊！好了，朕今天就不出去了，咱俩下盘棋，让朕也享受一下和高手下棋的快乐。"

下完棋还有赏，不久，李世民升任孙伏伽为谏议大夫，专门负责向他提意见。

李世民做的这三件事，目的只有一个，那就是鼓励部下发表意见。不过，这种鼓励方式在最开始的时候还不够明显，很多人有建议或有意见也不敢说。

到底是怎么回事呢？通过细心观察，李世民找到原因了：自己的皇帝架子太大，把部下给镇住了。

李世民容貌威武严肃，百官中觐见的人，见到他都会紧张得举止失常不知所措。知道情况后，每当有人奏事时，李世民总是放下架子，特意做出和颜悦色的样子，希望能够听到谏诤，知道政治教化的得失。

即使有的人进谏的内容不合李世民的"胃口"，李世民也不反驳，生怕对方被驳了之后不再开口说话了。不但如此，面对明显错误的进谏，李世民也让对方尽情陈述，绝不打断。

不反驳是要付出代价的。因为，既然是进谏，就意味着皇帝的言行出错了，当面跟下属认错，这事有点难。所以，当个皇帝不容易：一方面，为了把国家治理好，需要倾听多方面的意见；另一方面，否定的意见听多了，自己也下不来台。

李世民经常在这种两难抉择中饱受煎熬。最典型的是修改征兵制度。

贞观元年（627），右仆射封德彝出了个馊主意：征十八岁以上、二十一岁以下的未成年男子（中男）入伍，可有效解决兵源不足的问题。

李世民觉得这个主意不错，于是下了敕令，全国降低法定征兵年龄。

没想到，敕令下了三四回，回回都被魏徵给驳了回来。

于是封德彝又出了个更馊的主意：可以在其中选块头大、身材魁梧的提前入伍。

李世民照单采纳，结果敕令又被魏徵给驳了回来，而且，这次还多了个黄门侍郎王珪。这就有点跟皇上对着干的意思了。

因为当时魏徵的职务是谏议大夫，没有署敕权，署敕权在黄门侍郎王珪手里。一个有谏议权，一个有署敕权，这哥儿俩联合起来，不用说也知道是啥意思。李世民不生气才怪。

生了气的李世民把魏徵和王珪找来质问："中男里太小的不征也就算了，如果确实是大块头，为什么不能征？你们俩这么固执，到底是什么意思？"

魏徵严肃地说："臣闻竭泽取鱼，非不得鱼，明年无鱼；焚林而畋，非不获兽，明年无兽。若次男已上，尽点入军，租赋杂徭，将何取给？且比年国家卫士，不堪攻战。岂为其少？但为礼遇失所，遂使人无斗心。若多点取人，还充杂使，其数虽众，终是无用。若精简壮健，遇之以礼，人百其勇，何必在多？陛下每云，我之为君，以诚信待物，欲使官人百姓，并无矫伪之心。自登极已来，大事三数件，皆是不信，复何以取信于人？"

一番肺腑之言，把李世民整得挺惊讶，问魏徵："你说的不诚信，都是哪些事？"

魏徵说："陛下即位之初，曾下诏免除租税和徭役，不久又下达征收租税、征发徭役的命令，让全国老百姓空欢喜一场，出现了与朝廷离心离德的倾向。如今又让十八岁以上的中男入军，违背了二十一岁以上才能征兵入伍的法律规定。"

魏徵的意思是，对任何一个执政者来说，政策的制定与实行，应当有一个稳定期，不能朝令夕改，也不能言行不一。否则民众就无所适从，国家的威信也就荡然无存了。

这个意思，李世民懂。经过左思右想，最终觉得国家的威信比自己的面子更重要，于是撤回了敕令，不但不再征十八岁的中男当兵了，而且赏了魏徵金瓮一口，赏王珪绢五十匹。

除了魏徵、王珪，给事中张玄素也当面顶撞过李世民，而李世民虽然生气，但同样舍了自己的面子，采纳了张玄素的意见。

事情是由东都洛阳而起。当年李世民率兵打洛阳的王世充，眼看昔日繁华的"层楼广殿，皆令撤毁"，心疼不已。当上大唐皇帝后，励精图治，全国形势一片大好，就打算修复洛阳的乾阳殿，准备巡狩时有个落脚的地方。没想到，就这么点小事，也被给事中张玄素给谏了一把。

张玄素的谏书是这么说的："当年秦始皇灭六国，统一天下，还准备传个千世万世万万世，没想到二世就亡了。究其原因，无非是为了满足自己的嗜好追求欲望，违背了天理，伤害了人民。百姓承受不了，只能起来造反。所以，作为一朝皇帝，应该不懈怠、不折腾，厉行节约，减轻赋税，以身作则，才能天下太平。"

说完这些，张玄素又抛出了"五不行"：

如今游幸东都的时间还没确定，就提前大兴土木，外戚亲王到封地去，也会修建官府宅第，派收捐税征调劳役接连不断，就会使百姓疲惫失望，这是一不行。

陛下从前平定东都时，曾把奢华的宫殿当作警示教育样板都拆掉了，天下人心归向，齐声颂扬。怎能开始厌恶奢侈浪费后来又爱好雕饰华丽呢？这是二不行。

陛下常说游幸不是当务之急，是白白耗费资财。现在国库存粮连两年食用都不够，又要兴建陪都的工程来招惹百姓怨恨，这是三不行。

百姓在遭受战乱流离之苦以后，财物已经耗尽，虽然蒙恩再生，情绪还没有稳定，怎能因营建陪都重新耗费他们的物力人力呢？这是四不行。

汉高祖准备建都洛阳，娄敬一番劝谏，当天就动身到长安去。并不是不明白洛阳地处中原，交通方便，人口集中，但是地势赶不上关中，就不敢追求安乐。陛下消除隋朝的陋习，时间还不长，怎能巡幸东都让民心动荡不安？这是五不行。

说完"五不行"，张玄素继续历数前朝的不是："我曾亲眼见过隋朝建造宫殿，到豫章县采伐木材，两千人拖一根木头，用铁做车毂，走不到几里路，车毂就损坏了，另外有几百人带上车毂跟着，一天走不了三十里路。一根木头的耗费，已达几十万个日工，推算一下其他各项就可知耗费何等巨大了。从前阿房宫建成了，秦朝就垮台了；章华台建成了，楚灵王的称霸企图也破产了；乾阳殿完工了，隋朝也分崩离析了。如今百姓的物力人力还没有赶上隋朝，却驱使伤残的百姓，沿袭隋朝的弊端，我怕陛下的过失，比炀帝更为严重。"

这话就有点重了。李世民脸色铁青，忍而不发。

"你说我不如隋炀帝，和夏桀、商纣相比怎么样？"

张玄素答："如果乾阳殿真的动工，和夏桀、商纣一样，都会天下大乱。"

说完前朝，张玄素掉头说起了本朝的事："东都刚平定时，太上皇诏令将不合制度的宫殿烧掉，陛下说砖瓦木料可以利用，要求送给贫寒人家，事情虽然没有如愿，却被称为天下百姓大德。现在又要在那里修建宫殿，这表明又要兴修隋朝一样的工程。不到六年时间，一会儿毁掉，一会儿修建，百姓会怎样议论呢？"

李世民脸色渐好，回头对房玄龄说："朕建乾阳殿，本来是想方便天下臣民，因为各地到洛阳朝拜进贡比较适合。现在张玄素抛出了这么多好意见，那就不建了。如果以后一定要去，朕就是坐在露天地上，也不会感到辛苦了。"这，也算是给自己找了个台阶。

随后下令，停建洛阳工程，同时重赏张玄素。

以刚直闻名的魏徵，知道了这件事后也佩服得竖起大拇指说："张公有回天之力。"

魏徵、王珪、张玄素谏完了，陕县的皇甫德参也赶过来谏了一把。

皇甫德参在奏章里说："在洛阳修建东宫，劳民伤财。现在地租收取得过分多。还有，现在的妇女喜欢梳高发髻，这是受宫中女子的不良影响。"

皇甫德参只是个县丞，如此言辞尖锐，这就让李世民脸上很是挂不住了，大怒："还有完没有？要大唐不役一个人，不收一斗租，宫里的美女都剃光了头发才好是吧？"

魏徵见形势不好，忙打圆场说："从前贾谊在汉文帝时上书曾说，可以为帝王痛哭的事有三件，可以为帝王长叹息的事有五件。从古以来上书奏事，往往言辞很激切，如果不激切，就不能打动人主的心。言辞激切就近似毁谤，所谓狂徒说的话，圣人也要听他是否有正确之处。希望陛下详察我的话对不对，不宜就此惩罚他，否则以后就没有人敢直谏了。"

魏徵的话，让李世民的气消了一半。后来自己又琢磨琢磨，既然放下架子让人说话了，那就彻底放下吧。县丞虽小，但在进谏的事情上与谏议大夫、黄门侍郎又有什么区别呢？都是出于公心嘛！于是气又消了一半。下令赏皇甫德参帛二十段，让其回去好好工作。

恰在这时，陕西、河南一带大雨，很多人家受淹，李世民把停建洛阳宫省下的材料都送到灾区，帮助农民修了住房。百姓纷纷称赞，李世民也挣足了好名声。看来，虚心纳谏真有立竿见影的好处。

大事纳谏，小事也纳谏。因为按照李世民的理解，凡大事都是从小事发展来的，小事不改，酿成大事就不好挽回了。

有一次，李世民邀请王珪到宫中闲坐饮酒，有个美女在旁边伺候着。此美女原是庐江王李瑗的姬妾，玄武门之变后，李瑗因谋反被处死，这个美女也就被籍没入宫。饮酒时，李世民提到了这个美女，说李瑗太不厚道，杀了这个美女的亲夫，将其霸占为妾，暴虐之甚，最终走上了不归路。

王珪马上避席（离席起立或伏于地，以示敬意）说："陛下一边认为李瑗不厚道，一边把他抢来的美女纳入宫中，这恐怕也不算厚道吧?"

李世民听了，先是一愣，转而一笑。是啊，李瑗抢美女不厚道，他李世民抢美女就厚道了? 同样是抢，要厚道就都厚道，要不厚道就都不厚道。

笑完了，李世民干脆把小事做成了大好事，送美女回亲族家团圆去了。

贞观二年（628），长孙皇后听说郑仁基的女儿美貌绝伦，才华出众，就让李世民将郑女纳为妃子。诏书已经写好了，正要发出的时候，耿直的魏徵来了："我听说郑女已经许配人家。如果这是真的，陛下把已经许人的女子纳进宫，恐怕有损圣德。"

李世民也不知道啊，就问属下是不是真有这事，得到肯定回答后，赶紧下令把诏书扣下，让郑女还嫁给原来许配的人家。

按说事情到此就该画个句号了，可是朝中一班重臣却提出了反对意见。房玄龄、温彦博、王珪、韦挺等大臣都说："郑女许配陆家并无确凿证据；就算已经许配，毕竟没有过门，没过门就不算嫁。现在，陛下纳妃诏书已经写好了，如果中止，不仅有损陛下颜面，也令整个朝廷颜面扫地。"

郑女的准丈夫陆爽也上书："外人不知内情，误以为我们下了聘礼，其实根本没有这回事。"

朝中大臣们又趁机劝李世民把郑女纳为妃子。

按说，当事人已经站出来辟谣，又有皇后做主，大臣劝进，手续齐备，还涉及朝廷面子问题，把郑女纳进来顺理成章。可李世民还是有被忽悠的感觉，于是又把唯一持反对意见的魏徵找来商议："群臣为了讨好朕，这可以理解，可陆爽为什么也要上疏分辩呢？这事讲不通啊！"

魏徵说："陛下原本是要纳陆爽的未婚妻为妃，只是因为他的关系，这事没成。陆爽一定会认为，虽然陛下现在能容他，但他怕以后还会找机会收拾他，所以才赶紧撇清与郑女的关系。"

原来如此。李世民找人拟了个诏书，就说："郑仁基之女已经许配人家，朝廷出诏书的时候对事情了解得不清楚。有错都是我的错，当然了，有关部门也有责任。郑女进宫的事就此作罢，以后谁都别再提了。"

贞观三年（629），一位台使（未正名的监察御史）来到凉州，看见此地有一种很名贵的大鹰，就暗示凉州都督李大亮，把鹰进献给行伍出身的李世民。

正直的李大亮没搭理台使，而是直接密奏李世民："陛下已经很久不打猎，现在台使却来我这里索要大鹰，这是什么意思？如果这是陛下的意思，那就是陛下严重违背了自己曾经发过的圣旨；如果是台使自作主张，那就是陛下用人不当。"

一说是密奏，很多人首先想到的就是告密。告谁的密呢？当然是台使了。

但李大亮的这个密奏却不是告密，而是咄咄逼人的进谏，对于进献名贵大鹰这件事，无论是李世民本人的意思，还是台使的意思，都是他李世民的错。

李世民看完李大亮的奏折，回复道："有你这样的臣子，朕还担心什么呢？古人说，一言之重，和千金相当。你的这番话，实在是非常珍贵啦。赏你一枚胡瓶，虽然不值多少钱，却是朕的自用之物。再赏给你一部荀悦写的《汉纪》，这本书叙述简要，议论深刻广泛，对如何治国、如何尽到君臣的职责说得非常透彻，希望你回去认真阅读。"

看到了吧，李世民的赏，赏出了水平。

当然了，有赏也必然有罚，赏罚分明才能听到正确的话。对奸佞之人的阿谀奉承，李世民还是能辨别出来的，这根本就不是进谏，所以指责惩罚也就免不了了。

其中典型的当数宇文士及了。

有一次，李世民在闲暇之余率亲信侍臣在皇家花园里游玩，当他停在一棵树下休息时无意中看见这棵树枝繁叶茂，挺拔魁伟，不由得随口赞道："好一棵大树！"

如果那天有魏徵在身边，一定会借这棵大树的话题，唠唠叨叨阐述半天为君治国之道。不过，那天陪在李世民身边的不是魏徵，是宇文士及。听到皇上都龙口夸树了，急忙拍起了马屁："陛下真是慧眼啊，确实是一棵好树。"然后引经据典，滔滔不绝，凡脑袋能想到的对这棵树的溢美之词，都说了个遍，愣是把一棵普普通通的树夸到了天上去。

本来宇文士及以为自己的马屁功夫非常好，李世民一定会很开心。哪知李世民用鼻子"哼"了一声，板着脸说："魏徵经常提醒朕，离那些整天花言巧语的奸佞小人远点。朕一直没明白他说的小人到底是谁，以前倒也怀疑过你，只是一直没下定论。从你今天的表现来看，你就是个小人！"

宇文士及诚惶诚恐，赶紧叩头谢罪。他的这番丑态，被史官忠实地记录下来，沦为历史笑柄。

为什么李世民明知宇文士及是个爱奉承的小人，却依旧信任他呢？原因有三：

一是曾经随李世民征战四方，颇有功劳，玄武门之变时坚定地站在了李世民一边；二是他确实有能力，在担任凉州都督时政绩不错，深得民心；三是谨言慎行，李世民经常把宇文士及招入宫中商议政事，半夜才放其回家，有时候休息日也让宇文士及到宫中待一天，但对于在宫中做了什么，宇文士及决不对任何人提及，即便是他的妻子寿光县主也不知道。这让李世民很是放心。

信任宇文士及，其实正说明了李世民用人用其长的特点。

但是，轮到陈元璹拍马屁时就没有这么幸运了。

贞观十九年（645），唐太宗东征高丽胜利回师，路过易州（今河北易县），当时易州司马陈元璹为表达对皇帝的忠心，献了一些反季节的新鲜蔬菜。

别以为这个蔬菜没什么，其实当时是农历十一月，正值北方寒冬季节，唐朝时期的北方冬天基本上什么都没有种植，人们赶在秋季时囤积蔬菜在地窖或者做成酱菜酸菜，现在的酸菜炖猪肉粉条之类就是古代北方冬天民众最美味的食物，至于冬天吃新鲜蔬菜，这完全是不存在的。所以，这些新鲜的蔬菜是很可贵的东西。

本以为李世民会好好嘉奖一番这位"善解人意"的地方官，没想到李世民非但不领情、不表彰，还就地免了陈元璹的官。倒霉的陈元璹，想拍马屁却拍到了马蹄子上。

为什么李世民不领情呢？因为这些新鲜蔬菜是陈元璹驱使民众在地下用火烧增温种植出来的。

不过，这种农业技术并不是陈元璹发明的，而是早在秦朝就有人在冬季于骊山之地种植瓜果，献给秦始皇了。骊山有丰富的地热资源，古人便利用温泉进行种植。

而汉朝，造了一些大屋子，冬天在里面烧火，昼夜不止，产生热气，形成了温室，里面种植蔬菜，供皇帝享用。一些地方官员也仿效着建造温室以进贡"反季节蔬菜"。但这种种植方法无疑要耗费巨大的人力、物力和财力，后来汉朝的皇帝就明令禁止这样做了，以此表明爱惜民力。

早已明令禁止的劳民伤财的做法，陈元璘却公然捡起来用，李世民自然不会高兴，认为这是不务正业，是在讨好谄媚。于是，就毫不犹豫地免掉了陈元璘的官职。

李世民的纳谏作风，也影响到了后宫。尤其是长孙皇后，也懂得了如何纳谏，甚至懂得了如何劝谏。

李世民与长孙皇后所生的女儿长乐公主，乖巧伶俐，深得李世民的喜爱。长乐公主长大后将要出嫁，李世民以公主是皇后亲生，敕令有关部门给长乐公主陪送的嫁妆比皇姑永嘉长公主多出一倍。

按理说，这是不符合规定的。因为皇姑为大长公主，是正一品，皇姐为长公主，皇女为公主，都是一品，不应有差别。而论辈分，长公主还尊于公主。可是李世民因为喜欢自己的女儿，就让长乐公主的嫁妆多于长公主，这是典型的不合礼制，自然会遭到以劝谏闻名的魏徵的反对。

魏徵说："过去汉明帝想要分封皇子采邑，说自己的儿子怎么能和先帝的儿子相比呢？坚持要分给楚王、淮阳王封地的一半。如今公主的陪嫁，比长公主多一倍，这与汉明帝的度量差太远了。"

李世民觉得魏徵的话挺有道理，也想改正一下，但长乐公主毕竟是长孙皇后所生，况且之前已经把大话说出去了，担心改了公主的嫁礼，长孙皇后会不高兴，于是进后宫中告知皇后。

哪知长孙皇后比他还开明，感慨说："以前我总听说陛下称赞魏徵，不知是什么原因，如今见他引征礼义来抑制陛下的私情，才知道这是能辅佑陛下成就大业的栋梁之臣。我与陛下是多年的结发夫妻，多蒙恩宠礼遇，每次讲话都还要察言观色，不敢轻易冒犯您的威严。何况大臣与陛下较为疏远，还能如此直言强谏，陛下不能不听啊！"

于是皇后请求李世民派宦官去魏徵家中，赏赐四百缗钱，四百匹绢。并且对魏徵说："早就听说您十分正直，今日得以亲见，所以赏赐这些钱物。希望您继续秉持此忠心，不要有任何顾忌。"

还有一次，李世民罢朝回到后宫，气呼呼地说："以后一定找机会杀了这个乡巴佬。"

皇后走上前问："哪个不长眼睛的惹陛下生气了？"

李世民怒气未消，说："除了魏徵还能有谁？这个人总在朝堂上羞辱我。"

长孙皇后马上退下，没一会儿工夫就穿上了朝服，恭恭敬敬地站在院子里。李世民惊问："你这是要干啥？"

长孙皇后说："我听说君主开明则臣下正直，如今魏徵正直敢言，不正是证明了陛下的开明吗？我还能不穿上朝服向陛下祝贺吗？"

李世民立刻转怒为喜，再也不说杀魏徵的气话了。

正是因为李世民能放下皇帝的架子，虚心纳谏，他的手下才出现了一批敢于进谏的高级官员。前期有魏徵、王珪、杜如晦、房玄龄等人，后期有马周、刘洎、岑文本、褚遂良等人。这些治国安邦人才的出现，是出现"贞观之治"的重要前提条件。

如果把这些人挨个儿叙述一边，怕是三天三夜都说不完，为了节省时间，咱们单说说进谏名气最大的魏徵。

魏徵是现在的河北晋州人，其父曾做过北齐的屯留令，家里不算富，但也不算穷。

但不幸的是，父亲早早就去世了，小小的魏徵想在仕途上有所作为也不太容易了，于是他彻底断了这个念想，把资财家产交给亲戚打理，自己出家当了道士，潜心读书学方术。

他读书涉猎广泛，可以说，只要认为是有用的书他都读，而且善于思考，有自己的见解，对时事的分析相当精准。

隋末天下大乱，武阳郡丞元宝藏发兵响应李密，任命魏徵担任书信及檄文的起草工作。

每当李密看到宝藏的书信，都称赞写得非常好，又加上听说是魏徵所写，就像得了个宝贝似的，急忙征召。魏徵在李密面前也想施展一下才华，曾献上壮大瓦岗的十条计策。但很可惜，自负的李密一条都没用。

大业十四年（618），王世充袭击仓城被李密击败，转攻洛口，又被击败。在这一片大好的形势下，魏徵却提出了不同见解，他在拜见长史郑颋（参加李密领导的瓦岗军起义，后不得已归顺王世充。李世民围攻洛阳时，请求弃官出家，为王世充所害）时说："魏公（李密）虽然在短时间内打了几个胜仗，但也是杀敌一千自损八百。而且府库里没有余财，打了胜仗又不按功封赏，严重影响了士气。如果想战胜，只有深挖护城河，同时加高城墙，打持久战，等王世充粮食耗尽以后自然会撤退，到时我军乘胜追击，必胜无疑。"

郑颋不屑一顾地说："你这也算是计谋？老生常谈。"

被噎了一顿，魏徵再也无话可说，起身就走了。

后来，李密战败归唐，魏徵也随着来到京城，但很长时间都没什么知名度，只好自请出京去安抚山东地区，于是被提拔为秘书丞，快马来到黎阳。

当时的黎阳太守还是李密所封的徐世勣，管辖十郡，地盘东到大海，南到长江，西到汝州，北到魏郡，相当广阔。

魏徵借着旧日交情，给除世勣写信说："当初魏公（李密）振臂高呼，率众几十万，威震半个天下，后来被王世充打败归唐，这都是天命啊！现在你处于天下必争之地，几十双豪杰的眼睛都盯着你，要是不早做打算，一辈子都不可能再成大事了。"

魏徵的话说到了徐世勣的心坎上，于是定计归唐，成为李世民手下超一流战将。

成功策反徐世勣，魏徵在大唐的名气立马高了好几度，但倒霉的事也接踵而来。当时窦建德突然攻陷了黎阳，魏徵与淮安王李神通、徐世勣之父徐盖一起被俘（只有徐世勣率百余骑突围而出）。

走投无路的魏徵只好归降窦建德，当起了窦建德的起居舍人（主管记录皇帝日常行动与国家大事的官）。

窦建德战败以后，魏徵和裴矩一起逃往关内，成为李建成的太子洗马（帮助太子处理政务的官）。

魏徵见李建成虽然是嫡长子，但是战功不如李世民，于是建议李建成去请战立功，暗中劝说李建成早做打算，除掉李世民。

再后来，就发生了著名的玄武门之变，李世民大人雅量，不但赦免了魏徵，还任命他为詹事主簿、谏议大夫，专门负责规讽他的为政得失。

魏徵进谏，凡是他认为正确的意见，必定当面直谏，坚持到底，决不背后议论，这是他的可贵之处。

有一次，李世民对长孙无忌说："魏徵每次向朕进谏时，只要朕没接受，他就不答应，不知是什么原因。"

没等长孙无忌答话，坐在旁边的魏徵接过话头说："陛下做事不对，我才进谏。如果陛下不听我的劝告，我又见风使舵顺从陛下的意见，那还要我这个谏官干啥？"

李世民苦笑说："你可以当面应承一下嘛，就当给朕面子了。退朝之后，再单独找我进谏，那时你说什么都行。"

魏徵没有辩解，而是给李世民讲起了故事："从前，舜告诫群臣，不要当面顺从我，背后又另讲一套，这不是臣下忠君的表现，而是阳奉阴违的奸佞行为。"然后话锋一转："对于您的看法，为臣不敢苟同。"

对魏徵的说辞，李世民不但不恼，还大加赞赏。所谓有其君必有其臣，这就是最好的例子。

在治国理政方面，尤其是大乱之后的平反，魏徵主张宜快不宜慢，宜急不宜缓。李世民即位之时百废待兴。一天，他问魏徵："明君治理好国家得需要百年的工夫吧？"

魏徵说："圣人治理国家，就像声音立刻就有回音一样，一年之内就可见到效果，二年见效就太晚了，怎么能等百年才治理好呢？"

封德彝嘲笑魏徵的看法。

魏徵回怼说："大乱之后治理国家，就像饿极了的人要吃东西一样，来得更快。行帝道则帝，行王道则王，事在人为，而不是人民是否可以教化。"

李世民听从了魏徵的意见，积极采取有效措施，只过了三两年，大唐就出现了良好的局面。

魏徵虽样貌一般，但有胆有谋，善于让皇帝回心转意。由于魏徵常常犯颜直谏，有时甚至闹得皇帝很难下台，魏徵却面不改色、若无其事，皇帝也就不再发怒了。

话说魏徵曾请假回家上坟，回来时见到李世民的车驾仪仗已经准备停当，但不一会儿又撤了。为此，魏徵在见到李世民时特意问了问："听说皇上又打算去南山打猎游玩，一切已经安排妥当、整装待发，为什么突然又不去了呢？"

李世民笑答:"原先确实有这个打算,但是担心爱卿你责怪,所以就半路停下,不去了。"

李世民曾得到一只打猎用的好鹞鹰,非常喜欢,经常放在手臂上把玩。有一次看见魏徵从远处走过来,急忙藏到怀中。

这个小动作被魏徵察觉到了,上奏时故意久说不停,结果那只可怜的鹞鹰生生被闷死在李世民怀中。

魏徵和李世民相处十七年,一个以直言进谏著称,一个以虚怀纳谏出名,尽管有时争论激烈,互不相让,但最后李世民也能按治道而纳谏,这种君臣关系,在历史上极为罕见。

公元643年正月十七,魏徵去世,李世民极为思念,感慨说:"夫以铜为镜,可以正衣冠;以古为镜,可以知兴替;以人为镜,可以明得失。朕常保此三镜,以防己过。今魏徵殂逝,遂亡一镜矣。"

这恐怕是历代大臣中所享受的最大的哀荣了。

其实,要论谏言,魏徵并不是最激愤的,最激愤的是萧瑀。

萧瑀是后梁明帝萧岿第七子,前前朝的皇子,又是前朝隋炀帝的姻亲、近臣,基本上和隋炀帝杨广是从小玩到大的发小。按理应该是清除的对象,但这个前前朝的皇子,不但被封为宋国公,还历任高官。更是因为勇于谏言,没人能受得了他,导致他六次被罢官,六次出任宰相。

再说一个与我们平常所认知的历史差别很大的事情,那就是魏徵虽然是以进谏出名,但魏徵是情商很高、很会说话的人。他对李世民的大部分谏言都拐弯抹角,通过比喻、典故、暗示等,用比较柔和、委婉的语气说的,并没有像萧瑀、王珪等人简单直接。

如果有兴趣,可以找来魏徵写给李世民的《十渐不克终疏》《谏太宗十思疏》,从两份最重要的文章里都可以看出,魏徵对李世民是先表扬、抬高,然后再温婉地说出问题和可能出现的隐患,最后鼓励李世民做一个好皇帝。

简直是现代文案的典范。

李世民之所以对魏徵有铜镜说，是因为魏徵说话会拣比较好听的，而不是挑骨头、找麻烦，所以李世民才特别喜欢他。那个说话不好听，专挑骨头的萧瑀，前前后后被免了六次官。

其实，李世民和魏徵的关系并不像后人说的那么美好。李世民采纳了魏徵的很多建议，这不假。但是，李世民根本不信任他。

这种不信任，可以从魏徵与杜如晦、长孙无忌的态度对比上看出端倪。

我们先看看杜如晦。曾经有人向李世民上奏，说杜如晦兼职太多，不利于政事。李世民立即将此人发配充军。

再看看长孙无忌。有人密告李世民，说长孙无忌拉帮结派。李世民立即亲自澄清，并警告告密的人，不要破坏团结。

但魏徵就没这么幸运了。

魏徵去世时，李世民亲自为他立碑，并许诺将女儿横山公主下嫁给魏徵的儿子魏叔玉，但是没过多久就反悔了，不但下令推倒了墓碑，而且废除了横山公主与魏叔玉的婚约。皇帝居然食言，这是为什么呢？

原因至少有三个：

第一是魏徵生前曾举荐杜正伦和侯君集为宰相，结果都被打脸，杜正伦因为过失而遭罢官，侯君集因叛乱而被诛杀。

第二是有人向李世民告密，说魏徵结党营私。

第三还是有人告密，说魏徵曾让史官褚遂良看过自己的谏诤文章。

这些事情都触犯了李世民的底线。

其实，如果李世民对魏徵足够信任，以他的格局，对于一个死了的人是不会如此计较的。可问题是李世民根本不信任他，所以魏徵的一点点小错误便被无限放大。

以上三点，第一点是事实；第二点则纯属捕风捉影，因为"结党营私"这事很难界定，根本就没有个评判标准，说你是你就是，不是也是，说你不是你就不是，是也不是；第三点可能是真的，也可能是假的，但无论真假，意义都不大，因为不涉及原则问题。

因为李世民对魏徵不信任，所以大怒，亲手终结了后世各种"君臣友谊深厚"的佳话。

这表明，李世民和魏徵之间的真实关系并不美好，所谓的"君臣共治"，更多的是后人心目中的一种政治理想。对于魏徵这个来自敌对阵营的人，李世民可以重用，但从未放松过警惕。用人要疑，疑人要用，这是李世民用人的一个重要原则，也在他内心深处留下了除不去的心结。

用人要疑，疑人要用

谁要是以为李世民虚心纳谏是因为他治国能力不足，任人摆布，那就大错特错了。不要忘了，李世民在战争年代那是绝对的战神级别的人物，英武雄才在有唐一代无人能及。即使在和平时期，在他当上唐朝皇帝之后，他的聪明才智也是极为令人钦佩的。

但是，政治人物大多具有两面性，即功过兼有。有的人，功与过并存于同一时期的不同方面，有的则分别存在于不同时期。

虽然李世民视治大国如烹小鲜，也在很大程度上改善了君臣关系，但他不可能根本放弃对部下的驾驭和控制。

他一方面对手下人委以重任，表现得十分亲近，另一方面却利用酷吏去监视他们。在李世民的内心里，从来就没有"用人不疑"这四个字。

所谓的用人不疑，只是人们心里一个美丽的童话而已。

侍御史权万纪与李仁发就是靠告密起家，也很受李世民重用。由于他们互相勾结，欺罔弹劾，使许多大臣被谴责，连房玄龄、张亮这些所谓的李世民心腹都没能幸免，弄得满朝上下"无以自安"。

贞观五年（631），魏徵终于忍无可忍，在朝会上站出来进谏："权万纪等小人，以告发别人的隐私表现自己的'正直'，这是哪门子的'正直'？以跟上司打小报告表现自己的'忠诚'，这又是哪门子的'忠诚'？如果陛下欣赏重用这样的属下，整个大唐就会人人自危，陛下也无异于纵容奸人了。"

李世民似被提醒，转身面向魏徵，殿上群臣也都凝神听着。

魏徵紧接着列举权万纪所做的事加以证明："贞观三年初，权万纪弹劾房玄龄、王珪主持考事不公，被臣揭破，方免了一场风波。不久前，御史大夫张亮又受到权万纪的陷害，被贬出朝。"

李世民一听，有道理啊！于是将准备赏赐给告密者的五百匹布料，先一步赏给了魏徵。没过多久，找个借口把那俩告密的家伙给处理了。

虽然处理了权万纪与李仁发，但李世民身边的小人还是层出不穷，尤其是宦官，历来是出小人的窝子，李世民身边的宦官小人也不少。

有一次，李世民派内宫给使（宦官）夜间出宫城向刑部申请度关的证明，负责看管宫门的"司门员外郎"韦元方没有及时放行，给使把这事密告给李世民，引起了李世民的怀疑和不满，立马甩给韦元方一副小鞋，贬为华阴令。

还有一次，随李世民外出的一些宦官因事回京，路过某县时住在了馆驿，恰在这时，出任朝廷大使的李靖也路过此地。按官职比较，李靖的官要大得多，是绝对的长官，所以驿丞让宦官把正房腾出来给李靖住。在当时，官职低的就得礼让官职高的，做法是合理的。

这件事，驿丞做得没毛病，李靖住得也没毛病，但李世民不高兴了，他不高兴就出了毛病，虽然驿丞没被贬，李靖也没被免，但冷嘲热讽地整上几句，也够他们心里堵得慌了。

平心而论，李世民作为皇帝，不可能避免对手下大臣的猜忌，不可能用人不疑，但他能尽量做到人尽其用，并不拘一格起用人、培养人，这也是不容置疑的。所以，尽管他用人要疑，但疑人他也用了。

用人得当，为他在巩固边疆的战争中，尤其是在灭薛延陀、征西域、打辽东的战争中打下了基础。

消灭薛延陀汗国

自从李世民打败了东突厥，成为四海共尊的"天可汗"，天下似乎太平了，大唐再也没什么威胁了。但是，从北边冒出来的薛延陀汗国突然强盛起来，成了大唐的边疆威胁，让李世民寝食难安。

在这里，咱们不妨带着前面讲过的内容，好好了解一下薛延陀。

最初的薛延陀与阿史那、回纥等部族一样，同属铁勒分支。后来阿史那家族击败最强大的柔然和其他铁勒分支，建立了突厥汗国，成为草原老大。但是，这个老大并没有携手薛延陀和回纥一起吃香的喝辣的，而是自己吃独食，把小兄弟们挡在了门外。所以，薛延陀还是以前那个半独立状态的薛延陀。

再后来，突厥汗国分裂成了东突厥和西突厥，但薛延陀还是那个薛延陀，啥好处都没捞着，依然过着自己的小日子。一直到公元 7 世纪中期，东突厥的颉利可汗因向往中原的政治制度而想改革，导致部落联盟离心离德，近乎解体，薛延陀才逮着了机会揭竿而起。

面对薛延陀的反叛，东突厥立刻派大军围剿，企图消灭叛乱于萌芽状态。但想法是美丽的，结局却是悲惨的，被回纥和薛延陀等兄弟一顿吊打后，再加上遇上了超级大雪灾，东突厥就此丧失了霸主地位。在铁勒各部的内部会议上，实力最强悍的薛延陀顺利上位。

苦突厥已久的大唐，见北方有变，便迅速派出外交官分化拉拢，最终联合薛延陀，将已经趴在地上的东突厥又狠踹了一脚，至此，东突厥彻底失去反抗能力。

解决了东突厥的威胁，大唐还是那个大唐，但薛延陀再也不是以前那个薛延陀了，虽然没有马上与大唐翻脸，但既慕草原又慕大唐的薛延陀可汗夷男，怎么可能偏安一隅呢？而李世民更懂得其中的利害冲突，趁薛延陀正在消化内部问题的空当，将夷男的两个儿子分别册封为小可汗。

本以为是一箭双雕的高招，没想到后来被双雕啄断了一箭。

事情出在东突厥王室成员阿史那结社率身上。

贞观十三年（639）四月，已经是大唐中郎将的阿史那结社率因许久不被李世民提拔，心生怨气，趁夜色正浓，突然带领四十多名亲信夜袭皇帝行宫。

久于和平的皇宫守卫，做梦都没想到阿史那结社率会来这一手，被打得人仰马翻。幸亏后续人马接应到位，才没让阿史那结社率莽撞之举得逞。

阿史那结社率在付出二十余名亲信生命的代价后，仓皇出逃。但李世民怎么可能让他逃出自己的掌心？便立即遣派人马追击，将刚刚渡过渭河的阿史那结社率截杀。

此事让李世民眼疼心也疼。他意识到，让大量突厥内迁看上去是个两全之举，实际上后患无穷。

贞观十三年（639）七月，李世民起用东突厥贵族阿史那思摩（赐姓李），扶持他当上了东突厥可汗。李世民这样部署的目的，是让东突厥再次回到漠南老家居住，减少大唐内部冲突，同时也可以防止薛延陀南进。

但这个战略部署却是以失去信用为代价的。之前联合薛延陀对付东突厥，现在又扶持东突厥严防自己，一块沙漠同时出现两个可汗，是什么意思？

但夷男是个谨慎的人，他知道自己的力量还很弱小，根本干不过李世民，所以只能忍，待时机成熟了再动手。

机会说来就来。

贞观十五年（641）八月，听闻李世民要去泰山封禅，夷男大喜，对左右亲信说："天子封禅泰山，兵马都跟从，边境必定空虚，我此时攻打思摩，必如摧枯拉朽一般。"

机不可失，说打就打。

夷男命长子大度设前往仆固、同罗、靺鞨等部征调兵马，很快凑起二十万大军，集结于白道川（今呼和浩特平原）。

十一月，大度设亲做先锋，奔袭东突厥。

大度设杀气腾腾，志在必得，直打得李思摩部丢盔弃甲，仓皇撤入长城内，暂时避难朔州。

大度设策马城下，得意大笑，边笑边骂。

可是，无论他怎么骂，如何叫阵，李思摩就一招：男子汉大丈夫，说不出城就不出城。哪怕你骂破天，我也不搭理你。

而另一个事实是，在退入长城之际，李思摩早已按照李世民的部署，实行坚壁清野政策。

大度设则想速战速决，原本携带的军粮就不多，结果围城数日后，城内啥事没有，他们倒闹起了饥荒。

很快，战马就啃光了树皮，士兵也饿得肚子咕噜吐噜叫。

眼见败相已现，大度设气得直蹦高，索性爬上长城，极尽泼妇骂街之能事，意在激李思摩出城一战。

终于，城门大开，李思摩出来了！

但让大度设做梦都没梦到的是，时任大唐兵部尚书、英国公李世勣也率十余万大军如神兵天降，驰援而至！

这回，轮到大度设跑路了。

但名将李世勣却不愿放弃战机，大胆地丢下数万掩护步兵，只带着麾下的六千名精锐骑兵与突厥仆从就地展开追击。薛延陀人撤退到位于今日蒙古境内的诺真水后，认为已和唐朝主力拉开足够距离，于是决定就地列阵，消灭一直紧追不舍的小股骚扰部队。

与中原步战为主和草原骑战为主不同，薛延陀人作战充分发挥了步战的稳定和骑战的迅疾，同时也成功避开了步兵速度慢和骑兵射击精度低的劣势。具体的战法就是，在进入战场前，派少部分人将马看管好，主力部队则由骑兵改步兵，下马步战。击溃敌人之后，迅速上马追击，不给敌人任何喘息之机。

但这次，薛延陀人打错了算盘，因为他们遇到的是唐军，而且其主帅正是大名鼎鼎的李世勣。

在战斗一开始的对射中，薛延陀人确实占了上风，但在胜利的暖风熏陶下便有些忘乎所以。首战得手后，竟然迈开大步向前追击，忘了后面的马队。恰在此时，大唐骑兵进入战场。

虽然大唐骑兵在第一轮对射中被干掉了很多战马，但在李世勣的从容指挥下，骑兵改步兵，弯弓改长槊，结成步兵方阵，冒着弓林箭雨前进，给同样是步兵的薛延陀人以致命一击。

相比薛延陀人，唐军是重装兵，盔甲精良，对薛延陀的轻弓箭防护非常有效。而薛延陀人的盔甲根本防不住长槊的猛刺。此时薛延陀人犯下的最大错误开始显现出来，想逃想跑却没有战马可用。战斗的结果是，两万人被一千多唐军彻底打乱。

前方吃了败仗的薛延陀，后方也没安稳，在大唐骑兵迂回包抄下，彻底乱了方寸，四下奔逃。已经乱了阵脚的薛延陀前军再也无马可用，只能集体溃逃。

这一仗，唐军大获全胜，斩首三千薛延陀人，另获一万五千匹战马和几乎全部的敌方辎重。

余下的两万多薛延陀兵虽然躲过了战场劫难，但由于没了补给辎重，又遇到了雪灾，在回去的路上忍饥挨冻，死伤无数，最后成功返乡者，只是出发时的零头。

面对死伤惨重的结局，夷男和大度设怎么也想不明白：李世民不是要搞封禅吗？咋说来就来了呢？

问题出在了情报上。

还记得前文咱们说过的吧，李世民封禅的事被魏徵给搅黄了。夷男只刺探到李世民要去泰山封禅的情报，却没刺探到不去封禅的情报，焉能不败？

虽然损失惨重，但薛延陀实力依旧不可小觑，尤其是在草原上，其他势力尚不敢与之争锋。

夷男可汗自己很清楚，在草原上还可以称雄，但在实力雄厚的大唐面前，自己还是个矮子，根本不可能与人家平起平坐。于是提出了联姻和好的请求，打算化干戈为玉帛，各过各的安稳日子。

既然对手抛出了橄榄枝，李世民也不好拒绝，就先答应下来，并以此缓和了双方矛盾，换回了之前被夷男扣压的唐朝上将契苾何力。

但全身而归的契苾何力却打心眼儿里瞧不起薛延陀，不同意"唐薛"联姻，极力鼓动李世民毁约。

应约容易毁约难啊！毁约就等于毁了自己的信用，以后就难以和人打交道了。尤其是国与国之间的外交关系，可以说没有信用就没有外交。

约可以毁，但得毁得有技巧，得让对方不觉得是己方在毁约，这事，李世民会办。

夷男想娶大唐公主，李世民便要求他亲自到灵州迎娶。本以为夷男会因为路途遥远知难而退，让李世民没想到的是，夷男竟然满口答应，亲自迎娶。

这么一来，李世民只能硬着头皮答应嫁公主。

但让夷男没想到的是，作为聘礼的牛羊在途中遭遇不测，大量死亡。

给大唐的聘礼是有规格的，必须是活牛活羊。现在死了那么多牛羊，再想回去赶一群过来也来不及了。这就给了李世民毁约的借口，一口回绝：公主不嫁。

被"天可汗"放了鸽子，薛延陀人心有怨气却不敢发，但憋着实在是难受，就一股脑儿地发给了唯李世民马首是瞻的李思摩，出兵将其击败，算是出了一口恶气。

憋了一肚子气的夷男可汗，虽然在李思摩身上找回了一点面子，但终归是不舒服，第二年便撒手人寰。

新继位的拔灼可汗可没有夷男可汗那么谨慎，在处理完内部事务后，立即向唐朝发兵，但毕竟是蚍蜉撼树，只能屡战屡败，还被契苾何力掳去了两千多人，胸中郁气瘀积，只能望天兴叹。

内忧之际又逢外患，铁勒各部见拔灼可汗大势已去，纷纷投靠了大唐。而李世民也及时抓住了这个千载难逢的好机会，联合铁勒各部一起围剿拔灼。至此，薛延陀这个短命的草原小霸王彻底退出了舞台，消失在历史长河中。

征服吐谷浑

吐谷浑是西北的一个政权，由鲜卑族首领慕容吐谷浑从辽东本部分离出来，几经迁徙，趁隋末天下大乱之机，割据西北大片疆域，站稳了脚跟。

唐代隋后，李世民本打算以招抚之策将吐谷浑纳入自己的势力范围，派使团前去斡旋，但事有不巧，斡旋还没开始，就在鄯州被不知来意的吐谷浑骑兵搞了个突然袭击，全团覆没。

随后不久，掌握吐谷浑实权的天柱王不断在边境挑起事端，打伤边民，先后攻击兰州与廓州。

是可忍，孰不可忍，为了维护边境安全，李世民决定教训一下吐谷浑。

贞观八年（634），大唐军队集结完毕，各路将领严阵以待。

李世民坐镇中枢传达军令，左骁卫大将军段志玄为西海道行军总管，左骁卫将军樊兴为赤水道行军总管，分率三万步骑兵，西出进攻吐谷浑。唐军充分运用自身近战的优势，逼得吐谷浑骑兵主力发挥不出优势，乖乖撤出了战场。

但没消停几天，吐谷浑又卷土重来，强攻凉州。幸亏凉州备战充足，警惕性高，没让吐谷浑军占到便宜。

这年年末，李世民决定发动第二阶段战役。但在统帅选择的问题上犯了难。

大唐将星闪耀，个个能征惯战，但能被称为军事奇才的，只有老帅李靖。可是，此时的李靖已年近古稀，且已由将拜为相，现在虽主动请缨，但考虑到他多年未领兵作战，李世民没敢贸然应允。

见李世民面露难色，老帅李靖又说了一句肺腑之言："靖虽年老，固堪一行。"

此时的长安城，正在漫天飘雪，室外已滴水成冰，但室内却君臣互敬，暖意融融。

为安全起见，李世民决定派侯君集等大将辅佐李靖，共同发力，给吐谷浑致命一击。

第二年春，兵马粮草准备齐全，李世民亲自点将：

李靖为大唐征北统帅，挂西海道行军大总管，督掌全军。

侯君集为大唐征北副统领，挂积石道行军总管。

李道宗为大唐征北副统领，挂鄯善道行军总管。

李大亮为大唐征北副将，挂且末道行军总管。

李道彦挂赤水道行军总管，高甑生挂盐泽道行军总管。

契苾何力率领数千铁勒骑兵参战。

这一次，李世民是下了狠心，杀鸡用上了牛刀。

大家都极力拥护朝廷的英明决策，听从李靖的正确领导。他们知道，此战也许是老将军李靖军事生涯的最后一战，必须打好。

贞观九年（635）三月，唐朝大军陆续行至鄯州，李靖召开前敌军事会议。兵部尚书侯君集建议，趁吐谷浑军还未察觉，派精锐骑兵迂回至其后方大营，待切断吐谷浑前后方的联系后，集中主力部队直扑伏俟城。

这个建议堪称完美，李靖欣然采纳，即刻发兵突袭，在吐谷浑军还做着黄粱美梦的时候，一举将其击溃。

四月，李道宗部在库山与吐谷浑军展开遭遇战。唐军复制前策，骑兵迂回，前后夹击，打得吐谷浑军毫无招架之力。

战场形势急转直下，步萨钵可汗慕容伏允只好下令，全军西撤。

深谙行军之道的慕容伏允清楚，要想避开强敌，必须出其不意，方能死里逃生。他下令，全军沿荒漠地带疾行，并烧毁野草以断绝唐军马匹草料，只有这样才能止住唐军追赶步伐，为自己整军再战赢得时间。

就在慕容伏允为自己的逃跑做周密部署之际，唐军内部又因追还是不追开了一次军事会议。

追，怕有伏兵，被打个措手不及；不追，得到喘息的吐谷浑军会组织反击，胜利果实会拱手相让。

关键时刻，侯君集又一次站了出来，他的意见是斩草除根，杜绝后患，防止凉州之围重演。

随后，侯君集陈述了追的理由：根据前方战报，吐谷浑初战失利，败得十分狼狈，连断后的侦察分队都没来得及布置，这说明他们的内部已经出现分化，打算各奔前程了。如此乱军，怎么可能布置重兵埋伏？

对于吐谷浑西撤，李靖也已做出预判，唐吐边境冲突，对唐影响不大，但吐谷浑是小国，没有纵深，兵民必定苦不堪言，也必定与慕容伏允离心离德。此时抓住战机，对吐谷浑予以痛击，可永绝后患。

英雄所见略同。

会议结束，分兵合击。

李靖统率李大亮、薛万钧、薛万彻，率步骑两万，由北路进攻，目的是切断吐谷浑回祁连山的退路。

侯君集统率两万南路步骑大军，直线向西追击。

战斗先在北路打响。李靖率军赶到曼头山（今青海西宁市西南）时，吐谷浑部队也刚好到此，双方立刻摆开阵势决战。

257

　　吐谷浑几位亲王知道自家成败与生死均在此一举，所以不惜亲自上阵指挥。怎奈唐军士气正旺，敢冲敢杀，而吐谷浑军则败象已现，斗志松散，战至最后，几位亲王悉数被斩。

　　此战，唐军收获颇丰，不但灭敌大部，而且夺取了吐谷浑的粮草，解了燃眉之急，同时又迫使吐谷浑军饿着肚子继续西撤，赶到牛心堆，双方再次交锋，唐军再胜，吐谷浑军再败。

　　与北路的顺利进军相比，南路要艰险得多。侯君集所部要穿越两千里的荒漠边缘，经破逻真谷（今青海都兰县东南），深入人迹罕至的沙漠地带，行军异常艰苦。

　　路途过半，饥寒交迫，侯君集下令杀马充饥，勇毅前行。最终，成功挑战生命极限，越过可怕的无人区，在乌海大破吐谷浑军。

　　薛万钧、薛万彻所部也斩获颇丰，在赤海大败天柱王，迫使其率残部逃遁。

　　此时的薛万钧，也看到了痛打落水狗的胜利曙光，却没看到自己已孤军深入吐谷浑腹地，更没看到吐谷浑残部正饿鬼般向他反戈相击。

　　在兵力损失近七成的情况下，薛万钧部陷入了绝境。

　　然而天无绝人之路，正当薛万钧准备为大唐拼尽最后一滴血的时候，契苾何力率领数千装备精良的铁勒骑兵及时赶到，两军兵合一处，士气大振，迅速击碎了吐谷浑的反扑美梦。

　　其他各路大军，也都各有收获。

　　李大亮在蜀浑山击败吐谷浑亲王，连同吐谷浑设在居茹川的军事大营也一并摧毁。

　　对于唐军的连续性进攻，吐谷浑再也组织不起有效反击，只能继续西撤。此时的唐军已攻入吐谷浑西境的且末，据侦察兵回报，慕容伏允很有可能退走突伦川。

突伦川位于塔克拉玛干沙漠之南，慕容伏允选择退守这里，或许是想借助极端恶劣的自然环境，阻挡唐军进一步进攻，为本族留下点血脉，同时也为自己保留点做可汗的尊严。

但唐军不这么想，他们想的是打到突伦川，活捉慕容伏允。

此时，救下薛万钧的契苾何力，正率领所部骑兵风驰电掣般直扑突伦川。出发前，曾吃过大亏的薛万钧认为孤军深入太过冒险，万一重蹈自己覆辙，连个援兵都没有，所以极力阻拦。

但契苾何力却不这么看，他认为薛万钧之前遇到的，只是吐谷浑强弩之末的一次回击，现在已被击溃，正是军心最涣散的时候。而且草原、沙漠地区与中原不一样，没有坚固的城池，不利于防守，只能打运动战，而运动战正是自己所部骑兵的优势。

听到契苾何力率唐骑兵跃进突伦川的消息，吐谷浑可汗慕容伏允的汗毛都竖起来了，连老婆儿子都没带，掉头就跑（后来被部下所杀）。

随后，李靖也率唐军主力急行军至突伦川。

大兵压境，回天无力，自承汗位的慕容顺（慕容伏允和隋朝宗室女光化公主所生）只好杀了当年给慕容伏允出馊主意挑衅大唐的天柱王，伏地投降。

大军凯旋，李世民亲自犒赏。

这一仗，侯君集有勇有谋，屡建战功，加之李靖极力举荐，李世民对其大加任用，在后来的征吐蕃、战高昌的战役中，侯君集均有上乘表现，一时风光无两。

但过满易损，侯君集后来参与宫廷叛乱，终于招来杀身之祸，与他的政治军事地位迅速上升不无关系。

吐谷浑之战尘埃落定，李靖功成身退，慕容顺则被封为西平郡王，与凉州都督李大亮共同为大唐镇守西北边疆。

征服吐谷浑，大唐又向西迈进了一大步，将祁连山南北的河湟谷地与河西走廊全部纳入囊中。目力所及，李世民将下一个目标瞄准了西域。

威震西域

西域不是个国家，而是敦煌玉门关以西、葱岭以东的沙漠、草原和绿洲地区。

西域地广国多，小国林立。本来，这些小国也入不了李世民的法眼，只要他们臣服于大唐，按规矩纳贡就行了，李世民才懒得劳师远征去打这些比吐谷浑还远的小国。

但小国也有敢于挑战权威的二愣子，高昌国便是其中的代表，不但拦阻入唐朝贡的西域使者，同时攻打焉耆、伊吾等唐朝属国。

高昌国实在是小，比小国龟兹还小，之所以敢站出来挑衅，完全是受了西突厥的蛊惑。夹在两强国之间，高昌国只能选边站。

面对远在天边的高昌小国挑衅，李世民虽然生气，却也没大动肝火，只是下了一道问罪诏书，要高昌国王麴（qū）文泰来长安谢罪。

但麴文泰心虚，怕此行凶多吉少，称病不去。这彻底激怒了李世民，随即发动了针对高昌的灭国战。

贞观十三年（639），李世民诏令吏部尚书侯君集为交河道行军大总管，由长安起兵，经瓜州、沙州，驻兵伊吾，在柳谷赶造攻城器械。另诏令契苾何力为葱山道行军副大总管，由酒泉出发，经居延泽，沿天山北路进攻可汗浮图城（今新疆吉木萨尔北破城子）。

再加上薛延陀的助战骑兵，大唐此次出动的总兵力在十五万人以上。

如此大的规模，足以令敌方胆寒。

果不其然，唐军未至，本就心虚的高昌国王麴文泰直接吓死，其子麴智盛继位，固守高昌城。

此时，士气正盛的唐军，在侯君集的指挥下已连破柳谷、田城，兵困高昌。

与吐谷浑无城可守不同，高昌城高墙固，易守难攻。但城墙再高再固，也比不过当年的洛阳城。洛阳都被拿下了，拿下小小高昌城，那还不是分分钟的事？

见小弟受苦，作为大哥的西突厥不能坐视不管，很仗义地派出援兵，让西昌小弟着实欢喜了一阵。但欢喜也是空欢喜，因畏惧唐军彪悍，西突厥大军行至可汗浮屠城就举手投降了。

而此时的唐军，在武器装备上已今非昔比，不但人马刀箭数量充足，而且拥有楼车这种攻城大杀器。高昌战事一开，"填隍引冲车，飞石如雨"，无路可逃的麴智盛只能乖乖出城投降。

高昌国灭。

战后，大唐在高昌置西州（今吐鲁番东南高昌故城），并在交河（今吐鲁番西北）置安西都护府，等于新设了一个军事基地，扩大了向西打击半径。

下一个目标：焉耆。

焉耆是高昌国的西部邻国，大唐打高昌，一个原因就是高昌入侵焉耆。干掉高昌国这个不听话的小混混，也算是救焉耆于水火，两国本该更加亲密，怎会突然兵戎相见呢？

这完全是出于利益的考量。

西突厥坐大，逐渐向西发展渗透，西域小国就成了拉拢对象。当初高昌国离大唐最近，所以最先起来为西突厥站台。高昌国被灭后，焉耆就成为西突厥下一个拉拢对象。

虽然大唐打下了吐谷浑和高昌国，与焉耆也成了近邻，但这两国的国民还在，自身的风俗还在。而从距离上说，焉耆与西突厥更近，既容易被拉拢，也容易被攻击。

在这种情况下，焉耆反水，成为西突厥的盟友。

如此一来，大唐向西的贸易通道，也就是著名的"丝绸之路"又被切断了。为了经济繁荣，大唐必须征焉耆。

贞观十八年（644），安西都护郭孝恪上表请征，李世民任命他为西州道行军总管，率军讨伐焉耆。

上次打高昌动用了十数万人，这次打焉耆只用三千步骑兵，相差如此悬殊，是焉耆太不禁打，还是大唐太过轻敌？

其实都不是。

焉耆虽小，若以地利人和之势举国抗战，对付三千步骑兵还不至于落败。而大唐之所以只出三千兵，与后勤补给和出战目的有直接关系。

打仗很大程度上是拼后勤。自建立起安西都护府，唐朝就可以动员当地驻军和属国部队，轻装简从，不必过多使用后勤粮草辎重。而且，打高昌是为了灭国，打焉耆是为了征服，兵力不用太多，只要焉耆改邪归正，就可以握手言和，既往不咎。

唐军兵威，焉耆早有耳闻，所以大军还未出发，龙栗婆准等焉耆国王龙突骑支的三个弟弟，便跑到西州向唐军投降。

三兄弟来得正是时候，郭孝恪以他们为向导，顺利进军至焉耆。

那时的焉耆还是个水草丰美的好地方，水环国都，形成了天然的护城河。唐军悄至，趁夜渡河，在守城军士睡眼蒙眬间突然攻上城墙，连斩带俘，干翻了焉耆七千多人，生擒国王龙突骑支。

这一仗打得干净利落，毫无拖泥带水之感。

战后重建，郭孝恪主持成立了傀儡政权，扶龙栗婆准上位，自己则领军而退。

唐军前脚走，西突厥将军阿史那屈利的援军后脚就赶到了，先是抓捕了龙栗婆准，随即率军向东追击，本想打唐军一个措手不及，没想到被郭孝恪在银山（今新疆托克逊西）杀了个回马枪，自己反而措手不及，吃了大亏。

焉耆国这边，西突厥将军阿史那处那比郭孝恪做得更绝，直接让属下吐屯代管焉耆国，为了不激怒李世民，仍然以属国身份向唐朝进贡。

在李世民面前耍花招，阿史那处那还是嫩了些。吐屯派出的使者刚到长安，就被李世民斥了一顿：我攻打焉耆，关你西突厥何事？

使臣回到焉耆汇报，阿史那处那感到很棘手，担心李世民把矛头对准他，便退城而去。

两强均退，焉耆复国，余众拥立龙栗婆准的堂兄龙薛婆阿那支为新国王。但这个国王只是个傀儡国王，军政大权都掌握在阿史那处那手里。阿史那处那要他将龙栗婆准交给西突厥的属国龟兹处死，他连个"不"字都没敢说。

果实得而复失，李世民岂能罢手？于是再征焉耆。只不过这次是把焉耆和龟兹捆在一起打。

相比于高昌国和焉耆，龟兹要强大得多，而且位于"丝绸之路"的关键节点上，其归与叛，对大唐至关重要。

龟兹原本是大唐的属国，但这个属国变得越来越不听话，不但与西突厥暗通款曲，不想再给大唐进贡，还处死了大唐盟友龙栗婆准。

贞观二十二年（648），李世民决定发兵，教训一下龟兹。

左骁卫大将军阿史那社尔、右骁卫大将军契苾何力、安西都护郭孝恪领唐军。同时，征发铁勒十三州及突厥、吐蕃（后文详述）、吐谷浑等胡军，组成十五万人的唐胡联军，旌旗猎猎，跨马出征。

因为焉耆在东，龟兹在西，于是焉耆又一次成为唐军的攻击目标。首战顺利攻下焉耆北部的处罗、处密二部，焉耆新王龙薛婆那支自知难抵，弃城而逃。

但已经来不及了。唐军在后穷追猛打，将陷入绝境的龙薛婆阿那支俘获。但大唐对焉耆的目的依然不是灭国，而是征服，因龙栗婆准已被龟兹处死，只好把听话的龙薛婆那支的弟弟找出来，立为焉耆国王。

随后，开始战争的第二阶段，进攻龟兹。

龟兹确实有点实力，一次就派出了五万大军，在多褐城与唐军决战。这与高昌和焉耆仅是几千军队的作战规模，真是天地之别。

双方刚一交手，龟兹军就显出了作战威力，打得唐将韩威落荒而逃。

没想到，韩威只是佯败，摸透了龟兹军的骄气后，便联合曹继叔所部杀了个回马枪，龟兹军大败。

首战失利，龟兹王白诃黎布失毕被迫放弃多褐城，退保都城伊逻卢（今新疆库车东）。

当年十一月，唐军主力攻克伊逻卢，逼得白诃黎布失毕向西南撤退至拨换城（今新疆阿克苏以东）。

唐军发扬连续作战的大无畏精神，继续追击，阿史那社尔领军鏖战四十天，终于破城而入。

在接下来的拨换城巷战中，郭孝恪以一当十，奋勇当先，不幸战死。

带着为战友郭孝恪复仇的怒火，曹继叔、韩威联手击败龟兹丞相那利所部，斩敌三千。

那利负隅顽抗，集结万余残军争夺拨换城。曹继叔所部对其迎头痛击，又斩敌八千余。

那利侥幸逃脱，后被自家降兵抓获，送交唐军。

连失三座主要城池，龟兹元气大伤，再也无力组织有效反击。其他城池主将见大势已去，纷纷出城投降。

战争以大唐的胜利结束。而后，大唐在此设立龟兹都护府，彻底打通了"丝绸之路"。

解决西突厥

龟兹之战后，大唐对西域的控制力空前增强，但还没到高枕无忧的地步，因为西突厥的威胁还没有解除，必须枕戈待旦，迎头痛击西突厥。

此时的李世民，已经是能够放眼全局、胸怀天下的"天可汗"。他既懂得平衡术，又知晓天下事，既会安抚周边民族，又能征战八方，国家战略在他手里变得越来越清晰。

消灭薛延陀，控制西域，大唐的外部环境变得越来越稳定，但西突厥不除，就不会有真正的安稳。

当年在对付东突厥时，大唐与西突厥结成了战略联盟，但是随着东突厥被灭，共同的敌人没了，共同的利益也就没了。而此时，大唐又把势力扩张至西域，这就不能不引起西突厥的警觉。因为在此之前，西域诸国虽然是大唐的属国，向大唐纳贡，但同时也是西突厥的属国，也向西突厥纳贡，在大唐势力真正进入西域前，这里实际上是西突厥的势力范围。大唐在西域的征战，更多的是代理人战争，西域诸国幕后站着的是西突厥。

西突厥的领军人物，就是西突厥始祖室点密大汗的五世孙阿史那贺鲁可汗。而这个阿史那贺鲁可汗，还曾是大唐的亲密盟友。

阿史那贺鲁是西突厥乙毗咄陆可汗（名阿史那泥孰）麾下的叶护（地位仅次于可汗，相当于唐朝的大都督），牙帐建在多罗斯川（今新疆额尔齐斯河上游），统领着处月、处密、哥舒、即葛逻禄、弩失毕五姓突厥。

一直以来，西突厥内部都不太消停，纷争不止，斗争不停，再加上乙毗咄陆可汗举措失当，导致自己众叛亲离，在乙毗射匮可汗的打击下逃往吐火罗。

乙毗咄陆可汗跑了，留下来的手握重兵的阿史那贺鲁，就成了乙毗射匮可汗的眼中钉，欲除之而后快。

双方刚一交手，阿史那贺鲁就明显落了下风，再一交手，就被乙毗射匮可汗打得溃不成军，已经濒临覆灭了。

恰在这时，唐军征讨龟兹，阿史那贺鲁趁机率残部向唐军投降，被封为昆丘道行军总管、左骁卫将军。

大唐征龟兹时，西突厥插手干预，最终落败，但整体实力并未受损，后来两国以碎叶川（今中亚的楚河）为界，相互对峙。

此时的唐军，虽然接连打了几场胜仗，士气正旺，但因是劳师远征，无论是后勤补给还是前线装备，都已是强弩之末，无力再战。

但是，如果此时撤军，等于留下了一个真空地带，乙毗射匮可汗率领的西突厥必然会卷土重来。

为了保卫来之不易的胜利果实，必须选出一个代理人，在西域前线阻挡乙毗射匮可汗，于是阿史那贺鲁成功当选。

在大唐的强力支持下，阿史那贺鲁不但恢复了泥伏沙钵罗叶护的爵位，还建立了隶属于安西都护府的瑶池都督府，负责招讨"西突厥之未服者"。

这样做的好处是显而易见的。拉一个打一个，让敌方分治互斗，彼此削弱，可谓一石二鸟。尤其是在征龟兹时，更加熟悉当地情况的阿史那贺鲁作为急先锋参战，为唐军立下了汗马功劳。

但缺点也是明显的。最大的问题是让阿史那贺鲁站稳了脚跟，没被乙毗射匮可汗吃掉，而且他还利用大唐的命令，"密招携散，庐幕益众"，将突厥小部族都招至自己麾下，势力日盛。在李世民去世后，阿史那贺鲁迅速完成角色转换，露出了隐藏许久的獠牙。

以李世民"用人要疑，疑人要用"的性格，不可能让阿史那贺鲁放开手脚去发展自己的势力，在临近阿史那贺鲁的西州和庭州，李世民安排了骆弘义等重要将领镇守。所以，当阿史那贺鲁刚想起兵反唐，消息就被庭州刺史骆弘义侦得，在强大的政治军事和心理压力下，阿史那贺鲁被迫同意让儿子咥运入朝做人质。

之后，大唐开始剪除西突厥阿史那贺鲁的羽翼，逐个击破其联盟或附属各部。到了高宗显庆二年（657），平西突厥最后一战开始。唐军由大将苏定方统辖，又一次运用了李靖的战略，兵分南北两路，彻底击败阿史那贺鲁，西突厥自此灭亡。

可以说，这是典型的老子栽树儿子乘凉。如果没有李世民打下的基础，高宗李治的胜利果子是吃不到的。

和亲吐蕃

一波未平一波又起。正当大唐布局西域，并集中力量对付西突厥的时候，青藏高原又崛起一股新兴力量，这就是吐蕃。

之前，青藏高原一直是各自为政的分散局面，从来没有成为中原地区的隐患，但自从冒出个松赞干布，局面变得越来越严峻。

松赞干布先是整合了青藏高原上的小邦政权和部落联盟，实现了局部的大一统，然后开始向大唐叫板，要娶大唐的公主。

大唐是天朝上国，能娶到大唐公主，那是无上的荣耀，突厥、吐谷浑如此，西域各国如此，新生的吐蕃也不例外。

但是，松赞干布想娶，吐谷浑王偏不让他娶，而且还在李世民面前挑拨离间，净说松赞干布的坏话。

李世民对松赞干布并不了解，所以就被吐谷浑王挑拨成功，把松赞干布求亲的事给晾一边去了，让这位吐蕃王朝第三十三任赞普感到很没面子。

雄心勃勃的松赞干布很生气，便首先拿没有多少实力的吐谷浑开刀，然后又一鼓作气，率吐蕃大军攻下了党项、白兰羌，直逼唐朝的松州（今四川松潘县）。并扬言，就是抢也要抢一个大唐公主回去。

这哪是娶亲啊，分明就是抢婚。

松赞干布如此横行，李世民当然不干了，派名将侯君集为当弥道行营大总管，率领五万唐军攻击吐蕃军。

然而，还没等侯君集亲率的主力部队出手，唐军先锋牛进达部就已经开始了对吐蕃军的攻击。

贞观十二年（638）九月初六，牛进达率唐军前锋进抵松州城下，趁夜摸进了吐蕃军营，一顿刀砍斧劈，把吐蕃军撂倒一千多，剩下的连衣服都没穿好，哭爹喊娘，一路狂奔而逃。这一仗，牛进达声名鹊起，更把自己打进了大唐名将队伍。

这一仗，吐蕃军损失不小，但唐军究竟损失了多少，已经无从知晓，总归是吐蕃退兵谢罪了。

首战失利，松赞干布不但没有善罢甘休，还亲自写信给李世民：

"若不许嫁公主，当亲提五万兵，夺尔唐国，杀尔，夺取公主。"

这当然都是《吐蕃王朝世系明鉴正法源流史》等吐蕃史书的记载，至于是不是历史上真实发生过的事，因为唐朝没有相关记载，真相也就不好探究了。总之，李世民深思熟虑，终于答应了松赞干布的请求，与吐蕃通婚。这就是文成公主进藏。

当然了，李世民是不会把自己的亲女儿送去蛮荒之地通婚的，他在宗室里选了一个合适的姑娘（汉名无记载），封为文成公主，远嫁吐蕃。

关于这件事，还有一个很有趣的故事。

据说松赞干布派遣自己的亲信大使——宰相禄东赞前往大唐谢罪，同时进献黄金五千两，以及其他无数珍宝，正式向大唐下聘礼，希望以诚心感动李世民，为自己迎娶一个漂亮的大唐公主为妻子。

李世民看到了吐蕃王真心求亲的心意，便答应了这门婚事。但是，因为当时的天竺、格萨、大食、霍尔的国王也派了使者求婚，他们也希望能迎娶贤惠漂亮的文成公主。

一女怎能多嫁？

于是，李世民决定让各国的婚使们来一场智力竞赛，获胜方可把公主迎回自己的小王国，这便是历史上有名的"六试婚使"。

这六试分别是：

用一根柔软的绫缎穿过明珠的九曲孔眼。

辨认一百匹骒马和一百匹马驹的母子关系。

规定百名求婚使者一日内喝完一百坛酒，吃完一百只羊，还要把羊皮鞣好。

交给使臣们松木一百段，分辨其根和梢。

夜晚出入皇宫时不迷路。

在三百名宫女中能准确地辨认出文成公主。

比赛开始后，其他几国的婚使都很为难，都没有找到可靠的办法来回答这几道难题，而吐蕃婚使禄东赞机智应对，分别做出了答案：

第一试，禄东赞用一根细丝线，将一头系在蚂蚁的腰上，另一头则缝在绫缎上，接着，他在九曲孔眼的端头抹上蜂蜜，蚂蚁闻到甜味，便带着丝线，顺着弯曲的小孔，缓慢地爬了进去，绫缎也就随着丝线穿过了九曲明珠。

第二试，禄东赞将所有的母马和马驹分开关在不同的房间，不给马驹投喂草料，也不给水喝。一天后，将马驹重新放回马群中，小马驹很快就各自找到了自己的母亲去诉苦了。

第三试，禄东赞让跟从的一百名骑士排长队杀了羊，并按顺序一面小口喝酒、小块吃肉，同时一面鞣羊皮。于是，不到一天的时间，吐蕃的使臣们就把酒喝完了，肉也吃光了，羊皮也鞣好了。

第四试，禄东赞令人将木头全部运到河边，投入水中，木头根部略重沉入水中，而树梢那边较轻，则浮在水面上，自然能分辨出其根和梢。

第五试，当各国使臣都赶到皇宫中后，禄东赞想到自己初来乍到长安时，路途不熟，怕迷路就在关键路段涂上颜色，到皇宫后，禄东赞凭借着自己先前做好的记号，再次赢得胜利。

第六试，当三百名衣着一样，相貌也相仿的宫女，分左右排开后，一时令人眼花缭乱，根本分不清具体哪一位是文成公主。而禄东赞事先就做好了准备，他知道文成公主容貌上的一些特点，经过反复辨认，终于确认左边排行第六位是文成公主，从而获得了最后的胜利。这个"六难婚使"的故事，也成为一段千古佳话。

看见最终是吐蕃王的婚使依次答对了六道难题，便下令将文成公主许配给松赞干布。

唐与吐蕃和亲，李世民准备了庞大的送亲队伍。负责护送文成公主的是李世民的族弟，礼部尚书江夏王李道宗，是一位智谋和胆略兼长的著名军事将领，可确保此行万无一失。文成公主进藏，不仅带去了大量的金银、绸帛、珍宝，带去了大量的书籍、乐器、绢帛以及粮食种子，队伍中还有大量的文士、乐师、农技人员。

李世民此举，意在笼络松赞干布和吐蕃，使其成为大唐的追随者。

见到漂亮的文成公主，松赞干布非常高兴，也非常自豪，对李道宗执子婿礼进见，又转身对左右臣僚说："我父祖未有通婚上国者，今我得大唐公主，为幸实多。当为公主筑一城，以夸示后代。"

于是，就有了我们现在看见的布达拉宫和小昭寺。

对于文成公主嫁吐蕃，现在被一些人说得很崇高，似乎是一段两大民族友好联姻的佳话，促进了唐蕃之间友好的经济文化交流云云。其实，这是唐打了败仗后的屈辱，李世民的一个心结。

而松赞干布又极难对付，他知道自己想要什么，更知道应该通过什么手段才能得到。其实，他想要的并不是一个女人，即使是年轻漂亮的公主，对他也没有多大吸引力。他真正要的是唐朝的高科技，所以文成公主进藏后，他对文成公主漠不关心，甚至文成公主进藏一个多月，他才见文成公主，有这样的新郎吗？这是"执子婿之礼甚恭"吗？他明明知道公主过得很委屈，甚至有时连饭都吃不上，随嫁的婢女都被夺走，她写了好多诗哭诉自己的悲惨遭遇，甚至谴责禄东赞无耻。可是当他见到公主，居然会问："公主过得可好？烦恼吗？"公主忍不住悲诉后大哭，禄东赞几句话又把她说得不敢再说。

此后，文成公主过了九年被冷落的生活，有六年根本见不到这个丈夫，另外三年也不是他的正妻。然后就是无穷的守寡，直到永隆元年（680），五十五岁的文成公主因患天花死于吐蕃。

可是吐蕃却繁荣起来了，大唐的高科技大批地在西藏开花结果。吐蕃强大起来了，二百多年里一直是大唐的边患，甚至成了心腹之患。

松赞干布坚持要唐的公主，以致连兵不息，在自己国内受到强烈反对，甚至"其大臣谏不听而自缢者凡八辈"。

但他还是不听，坚持要用一切手段，包括武力，从唐要来公主。结果他赢了，吐蕃赢了。

大唐的这个女婿，不好惹。

啃下辽东硬骨头

贞观五年（631），一个骇人听闻的消息从高丽传到长安，隋炀帝杨广征讨高丽时留下的将士尸首被堆在一起，形成了一处京观，意在对中原皇朝起到"警示"作用。

既然知道了这事，李世民就不能不管。于是和高丽交涉，派广州司马长孙师远赴高丽，摧毁这座尸体京观，埋葬了这些中原将士的尸体。

高丽对大唐是有恐惧心理的，尤其是东突厥被灭，高丽国王高建武如坐针毡，怕大唐会转过头来打自己，所以在李世民派人来交涉中原将士的尸体事宜之后，高建武迅速动员全国力量，修建了一千多里的长城。

不但如此，他还在辽东和鸭绿水（今鸭绿江）以及千山山脉之间广大地区集结兵力，构筑军事据点，并大力加强辽东城（辽阳）、白岩城（辽阳东）、扶余城（农安县）、新城（抚顺北）、盖牟城

（抚顺）、安市城（海城）以及乌骨城（凤城边门镇）、卑沙城（普兰店西南）诸城的防御力量，以此作为第二道防线，实行坚壁清野政策，把大唐可能进攻的水上陆上路线都封锁起来，不让唐军有机可乘。

同时，派太子出使大唐，向唐朝贡，在外交上向大唐表示臣服。

既然高建武主动放低了身段，李世民也就没必要揪住不放了，况且西北一直不消停，唐朝的主要精力在西北，而不是东北。

这种和平维持了十多年，一直到贞观十六年（642），高丽权臣渊盖苏文（《新唐书》为避唐高祖李渊名讳，记为泉盖苏文，《旧唐书》记为钱盖苏文）发动宫廷政变，对内杀死高丽国王，另立傀儡皇帝，对外开始跟大唐叫板，攻打唐的盟友新罗。

当时的情况是，高丽强而新罗弱，眼看被灭，新罗王急忙派人向唐求救。

李世民马上派使者前往高丽交涉，命令其停止攻打新罗。没想到高丽根本就不听，你命令你的，我攻打我的，我就不信灭不了新罗。

面对高丽的一意孤行，李世民愤怒了，一声令下，亲统十万精锐，分水陆两队同时进攻高丽。

水路以张亮为平壤道行军大总管，率江、淮、岭、硖兵四万，长安、洛阳募士三千，从莱州走海路向平壤进军。

陆路以李世勣为辽东道行军大总管，率军六万，以及兰、河二州归降的胡人，向辽东进军。

同时，号令新罗、百济、奚、契丹、靺鞨这些归顺的部落，作为盟军配合唐军行动。

贞观十八年（644）四月，陆路统帅李世勣率军自通定渡过辽水，陈兵玄菟（今沈阳、抚顺间）。

大兵压境，玄菟守将闭门自守，根本就不敢出城迎战。在此情况下，唐军转而攻打防守松懈的发盖牟城（今抚顺市），俘敌两万多人，同时起获十余万石粮食，大大减轻了自身的后勤负担。

另一路也比较顺利，李道宗率军直抵新城。张俭所部则渡过辽水，在建安城（今营口盖州青石岭）斩杀数千高丽兵。

水路，张亮率军从东莱渡海，成功登陆后，占领卑沙城，同时派总管丘孝忠等陈兵于鸭绿江畔。

攻下盖牟城，李世勣进军围困辽东城。高丽四万步骑兵来救，但被李世勣、李道宗以围点打援之策挫败，被斩首千余人。

随后，李世勣率军猛攻辽东城，此时李世民也亲率精兵助战，辽东城破，杀、俘两万多人，另有四万非作战人员被俘获。

接下来的白岩城之战比较惨烈。战斗中，李思摩被弩矢射中，危在旦夕，李世民亲自为其吮血疗伤。此举不但救将军一命，而且极大地鼓舞了士气，将帅同心，兵校一体，在后续战斗中战力倍增。

得知白岩城被围，高丽从乌骨城派一万多人前来增援，李世勣又一次围点打援。不过这一次他分兵困难，只能给右骁卫将军契苾何力八百名精锐骑兵前去打阻击。

八百对一万多，无异于以卵击石。

战士们心里没底，契苾何力虽然心里也没底，但对李世勣的指挥才能是信得过的。他知道在此关键时刻，李世勣但凡能多分出一点兵，都不会只给他八百人。同时他对自己和手下这八百人的战斗力是有底的，于是凛然出征。

战场上，契苾何力一马当先，骁勇无敌。在主将的影响和带动下，八百精锐骑兵个个精神抖擞，奋勇杀敌。

但高丽兵也不是孬种，尤其是主将高突勃，更是英勇善战。双方你来我往，战斗异常激烈。突然，高突勃乘契苾何力不备，一枪刺入其腰部，把契苾何力疼得摔下马来。

正当高突勃想举枪再刺时，尚辇奉御薛万备单枪匹马冲杀过来，于万军之中救回契苾何力。

回到大唐军帐，契苾何力仍不服输，撕下一角战袍，简单包扎了一下伤口，上马继续作战。

高丽兵见过愣的，见过横的，但没见过不要命的，见杀红了眼的契苾何力再次领兵杀出，气势上就被压制住了半截，最后被八百唐军追出了数十里地，还死了一千多人。

战后，李世民亲自为契苾何力敷药疗伤，以示关怀。

此后不久，高突勃在另一战场被俘，并被李世民交给契苾何力处置。

没想到，契苾何力却不计前嫌，向李世民请求说："我与这个人之前无怨，现在无仇，他出于自己立场冒着生命危险刺中我，也是个好汉，能不能放了他？"

既然契苾何力不忌恨，李世民也没有忌恨的理由，于是高突勃在鬼门关前捡回了一条命，回家去了。

当年六月，唐军占领白岩城，改白岩城为岩州，同时将已被攻克的盖牟城改为盖州。

六月二十日，李世民车驾从辽东城出发，到达安市城（今海城市营城子镇）外。渊盖苏文派北部耨萨（相当于唐的都督）高延寿、高惠真率高丽、靺鞨兵十五万来救安市城。

而此时围困安市的唐军，却只有六万。

李世民采取的还是老办法，围点打援。与李世勣的围点打援略有不同，李世民的重点在打援。他深知，一旦援军被打掉了，被困在城里的敌军也就无计可施了。所以，他一面以少数部队继续围攻安市城，一面亲率重兵收拾高延寿、高惠真的援军。

在高延寿率军到达距离安市城四十里的地方时，李世民命令阿史那社尔率一千突厥骑兵去迎敌。

令高延寿没想到的是，曾经能征善战的突厥骑兵，归唐后竟然如此不堪一击，刚与高丽兵交手就溃不成军，四散逃窜。令高延寿更没想到的是，正当高丽兵争相前进，到达安市城东南边八里的地方时，已经钻进了李世民为他们预设的口袋里。

根据战场的地形地貌特点，李世民命令李世勣率一万五千人于西岭设伏，长孙无忌率牛进达等精兵一万一千为奇兵，从山北出峡谷攻击敌人的后方。他亲率四千步骑兵，偃旗息鼓，登上北山，专等敌人钻进口袋。

追了一路，突然不见了阿史那社尔，高延寿等人迎面撞上李世勣，马上集合部队，准备迎战。

没想到，担任奇袭任务的长孙无忌、牛进达部突然从斜刺里杀出，打了高延寿一个措手不及。更没想到的是，李世民还有后手，在高处见两军已战在一处，命人擂鼓举旗，唐军各路兵马即鼓噪并进。

在唐军的分路攻击下，高延寿正欲分兵迎战，没想到突然杀出一白袍小将薛仁贵，手持银枪，如入无人之境，杀得高丽军阵形大乱，唐军后续部队乘势掩杀，斩敌两万余人。

但高延寿毕竟是高丽名将，骚乱之后率余众依山固守。唐军四面围攻，长孙无忌率牛进达将所有桥梁撤掉，誓将敌军斩尽杀绝。

七月二十三日，在外无救兵、内缺粮草且突围无望的情况下，高延寿、高惠真只好选择率部投降。

这一仗，唐军大获全胜，缴获马五万匹，牛五万头，铁甲一万多副，以及其他大量兵器。

接下来就是处理战俘了。

李世民对待高丽俘虏显得很大度，把有官阶的战俘都编进唐军，为自己效力，而士兵都被释放回家，起到了安定人心的作用。

但参战的那三千多白山、泊咄、安车骨三部靺鞨士兵就没有这么幸运了，全部被活埋。

之所以这么做，李世民有三点考虑。

第一，靺鞨族士兵虽少，但他们骑射娴熟，敢打敢冲，在高丽联军中发挥出了很大的作用，屡次给唐军以沉重打击。为了永绝后患，李世民对他们下了死手。

第二，靺鞨曾经是大唐的附属，在这次战争中却当了叛徒，跟着高丽打唐军。唐军队伍内还有很多新罗、百济、奚、契丹、靺鞨士兵，如果不严惩叛徒，就会有更多的"仆从军"叛变。

第三，此战目的是击败高丽，释放高丽人可以起到收服人心的作用，防止他们誓死不降。而靺鞨兵只是高丽的仆从，他们被杀被埋，高丽人不会感觉心痛，更不会为了靺鞨兵而反抗。

李世民此举可谓一石三鸟，只是苦了寄人篱下的靺鞨兵，用生命为自己站错了队伍买单。

李世民杀鸡儆猴之计在城外收到了非常好的效果，但对于安市城内而言，却并不理想。坚守安市城的高丽主将拼死抵抗，唐军久攻不下。

而此时的唐军也出现了颓势，战死、冻死者甚众，又赶上当地疾病流行，唐军粮草供应不足。最终，心情万分复杂的李世民决定退兵。

撤军之路也不安稳，严寒、风雪如虎狼一般啃噬着唐军，无数唐兵冻死在路上。这些在战场上奋勇杀敌的将士，在归途中却变成了僵硬的尸体，此情此景，令李世民老泪纵横，发了两句感慨。

第一句感慨是给魏徵的：若魏徵还在，肯定会劝朕不要对高丽用兵。

可惜，魏徵已于两年前去世。正是因为有魏徵这样的忠言谏臣，李世民才被塑造成"千古明君"。而李世民因为侯君集谋反事件，对魏徵大加鞭挞，甚至砸毁其墓碑。而今，铩羽而归的李世民，又想起了魏徵，心情之复杂，可想而知。

于是，大军未至，李世民已派人先行将魏徵墓修葺一新。

李世民发的第二句感慨是给薛仁贵的：朕和开国名将们都老了，但后继有人。得到辽东的大部分土地，因为付出的代价太大，朕并不高兴，唯一能令朕高兴的是，我得到了骁勇小将薛仁贵。

在安市城外，薛仁贵勇闯前阵，奋勇杀敌，李世民看在眼里，记在心里，仿佛看到了当年自己的英武雄姿，从此对薛仁贵寄予厚望。

而薛仁贵确实也不负所望，在唐军中迅速成长为新一代"战神"，在后来二攻高丽的战争中发挥了中流砥柱的作用。

虽然李世民征服高丽之战止步于安市城下，没有取得最后的胜利，但战果也算丰厚。唐军连克玄菟、横山、盖牟、磨米、辽东、白岩、卑沙、麦谷、银山、后黄十座城，将当地七万人迁至大唐境内，增加了自己的人口数量。同时，歼灭高丽军四万多有生力量（唐军阵亡不足两千），使渊盖苏文再无挑衅的野心和资本。

被打残了的高丽，于贞观二十年（646）五月派使臣到长安，当面向大唐谢罪，希望李世民能放他一马，两国永结友好。但同时，对新罗贼心不死，继续骚扰侵蚀。

李世民感觉尊严又一次遭到挑战，于是于当年十月十四日，诏令属下不接受高丽的朝贡，准备再征高丽。

这一次，李世民总结了上次劳师远征的教训，采取车轮战术，派军进扰高丽边境。

贞观二十一年（647）三月，牛进达为青丘道行军大总管，右武候将军李海岸为副总管，率兵万余乘楼船从莱州渡海进入高丽境内。同时以李世勣为辽东道行军大总管，右武卫将军孙贰朗为副总管，领兵三千，与营州都督府兵会合，从新城道进入高丽。

五月，李世勣率部渡过辽水，击败高丽，焚其城郭后还师。

七月，牛进达、李海岸率军渡海进入高丽境内，与高丽军作战百余次，皆胜。

十月，还是牛进达与李海岸合作，率军攻克石城（今辽宁庄河西北），进至积利城（今辽宁瓦房店市）下，斩敌两千余人。

在唐军的反复袭扰打击下，高丽终于受不了了，于十二月再次派人入唐谢罪。

但为时已晚，李世民不接受谢罪，继续布兵，于贞观二十二年（648），派古神感率军渡海，连续击败高丽。同时，派薛万彻率军渡过鸭绿江，到达泊灼城（今辽宁丹东市北虎山一带），击败三万高丽援军，斩大酋所夫孙。

这种袭扰是非常频繁的，也是非常有效的，对高丽的打击之烈不亚于大规模战争。

相比唐朝，高丽是小国，面对唐军袭扰，全国处于常年战备状态，无法按时耕种，更不可能有秋后收获。没几年，经济就因粮荒崩溃。

见时机已成熟，李世民大规模征兵并大量制造舰船，计划一举灭掉高丽。然而人算不如天算，李世民于贞观二十三年（649）五月二十六日驾崩于翠微宫含风殿，二次东征计划搁浅。

大唐新任皇帝对高丽继续执行袭扰政策。虽然高丽是块难啃的硬骨头，但也架不住天天啃、月月啃，高丽的日子过得实在是艰难，终于在总章元年（668），为李世民的儿子李治所灭。

大度安天下

征服了薛延陀西域诸国，灭了吐谷浑和西突厥，与吐蕃和亲，让高丽胆怯，李世民一辈子的仗算是打完了。但打仗从来都是手段，不是目的，李世民的目的是扩大唐版图，宣大唐国威，这就不仅仅是军事手段能解决的了。

李世民的手段是军事外交并用，让嘴上臣服的势力成为自己依靠的力量，这就需要心服。

心服，就是要天下一家。

首先，李世民是这么想的，也是这么说的。

武德九年（626）九月，刚刚上位的李世民，还没来得及改年号，就对手下文武大臣说："王者视四海如一家，封域之内，皆朕赤子。"

贞观元年（627），又说："朕以天下为家。"

贞观十八年（644）又说："夷狄亦人耳，其情与中夏不殊。人主患德泽不加，不必猜忌异类。盖德泽洽，则四夷可使如一家；猜忌多，则骨肉不免为仇敌。"

贞观二十一年（647）又说："自古皆贵中华，贱夷狄，朕独爱之如一，故其种落皆依朕如父母。"

李世民为什么这么说？因为他们老李家本身就是汉夷混血的。别说他们家，就是整个北朝，几乎所有大一点的政权都有汉夷通婚的传统。

就拿老李家来说，父系是汉人是没问题的，但作为从西魏开始就地位显赫的北朝贵胄，娶个其他民族的妻妾是再正常不过的事情了。

西魏八柱国之一的李虎，从血统上来说是纯汉人，但从生活习性上来说，就与当时以读书为荣、以农耕为本的汉人大相径庭了。李虎的妻子安定梁氏也是汉人，所以他的儿子李昞也是纯汉人血统，但是再往下排就混了。李昞娶了独孤信家的四女儿做老婆，而独孤氏是鲜卑化的匈奴人，独孤信之母费连氏是鲜卑人，所以独孤信的血统是一半匈奴一半鲜卑。

独孤信的三个妻妾全是汉人，所以虽然不知道这位四小姐的母亲是谁，但可以确定她的血统也并非全是汉人。

李渊娶了窦氏，其实也给子孙增添了异族血统。窦氏就是本书开篇说的窦姑娘，这个窦姑娘的父亲窦毅是汉人，但母亲却是地地道道的鲜卑人（北周襄阳长公主）。

所以可以得出结论，李世民身上的少数民族血统，那是实打实的，不容置疑的。也因此，在李世民的心里，从来就没有华夷之别、汉胡之分，他心里的四海就是一家。

华夷一家，李世民也是这么做的。

在这种心理影响下，李世民推行了十分开明友善的民族关系和中外关系政策。

贞观四年（630），唐朝灭亡东突厥汗国后，没有采取历史上惯用的分离肢解措施，而是采取了"全其部落，顺其土俗"之策，尊重和保留突厥的社会组织和风俗习惯，在东起幽州（今北京）西至灵州（今属宁夏）一带，设置了顺、祐、化、长四州都督府妥善安置归附突厥降户，又在突厥原居地设置了定襄、云中两都督府对突厥留居民众实施管理。这些都督府的都督均由突厥本族首领担任，可以世袭，创立了新的羁縻府州制度。

这还不算，因为李世民从来没有瞧不起别的民族，所以他能频繁把宗室女儿嫁给各民族酋长，通过血缘关系形成合力，真正让四海成为一家。

既然是一家人了，那大唐的官也得给这些部落首领做，要不咋能体现出是一家呢？

既然给官做，那就别小气，别给个九品芝麻官糊弄人，给就给个大的。五品以上行不行？将军、中郎将行不行？在皇宫中任禁军行不行？

那还能不行？部落首领们趋之若鹜，满心欢喜，嘴巴、眼睛、眉毛都笑成漂亮的牡丹花了。

既然是一家，那就不要分彼此、内外，最典型的就是处理契苾何力与薛氏兄弟的矛盾。

当年的灭吐谷浑之战打得很漂亮，李世民高兴之余，派特使到前线去劳军。

代表皇帝的特使来了，众将领感觉很有面子。薛万钧也觉得露脸的机会来了，开始在特使面前大吹特吹。在吹嘘自己战功的同时，还贬低契苾何力的贡献。

契苾何力立下战功，并且在战场上救过薛氏兄弟的命，此番受到冷落不说，还遭到薛万钧的污蔑，愤怒瞬间爆发了，拔刀要砍死薛万钧。薛万钧的弟弟薛万彻是李世民的亲妹夫，为了救哥哥要和契苾何力对砍。

幸亏诸将都是经过战场洗礼的，反应迅速，瞬间死死控制住了契苾何力，才没有让薛万彻在特使面前血溅当场。

特使回去后，将此事正式汇报给了李世民。待李世民了解到详情后，大怒。于是决定，撤销对薛万彻的一切奖赏，转授契苾何力。

没想到，对于李世民的封赏，契苾何力却严词拒绝了，并且说：

"要是这样处置，那些胡人就会认为陛下重视他们而轻视汉人，这样以讹传讹，麻烦也会随之多起来；另外一点，他们要是认为大唐的将领都像薛万钧之流，就会对大唐产生鄙视心理。"

李世民见契苾何力这么明事理，也就不再坚持。

虽然表彰之事暂时搁置了下来，但李世民总觉得心中有件事未了，后来终于找到一个机会，将宗室之女、临洮县主李氏嫁给了契苾何力。这样一来，契苾何力就成了皇亲，和李世民成了真正的一家人。

人是一家人，地是一家地，经济、文化交流就方便了，中原地区先进的生产技术和文化传到边疆地区，对当时边疆地区的发展起到了关键作用。

据考古发掘，在西域地区的焉耆唐王城的窖藏里，发现有小米、高粱、麦粉和胡麻，还有石碾、铁犁、铁镰等生产工具。

在龟兹故地，发现了长达百里的干渠遗址，还有管理水渠的"掏拓所"的文书。

在吐鲁番等地还发现十二岁的卜天寿于唐睿宗景云元年（710）抄写的《论语郑氏注》，以及《史记》《汉书》《神农本草》等书的残纸。

除此之外，可以证实的传入少数民族地区的还有茶、绢等中原物品，以及建筑技术。

可别小看了中原地区的建筑技术传入边疆，这是非常重要的技术输出。在此技术影响下，回纥人逐步由游牧转向定居，开始模仿大唐的建筑，自己也修建城市和宫殿了。

至于西南边的吐蕃，那就更不用说了，自从文成公主嫁过去以后，中医药就在藏区落户了，中原地区先进的生产工具、蔬菜种子也带过去了，还有经史、诗文、工艺、历法等书籍，把藏区的文明程度和文化程度提高了不是一点半点。

这种经济文化交流不只有中原向边疆的交流，也有边疆向中原地区的交流，是双向的。以前咱们看史书，注重的大多是胡地的汉化，其实历史上也有汉地的胡化，边疆少数民族的生产技术和文化，也对汉文化产生了重大影响。

比如，大唐每年要从少数民族的边疆地区大量输入马、牛、羊等牲畜。马是战争的必需品，没有良马，就没法组建快速反应部队。

而牛则是农耕的必需品，在进入机械化耕种之前，牛是最好的耕种工具。牛速度慢，但力气大，是犁地时的主力。正是因为有了大量的牛，中原地区大量的土地被开垦出来，养活了大量的人口。而有了人，便有了一切。

羊就更不用说了，山羊可以产奶，绵羊可以产毛，两种羊都可以贡献羊皮，这就让中原人过上更加富足的日子了。

最重要的是人的交流。

西域的富豪、僧侣、音乐制作人、职业画家，大量进入内地，回纥的大商人也数以千计地涌入内地经商。他们在长安等地购置房地产，经营商业，还和汉人通婚，乐不思归，住下就不回去了。

因为有这些人在，西域各种风格的音乐、舞蹈、绘画，都在内地生根发芽结果。这些外来艺术，给大唐的艺术注入了新鲜血液，使大唐文化异彩纷呈，精彩夺目，惊艳四方。

民族和睦，边境安定，形势一片大好，四方来朝。

亚洲、非洲各国的使者、商人、艺术家、僧侣，都赶着往长安跑。那时的长安，绝对是世界级大都市，别国有的这里都有，别国没有的这里也有。鸿胪寺每天都在忙着接待外国使节，另有七十多个国家的使馆林立于城中，比较重要的有波斯（伊朗）、大食（阿拉伯）、尼婆罗（尼泊尔）、天竺（印度和其他印度次大陆国家）、吐火罗（阿富汗北部）、真腊（今属柬埔寨）、林邑（越南南部）、日本、高丽和百济等国。后来，比较远的堕婆登（今属印尼、苏门答腊）、拂菻（东罗马）也派大使来交好。

后来，也就不拘泥于长安了，洛阳、扬州、广州，都有外国人经商、居住。当然也不拘泥于高层的国家使节和腰缠万贯的富商巨贾，底层老百姓来的也不少，有卖胡饼的"穷波斯"，还有开小酒馆的、卖香料的。在他们眼里，大唐到处都是钱，到处都是机会，只要你肯干，就能收获大笔大笔的财富。

日益密切的交流也促进了大唐的经济繁荣，许多植物品种，如胡椒、菠菜、白豆蔻、郁金香、天竺干姜，还有味如甘饴的波斯枣，就是那个时候由波斯和印度传入中国的。这个时期，波斯的三勒浆和龙骨酒的酿造法也传到中国，成为中国人舌尖上离不开的美味。我们现在食用的砂糖的制作法，也是那个时期由李世民派人到中天竺的摩揭陀学来的。这一技术，让甘蔗熬出来的砂糖，无论是颜色还是口味，都大大超过了以前的砂糖。

还有高丽、康居国、安国（安息）的音乐舞蹈。

还有大量佛教经典，促进了翻译事业的发展。

还有景教、回教、摩尼教，也在中国传播。

当然了，经济文化的交流是相互的，大唐在接受这些外来品的同时，也在向外输出。丝绸、茶叶、瓷器、纸张等商品，主要是在这个时期被大量销往波斯等亚洲国家，再通过他们继续销往西方国家。造纸技术也一并传播，先是阿拉伯和印度，再传到欧洲和北非。

中国的古代典籍、诗歌、艺术、典章制度，以及儒学，都在这一时期被大量传播出去，深深影响了周边各国的发展。其中，最典型的当数日本。贞观十九年（645），日本开始"大化革新"，他们吸收大唐的均田制、租庸调制，以及官制、府兵制和刑律，建立起了完备的国家机构和制度，大大促进了本国社会发展。

那个时候，"唐家子"就是外国人对中国人的统称。也正是在唐代，中华民族新的代称——"唐人"形成，奠定了现代中华民族的基础。

看重儿子李泰

中国古代的政治权力交接，遵循嫡长子继承制，就是传男不传女，立嫡不立庶，立长不立幼。

嫡长子继承制的优点是显而易见的，最大的优点就是早早明确了权力继承人，可有效避免皇族兄弟间的内卷，让皇权有序延续。

但嫡长子继承制的缺点也是非常明显的。只要不是皇后生的长子，无论多么优秀，都没有继承皇位的资格（独生子除外）。一旦嫡长子出了问题，比如早亡，或者先天痴呆，事情就会变得非常糟糕，甚至威胁皇权正常延续。

比如晋惠帝司马衷（晋武帝司马炎嫡次子，因其兄司马轨两岁夭折，所以为实际上的嫡长子），尽管痴傻，但也被立为太子，并在司马炎死后顺利当上皇帝。后来大权旁落，引发了"八王之乱"。

再比如明朝太子朱标，成年后去世，当时还在位的朱元璋选择了朱标的儿子朱允炆当继承人。因为嫡长子朱标是第一继承人，嫡长子的嫡长子朱允炆是第二继承人。虽然朱标的亲弟弟朱樉、朱棡、朱棣、朱橚都是嫡子，但不是长子，所以连递补的资格都没有。后来的靖难之役中朱棣夺权，与嫡长子继承制的缺点不无关系。

正是因为嫡长子继承制的缺点过于突出，有些皇帝思虑再三，冒着很大风险，最后做出了换储的决定。李世民就是冒着风险换的，而且这个风险极大，留下的摊子差点收拾不了。

李世民有十四个儿子，其中长子承乾、四子魏王泰、九子晋王治皆为长孙皇后所出，都是嫡子。

李承乾于武德二年（619）生于太极宫承乾殿，李承乾的名字就来源于他出生的这个宫殿名，有承继大业总领乾坤的意思。

李承乾从小聪明伶俐，颇识大体，很受李世民喜爱。武德九年（626），浴血奋战后的李世民终于如愿以偿，登上了皇帝宝座，时年七岁的李承乾被立为太子。

这个小太子啥都好，只有一点不好——身体不好，动不动就生病，而且跛脚。所以李世民对他给予特别关照，不用多读书，只要经常跟老师孔颖达谈谈历史，有一定的观点就行。

不过，李承乾还是表现出了比较高的才能，在李世民让他试着写一写治国策略时，洋洋洒洒写了三页纸，而且言之有物，不空洞，不泛泛，很得李世民赏识。

难能可贵的是，李承乾不是纸上谈兵，而是确有实才。贞观九年（635），太上皇李渊驾崩，李世民按照礼制为其守孝，把朝廷政务交给李承乾处理。那段时间，李承乾把自己的治国才能尽情发挥出来，把国家大事处理得井井有条，进一步赢得了李世民的信任。后来，李世民每次出巡地方，都由李承乾在朝中处理政务。

虽然随着年龄的增长，李承乾逐渐染上了一些不良习气，但李世民对这个储君还是比较满意的。如果不出意外，大唐下一任皇帝就是李承乾了。

但不想出意外时，往往很容易出意外。这个意外就来自李泰。

李泰是李世民和长孙皇后生的第二个儿子，也就是嫡次子。李泰比李承乾小一岁，从小能文能武，多才多艺，而且身体素质好。因为有这些优点，李世民特别看重李泰，在李泰九岁时就让他遥领扬州大都督一职，此后又兼任雍州牧、左武候大将军、鄜州大都督、相州大都督，到了贞观十年（636），封魏王。

李泰迅速崛起，而李承乾则逐渐堕落，而且屡教不改。渐渐地，李世民的内心开始向李泰倾斜，并逐渐萌生了废李承乾、立李泰的想法。

因为李泰多才多艺，特别喜欢文学，所以李世民特准他在魏王府中开设文学馆，招揽天下名士，导致事情变得更加糟糕。因为文学馆本身就是个敏感信号，当年李世民就是通过办文学馆的方式招揽人才的，此举也为他发动政变、登上皇位打下了人才基础。现在又开了个文学馆，政治嗅觉灵敏的老臣们，能不对李泰趋之若鹜？

但也有对李泰不那么热情的，比如魏徵、王珪、褚遂良。

这几个人倒不是对李泰本人有意见，而是对破坏嫡长制的做法有意见。上一届的嫡长子被弄死了，这一届再把嫡长子弄下台，大唐的江山不垮也得乱。所以，魏、王、褚不去拍李泰的马屁，实则是为大唐全局考虑。

但李泰不这么想。

李泰想的是，你不支持我，就别怪我不客气。

李泰的不客气就是告御状。但告御状不能自己出面去告，也不能只告魏、王、褚三人，那样就显得太小气太没城府了，最好的办法是让别人去告，要有点有面地告，就说朝廷三品以上的高官大多轻视魏王。

大臣再大也是臣，魏王再小也是王，轻视王就是轻视皇上，况且李世民还有让李泰入主东宫的心思，所以当然不让。他把所有三品以上官员都找来训斥了一顿，顺便还提到了隋文帝杨坚，说那时一品以下官员在皇子面前都要低声下气，哪里还敢轻视？

大臣们诚惶诚恐，汗流浃背。唯一例外的是魏徵。

在别人纷纷跪地谢罪时，生性耿直的魏徵却直挺挺地站着，先是振振有词地回敬了李世民几句："说三品以上官员轻视魏王，那也得看这些官员与魏王的地位关系，如果是魏王高而官员低，那就有可能出现轻视，如果是地位平等的关系，又何来轻视？"

然后翻出了礼制，证明大臣与皇子地位相等，甚至还找出了《春秋》的相关记载，周王派出的朝廷使节，其地位甚至在诸侯之上。最后得出结论，凡三品以上者皆为朝廷公卿，就连陛下也应该对他们尊重礼敬，何况魏王？

当然了，一味地回怼也不行，还得夸几句，要不把当朝皇帝惹怒了，遭罪的还是自己和大臣们。魏徵说隋文帝放纵皇子为非作歹，最后自取灭亡，但您不一样，您是圣明之君，明君在位，既没有皇子凌辱群臣，更不可能有大臣轻视皇子。

魏徵的一番话，有理有节，李世民没词反驳了，只好皮笑肉不笑地说："我以私忘公，刚才恼怒的时候，还觉得自己有道理，等听到你的一番话，方知理屈。"

所谓轻视这事，算是翻篇了，但李世民心里想改立李泰为太子的心思却没翻篇。后来他干脆把话挑明了，说："人生无常，万一太子不幸，谁能知道将来哪位皇子会成为你们的顶头上司啊？"

谁都能听出来，李世民说的皇子，其实就是指李泰。李世民"万一太子不幸"这句话，已经很明确地表露出废立之心了。

别人都不吭声，只有魏徵又一次站出来表示反对。

魏徵反对的理由很充分。第一，自从周朝以来，皇位都是子孙相继，从来没有兄弟的份儿。第二，一旦发生夺嫡事件，极有可能引发朝廷大乱。

魏徵的话，聪明一世的李世民不可能不往心里去。其实他也知道，太子废立事关全局，稍有不慎，将置大唐于万劫不复之地。而且，太子李承乾虽然有些地方不及李泰，但也没有太大过错，还不至于被废。所以，李世民也就顺水推舟，再一次让步。

然而，李世民内心对李泰的喜欢，随着时间的流逝反而有增无减。最明显的例子就是，允许李泰入宫朝谒时乘坐小轿，这在满朝文武和所有的皇子中都是绝无仅有的。理由是李泰体胖，行动不便。

李泰是聪明人，很了解皇帝父亲对他的宠幸，所以也就卖力回报。贞观十二年（638），他听从司马苏勖"以著述为美"的建议，利用开文学馆的有利条件，组织人力编著《括地志》。

《括地志》是一部大型的地理学著作，正文五百五十卷，序略五卷，全面记述了贞观时期的疆域区划和州县建置，博采经传地志，旁求故志旧闻，详载各政区建置沿革及山川、物产、古迹、风俗、人物、掌故等，在当时无疑具有很强的现实意义和政治意义。

贞观十六年（642）正月，志得意满的李泰将刚刚完成的《括地志》呈给李世民。李世民看后龙颜大悦，对其大加赏赐，又打算让李泰入居武德殿，以便于"参奉往来"。同时，参与修撰的人也都没白干，都得到了不同程度的封赏。

编著《括地志》是个大工程，没人不行，没钱也不行。再加上主编李泰在李世民心里的特殊地位，所以李世民给魏王府的钱物赏赐逐年逐月增加，甚至超过了太子李承乾。

对这种越礼行为，褚遂良和魏徵等人深感不安，分别给李世民提了意见。

褚遂良的意见是针对给魏王赏赐过厚提的："自古有国家就有嫡庶之分。家长也好，帝王也罢，无论有多么喜欢庶子，在待遇和地位上都不能超过嫡子；嫡子的正统地位，必须得到确立。我的工作是向您建言献策，职责不允许我在别人沉默的时候不发声。我发现拨给太子的东西比魏王还少，朝廷上下官员知道了这件事后，都觉得不妥。"

魏徵的意见则是针对李泰搬进武德殿一事提的："武德殿在内宫，比较宽敞，魏王向您奏报也很便利。我知道您宠信魏王，想要他平安，不想让他处于嫌疑之地。但此殿在东宫之西，是当年李元吉旧居，我们认为这样不妥。"

忠言虽逆耳，但有利于大唐长治久安，这个道理，李世民比谁都懂。所以，他采纳了两位忠臣的建议，压缩了对李泰的赏赐，同时打消了让李泰入居武德殿的想法。

但即便如此，魏王李泰在诸皇子中的地位还是很特殊，人气飙升。黄门侍郎韦挺、工部尚书杜楚客（杜如晦的弟弟）等人，出任了魏王府的总管大臣，而他们也都比较自然地成了李泰的利益代言人，不但为李泰结交更多的朝廷官员，而且大肆吹捧，说李泰是如何的贤明，如何受当朝皇帝宠爱，大唐太子之位非李泰莫属。

多数官员都是见风使舵之徒，在杜楚客的忽悠下，没出几天就迷失了方向，纷纷把政治筹码押在李泰身上，公开站队李泰，其中就包括柴绍之子、驸马都尉柴令武和房玄龄之子房遗爱等人。

此时的李泰，已经确立了夺嫡目标。他相信，总有一天，那个瘸子大哥会乖乖地把太子之位让出来。

李承乾政变未遂

要想人不知，除非己莫为。

李泰暗中的一举一动，尽在李世民的眼里。

谋求太子位这事，李泰显得过于急躁了。无论哪朝哪代，废立太子都是地动山摇的大事，在皇帝还没拿准主意的时候，自己就上蹿下跳，拉帮结派，大树朋党，那就是作死。

其实，在魏徵、褚遂良等人的强烈反对下，李世民不但打消了太子的废立之心，还任命魏徵为太子太师，让他尽心尽力辅佐太子。

如果李承乾此后能洗心革面，好好做人，在李世民百年之后，还是非常有可能顺利坐上皇位的。

可惜，他不争气，整天声色犬马，游猎嬉戏。

当然了，他知道这些事放不到台面上，所以只在私下里干，在朝堂之上还是正襟危坐，满嘴的孔孟之道、治世之说，赢得了满朝大臣的举手称赞。

但是一回到自己的东宫小天地，马上就换了一副嘴脸，想怎么玩就怎么玩，想怎么说就怎么说，把那些圣贤学问全都扔到了爪哇国。

有时玩得太过分了，东宫辅臣会赶来劝谏。这个时候，李承乾就开始了他的表演，先是主动相迎，继而跪于门前开展自我批评，发誓改错，把大臣们想说的话全部堵在肚子里。

李承乾的表演功夫使他声名远播，大家一致认为，他就是一个贤明的储君。

又是储君，又有贤名，干点小坏事也没被发现，看来是安全无虞了，那就没有什么不可以玩的了。下一个节目，突厥文化研究。

具体的玩法是，找一些与突厥人貌似的手下人，说着突厥话，穿着突厥衣，留着突厥人的小辫，然后在东宫选择一块草地，架起帐篷，插上狼旗，装扮成在草原上牧羊的突厥部落，自己则是部落首领，每天杀牛宰羊，与左右分享，好不快活。

玩久了，李承乾又觉得不过瘾，他想出了一个更新更刺激的玩法，装成死去的突厥可汗，让人仿效突厥的风俗给他办丧事。

他这是玩，但对侍从来说，那就是遭罪，不但要骑马围着这具"突厥可汗尸体"一边转圈一边号丧，还得割破自己的脸表示哀悼。因为唯有如此，才符合突厥风俗，才能玩得跟真的一样。

一直玩到高兴了，李承乾这具"突厥可汗尸体"才从地上爬起来，手舞足蹈地说："将来我要是当了皇帝，就率兵到金城（今甘肃兰州市）以西打猎。那时候我会把头发解开，当个真正的突厥人，在李思摩手下当一个将军，啥事都不会落于人后。"

堂堂大国皇储的崇高理想，就是去突厥降将那里当个小小的将军，这事怎么听都感觉不对味。

事情闹得太离谱了，于志宁、张玄素、孔颖达等东宫辅臣又一次赶来劝谏。

与上次不同的是，李承乾既不主动相迎，更无长跪自批，甚至连变脸都懒得变了，而是充耳不闻，一个字都听不进去。

他决定采用新的办法来对付辅臣。

最简单最有效的办法就是杀。

李承乾一怒之下就派出了杀手张师政、纥干承基，打算一举除掉于志宁等人。只不过，适逢于志宁母丧，二人半夜潜入其宅，见于志宁和衣坐睡守孝，才不忍下手。

行刺不成的后果很严重。东宫的大臣们人人自危，再也不敢尽心辅佐李承乾，而李承乾也破罐子破摔，从此走上了自绝于李唐社稷的不归路。

不归路上不孤单，陪伴李承乾同行的还有他的叔叔、李渊的第七子——汉王李元昌。

这个李元昌其实是个人才，有勇有力，善骑射，善书法，善绘画，但在做人方面有点问题，在华州当刺史，以及在梁州当都督期间，做了很多违法的事，被李世民斥责了好几次，心怀不满，后来与李承乾走到了一起，开始了轻狂不羁之旅。

李承乾喜欢玩，比他大一岁的李元昌更喜欢玩，而且花样百出。他们最喜欢的是玩打仗游戏。双方各领一队人马，披铠甲，执竹刀，安营列阵，冲锋厮杀，乐此不疲。

竹刀也是刀，刺在身上也疼也出血。但疼的出血的不是这叔侄俩，而是陪他们玩的手下人，如果有人胆敢不服从，那就没好果子吃了，绑在树上一顿胖揍，直到服了为止。有倒霉的，还没来得及喊服，或者服了也被认为不服，最后被活活打死了。玩乐之余，李承乾曾说："使我今日作天子，明日于苑中置万人营，与汉王分将，观其战斗，岂不乐哉。"

打死几个人，在李承乾眼里跟踩死几只蚂蚁没啥区别，他的信条是："我为天子，极情纵欲，有谏者辄杀之，不过杀数百人，众自定矣。"

是否让这样的主儿继续当接班人，李世民不能不深思。

就在李世民陷入沉思之际，东宫又爆出了一桩丑闻：李承乾对一个叫称心的美少男甚是宠爱。

这个称心本来是个十几岁的乐童，因为长得漂亮，能歌善舞，很受李承乾宠爱。

果然，李世民知道了儿子李承乾的荒唐事，当即命人将称心处死了。这还不算，余怒未消的李世民把李承乾找来，当面臭骂了一顿。

挨顿臭骂，李承乾还没醒悟，竟然在东宫为死去的称心建了一座灵堂，塑了一尊雕像，还暗中追授其官爵，整天痛哭流涕，托疾不朝。

这一番操作下来，李承乾的储位就更加岌岌可危了。

其实，李承乾心里比谁都清楚，称心事件的告密者，非李泰莫属。

李泰为什么告密呢？因为利益，因为储位。

李承乾虽然是弟兄十四人，但其他人都是庶出，没有资格争，最有资格跟他争储位的只有李泰和李治两位嫡兄弟。李治懦弱且年龄尚小，还没有争储的心思。所以，用最简单的排除法也能推断出这事是李泰干的。

为了保住自己的储位，李承乾决定干掉李泰，暗中组织了一个一百多人的暗杀团，由左卫副率封师进和杀手张师政、纥干承基等人负责总体规划。

但李承乾在选人用人方面又一次翻了车，暗杀团不但没能除掉李泰，反而被李泰策反了一个，致使他的暗杀计划全部暴露在李泰面前。

至此，兄弟间的暗中较量，演变成了明刀厮杀。

李承乾知道，照此下去，自己的储位难保，李世民的废黜诏书随时会降临到他的头上。迫不得已，他决定先发制人。

想干大事，身边没有几个实力派人物不行，李承乾将目光盯在了开国元勋侯君集身上。

在当朝忠臣中，只有侯君集对现状不满，这成了李承乾拉他入伙的最大底气。

当年在平高昌班师时，由于被告发私取战利品，侯君集被囚禁下狱，幸亏中书侍郎岑文本求情，才免罪获释，但已彻底消沉。

但拉拢侯君集也不能太莽撞，需要有中间人穿针引线，这个人就是侯君集的女婿，时任东宫侍卫的贺兰楚石。

当贺兰楚石找到老丈人，一脸严肃地说出此事时，侯君集心里还有一丝战栗。但最终还是经不住诱惑，决定跟随李承乾大干一场。

在私下拜会李承乾时，侯君集当面表达了忠心，声若洪钟地说："微臣长着这双好手，就是要让殿下用的。"

招兵买马的工作还在继续。

搞定了侯君集，李承乾又用重金搞定了负责大内宿卫的禁军将领李安俨。

李安俨的作用有多重要，我们回头看看玄武门之变中的常何就知道了。

汉王李元昌则不请自到，主动加入了李承乾谋反的行列。

按说，李元昌最没有谋反的必要。因为不谋反他是王，谋反成功了他还是王。既然横竖都是王，那么冒着掉脑袋的危险参与谋反，让人怎么想都想不明白。

但李元昌自己明白，他想要的，是李世民身边的一个美女。此女不但漂亮可人，而且琵琶弹得极好。有了此女，自己下半辈子就无所求了。

这格局，让人不能不竖小拇指。

谋反队伍在不断壮大。驸马都尉杜荷（杜如晦之子，娶李世民的女儿城阳公主），开化公赵节（李世民的亲外甥），都加入进来，还有魏徵的长子叔武，也可能是李承乾死党。

谋反是十恶不赦的死罪，不但自己死，而且满门都得被斩，都得死。所以，要说心里一点恐惧都没有，那是扯谎。为了壮胆，杜荷搬出了人人都不敢怀疑的天象，他对李承乾说："我最近夜观天象，发现有变化之兆。"

正当李承乾大感兴趣之际，杜荷又献出了他的"万全之策"："只要殿下称病不朝，再对外放出口风说生命垂危，皇上必然前来探视，到时候……"话说半截，杜荷把手掌使劲向下挥了一下。

杜荷的意思，李承乾怎能不懂？于是两人击掌相庆，准备行动。

然而人算不如天算，就在这个节骨眼儿上，突然传来齐王李祐造反的消息，把所有的计划都打乱了。

李祐是李世民的第五子，果敢之处很像李世民，但心计就差远了。这家伙的果敢，其实连李世民也不一定能比得上，凭借着手里拼凑出来的几千兵马，竟然从他的封地齐州扯起了造反大旗。

造反历来都是大事，尤其是亲王造反，稍有不慎就可酿成燎原之势。为了尽快平息齐州之乱，李世民召名将李世勣，发怀、洛、汴、宋、潞、滑、济、郓、海九州府兵讨伐自己这个大逆不道的五儿子。

然而，李世勣的大队兵马还没到齐州，李祐就被齐州兵曹杜行敏给逮住了，关押在齐王府东厢房，随后被押赴长安。

直到此时，果敢而愚蠢的李祐才知道害怕，哭着喊着求皇帝父亲饶他一命。可惜，已经晚了。

贞观十七年（643）四月六日，李祐以谋反罪被贬为庶人，后被赐死于长安太极宫内。

谁都没想到，李祐之死，直接把地位不稳的李承乾送上了不归路。

其实若论心计，李承乾一点都不比李祐强，要不何以对纥干承基说了一番蠢话呢？

李承乾说："李祐那个傻小子，靠着几千兵马就想从齐州打进长安夺天下，那不是白日做梦吗？我的东宫，距离父皇的大内只有二十步远。我要是想干大事，肯定是惊天动地，齐王哪里能跟我比啊？"

李承乾能这么说，无非是想证明他比李祐聪明，但事实证明，他和李祐一样蠢。

李祐造反，是受了舅舅阴弘智的鼓动，以为自己很行，是块干大事的料，结果把自己弄死了，属于没有知人之明。而李承乾也没好到哪儿去，他以为纥干承基是自己的心腹，不可能出卖他，偏偏纥干承基真就把他卖给李世民了。

原来，纥干承基受到李祐谋反案的牵连，被朝廷抓起来，关进了大理狱。他知道自己犯的是死罪，想要活命就必须立下大功，才能将功折罪。为了活命，纥干承基把李承乾那句话原原本本地告诉了李世民。

齐王谋反案刚落地，自己辛辛苦苦培养了十几年的太子也要谋反，李世民心如刀绞，头痛欲裂。但此刻还不是顾着自己伤心的时候，赶紧命司徒长孙无忌、特进萧瑀、兵部尚书李世勣、大理寺卿孙伏伽、中书侍郎岑文本、御史大夫马周、谏议大夫褚遂良等人会审李承乾，结论是"反形已具"。

这个时候的李承乾，才知道自己看错了人。虽然心里恨透了纥干承基，却也无可奈何。在大量证据面前，只好承认谋反，并且把谋反的计划和盘托出，以求宽宥。

李世民顺藤摸瓜，查出了弟弟李元昌、女婿杜荷、凌烟阁功臣侯君集跟儿子李承乾一起密谋，想让李承乾装病引自己去东宫探病，乘机杀了自己。

李世民被惊出一身冷汗，他黯然神伤地问大臣们："承乾该如何处置？"

按律自然当斩，但是皇帝的儿子，又是太子，谁敢说斩啊？说不斩，似乎也不妥。所以没人表态。

最终，还是通事舍人来济站了出来，说"陛下不失为慈父，太子得尽天年则善"，委婉地劝皇帝留太子一命。

李世民等的就是这句话，毕竟父子情深啊，李承乾虽然犯了死罪，但也舍不得杀。

四月初六，李世民下诏，废黜太子，贬为庶民，囚禁在右领军府，不久又将其流放黔州（今四川彭水县）。

而来济也因为解了李世民的难心事得到重用，官职不断升迁，不久就升任考功员外郎，次年便升任中书舍人。

在李承乾被囚禁于右领军府期间，李世民曾去探望，并不无爱怜地责问："你已经是太子了，为何还要谋反，难道就这么等不及了吗？"李承乾直言道："我之所以为此不轨之事，就是因为李泰想夺取太子之位，我也是为了自保罢了。现在如果立李泰为太子，就正好落入他的阴谋了。"

听闻此言，李世民的内心拔凉拔凉的。

心情平复后，李世民继续处理谋反案。李安俨、杜荷、赵节，全部处死，一点情面都不用讲。但面对李元昌和侯君集，李世民又一次感到了棘手。

毕竟，一个是亲弟弟，一个是曾经跟随自己出生入死的老部下，这个刀还真不好落下。但这两人都没躲过群臣的讨伐之嘴，最后只能赴死。

李元昌谋反证据确凿，在"不杀不足以平臣愤"的喊杀声中，被赐死家中。

侯君集则略显不同。自始至终，侯君集都没承认参与谋反，而朝廷掌握的证据也不足以定他的谋反罪。就在侯君集暗自窃喜、以为跨过了鬼门关的时候，他的女婿贺兰楚石为了争取宽大处理，突然跳出来，主动检举揭发了他勾结太子、策划政变的经过。事情瞬间反转，侯君集只好低头认罪。

虽然群臣都喊着要求杀侯君集，但李世民却有点不舍，在行刑前特意到牢中见了侯君集最后一面，对侯君集说了一句情意深重的话："老伙计，永别了，以后再想见你，只能见公遗像了！"说罢，泪流满面。

侯君集毕竟是沙场老将，死到临头也没腿软，在表达了忏悔之意后，最后求了李世民一件事："我一误再误，终于走到了不可挽回的地步。在陛下还是亲王的时候，我就侍奉左右，后来又率军西征，灭了吐谷浑和高昌国。看在我曾有功于陛下的面子上，给我留下一个儿子延续香火吧！"

李世民答应了，在抄没侯君集的家产后，赦免了他的妻子和一个儿子，流放岭南。

李承乾的政变以未遂的方式结束。但很多人一直没搞明白，既然是李泰与他争皇位，为什么李承乾不效仿李世民当年的玄武门之举，抢先干掉李泰，而是谋求政变推翻李世民呢？

其实，这与父子二人面对的情况不同有关。

当年，李渊是三个儿子（庶子不算数）两条心，而李世民则是三个儿子三条心。李世民除掉李建成和李元吉，皇位便已是他的囊中之物，但李承乾不行，因为九弟李治没有参与到他和李泰的皇位之争中来，如果只是除掉李泰，很有可能让李治渔翁得利，但如果连李治一起除掉，则犯了滥杀的大忌，最后也是个败。

另外一点就是，李承乾根本就没办法与李世民相比。李世民南征北战，战功赫赫，而且手下有一大批忠心耿耿的文臣武将，其势力连李渊都得忌惮三分。李承乾则是温室里培育出来的鲜花，看着好看，但一经风雨就蔫，成不了大事。

在边瘴之地度过了两年生不如死的岁月后，李承乾于贞观十九年（645）抑郁而终，年仅二十六岁。白发人送黑发人，这个打击对李世民来说太大了，废朝一日以示哀悼。

此时的李世民想起了李渊，当年自己亲手斩杀了大哥建成和四弟元吉，顺带处死了十个侄子，那时的李世民并没有什么感觉。但此刻他似乎又回忆起父亲求自己不要杀侄子时的眼神，也只有此刻，李世民才能切身体会到李渊当时的心情。

但是他始终不明白，自己到底做错了什么，以致孝顺的儿子竟然走到要谋害自己的地步。

这个结，李世民永远也解不开。

花落李治家

李承乾惨败，李泰似乎成了最大的赢家，他为自己借刀杀人的成功暗自窃喜。今后，他要做的最重要的事就是博得李世民的欢心，把储位顺利拿到手里。

其实，李世民也有些无奈中的愉悦，因为他本来就想改立李泰为太子，只是因为牵扯的问题太多才作罢，现在李承乾出局了，自然就可以考虑立李泰为太子了。

李世民心里最看重的还是李泰，他觉得李泰不但有理想、有抱负，而且有韬略、有才情，很像年轻时的自己，是皇三代的不二人选。由李泰继承帝业，他是最放心的。

于是，李世民当面向李泰许诺，立其为太子。

这时候的李泰，内心狂喜异常。经历百转千折，终于可以坐上储君之位了。但他知道，九弟晋王李治还在，虽然年纪尚小，但绝对是他潜在的对手。

为了表忠心，也为了消除李世民的忧虑，李泰说出了一番刻骨铭心的话："臣直到今天才真正成为陛下的儿子，这是臣的再生之日啊！臣有一子，等到臣死的那一天，一定为陛下把他杀了，将皇位传给九弟晋王。"

李泰不但要说到，也要做到。每天，必入宫侍奉父皇，表现得极为谦恭，这让李世民很是满意。

虽然前太子李承乾谋反让李世民很是伤心，但即将继任的李泰还是不错的，他受伤的心灵终于得到了抚慰。

但是没想到，就立魏王李泰为太子的事与群臣商议时，大殿之上的意见立马分成两派。

中书侍郎岑文本、黄门侍郎刘洎全力支持立李泰为太子，给事中崔仁师虽没在朝堂之上明确表态，但也暗中表达了立李泰的意思。

司徒长孙无忌和谏议大夫褚遂良则极力反对。

此时，李泰已经得到李世民垂青多时了。出于偏心，李世民将李泰不久前表忠心时说过的话又在大臣面前重复了一遍，目的是以此来说服反对者。

没想到，这一重复，遭到了褚遂良有理有据的反击。褚遂良毫不客气地说："陛下三思！陛下万岁之后，魏王据有天下，又怎么可能杀掉自己的儿子传位给晋王呢？陛下当年立承乾为太子，又宠爱魏王，且魏王一切待遇超过承乾，才会有如今的祸事。教训在前，足以成为借鉴。如今要立魏王为储君，务必要安置好晋王，以保证他的安全。"

一语惊醒梦中人。

世上哪有大权在握后主动杀死自己的儿子，让位给弟弟的人呢？

即使有，那也是极度自私、极没人性的人，怎么可以把权力交给这种人呢？这是其一。

其二，一旦李泰上位，李承乾和李治的小命怕是都保不住了（商议这事时，李承乾还没有死）。

还有一点，褚遂良说已经说得很明白了，如果非要立李泰为太子，那就先废了晋王的爵位，贬为庶人，让他远离权力中心，或许能够让新太子，也就是将来的皇帝李泰放他一马，保住一条小命。

但是，无论是魏王还是晋王，都是自己的亲儿子，虽然有薄有厚有偏有向，但立一个贬一个，还要连带上已经被废了的前太子，这事李世民还真做不出来。

李世民最不愿看到的就是为了争夺权力而手足相残。当年在玄武门发生的悲剧犹在眼前，他怎么能让自己的下一代再重演一次？

李世民不得不承认，褚遂良的话是有道理的。此刻，他又想起了李承乾被囚时说过的话，尤其品味出了"如果立李泰为太子，就正好落入他的阴谋了"的分量。

李世民考虑再三，最后不得不对群臣说："承乾说得对。朕若是立魏王为储君，那就默许了储君之位可以经此得到。魏王成为储君，承乾跟晋王都不得周全；晋王成为储君，则魏王和承乾都可安然无恙。"

李世民的儿子不少，但最合适的当数晋王李治。

因为李治是嫡子，就凭这一点，其他儿子就只能靠边站。而且，李治品性好，以"宽仁孝友"闻名。贞观十年（636），长孙皇后病逝，三个亲生孩子里，属李治哭得最悲切，李世民多次加以抚慰，也更加宠爱他。

但宠李治和宠李泰不是一样的宠，宠李治更多的是出自亲情，让他做个臣子安度一生；宠李泰更多的是出于政治考虑，想让他接自己的班，做大唐的皇帝。

而今，太子李承乾被废，李泰也被否，看来只能立李治了。李治虽孝，却生性柔弱，不是李世民看好的接班人。

执政以来，李世民第一次感觉到当个皇帝不容易。

而就在这个时候，琢磨不透老爸心思的李泰，在心急如焚中走了一步臭棋，直接让李世民下决心把储位送给了李治。

李泰去恐吓李治了。

"你历来和元昌友善，如今元昌已被处死，你难道就不担心自己的脑袋？"

他以为懦弱的李治会被这句话吓退，进而主动退出储位之争。如果自请废爵，远离权力中心，那就更好了。

李泰算计得没错。李治听到这句话，确实被吓得面如死灰，哭丧着脸，惶惶不可终日。但李泰没算计到的是李世民的反应。见李治天天愁容满面，李世民甚觉不对，一再追问，李治终于把李泰吓唬他的话原原本本地讲给了李世民。

李世民别无选择。

一次朝会散班后，李世民留下了房玄龄、长孙无忌、褚遂良和李世勣四人来到自己的房间，神情凄然地对他们说："我三子一弟，所为如是，我心诚无聊赖！"

说完，一头向床头撞去。长孙无忌等人赶忙拦住，李世民马上又拔出佩刀自杀。褚遂良见状，跨前一步将佩刀夺下，转身交给呆立在一旁的晋王李治。

李世民内心翻江倒海。

但长孙无忌似乎不理会这些，上前追问："到底要立谁为太子呢？"

李世民缓了口气说："立晋王吧！"

长孙无忌大喜，即刻表态："臣等恭奉圣诏，如有异议者，臣请皇上格杀勿论！"

站在旁边的李治，已经被眼前这一幕给惊呆了，直到李世民对他说"你舅舅已经许你为太子，还不赶快拜谢"时才缓过神来，赶紧跪地叩头，向长孙无忌表示感谢。

新太子人选就此敲定。

这事，挺蹊跷。

蹊跷一，李世民是皇上，选谁做继承人也是他说了才算数，为什么要李治谢他舅舅长孙无忌呢？

蹊跷二，李世民说的让他不省心的"三子一弟"，当然是指他的三个嫡子李承乾、李泰、李治，还有弟弟李元昌。但是，这话听起来有问题。李承乾和李元昌想谋反，这是最大的不省心，李泰想夺嫡，也不省心。可李治却是个乖儿子，既没想谋反，也没想夺嫡，有啥不省心的？

蹊跷三，李世民是何等神武，怎么会为了几个不省心的人和几件不省心的事拔刀自尽呢？这也不是他的性格呀！

蹊跷四，李泰和李治都是长孙无忌的亲外甥，为什么长孙无忌力挺李治，而极力打压李泰呢？

其实，所有的蹊跷，谜底都藏在在场的四位部下身上。

先说房玄龄。

论谏言，房玄龄没有像魏徵那样扯着李世民衣袖喋喋不休；论武功，也没有尉迟恭那样横扫千军的威武，但在朝气蓬勃的初唐，却处处有着他的影子，尤其是在策划"玄武门之变"时，厥功至伟。在工作中，他如一头任劳任怨的老黄牛，孜孜不倦地处理着庞杂的日常事务，默默辅佐李世民，从不计较个人得失，从不与人争功，至于说居功自傲，更是与他不搭边。李世民对他是极其信任的。

再说长孙无忌。

长孙无忌是李治的亲舅舅，当然也是李泰的亲舅舅。但李泰这个人有自己的势力，且敢于向元老们叫板，有点强势过头了，不好控制。一旦李泰接手大唐最高权力，他这个亲舅舅就得乖乖地卷铺盖回家。而李治年龄还小，性格也比李泰柔弱，他可以以辅佐之名，再掌朝权。

然后说褚遂良。

褚遂良是当年秦王府学士褚亮之子，历任秘书郎、起居郎等职，时任谏议大夫，属于政坛新秀。虽然他资历较浅、官阶不高，但继承了魏徵衣钵，忠言敢谏，李世民甚是器重。

最后再说说李世勣。

很多人以为李世勣与李治没什么关系，其实不然，他们之间的关系深着呢！

早在贞观七年（633），年仅六岁的李治就被授予并州大都督一职，这么小的孩子，李世民不可能让他真去属地赴任，只能找个可靠的人代行职权，于是就选中了办事稳重且有很高威望的李世勣，让他任并州大都督府长史。所以，从那个时候起，李世勣实际上就成了晋王李治的人，他在并州的政绩，既是他自己的，也可以算是李治的，二人一荣俱荣、一损俱损。所以也就不难理解，为什么李世勣会出现在内定储君的核心会议中。

在并州任职八年后，被李世民盛赞为"国之长城"的李世勣转赴朝中任兵部尚书。又过了两年，在决定储君人选的时候，开国名将李靖、尉迟敬德等人，因年龄太大淡出政治舞台，而侯君集又在此次储君危机中因谋反被诛。在此情况下，李世勣作为军方代表，且是李治的核心倚靠，其政治地位自然非常人可比。

这与汉初"商山四皓"护刘盈有异曲同工之妙。

再看看李泰。

虽然李泰的背后也站着很多厉害主儿，但与房玄龄、长孙无忌、褚遂良、李世勣比起来，还是显得太嫩了些。虽然李世民在个人感情上更倾向李泰，但理智告诉他，李治才是更合适的人选。选李治接班，大唐不会乱，更不会改弦易辙。

当然也不能抛开李世民在这件事上的个人感情因素。

作为雄才大略的皇帝，在接班人选择上是如此的艰难，心里的无奈和苦涩是外人无法理解的。所以，他才会一反常态，把李治跟其他人一块儿数落了一番，继而又寻死觅活，最后又对李治说"你舅舅已经许你为太子，还不赶快拜谢"，把自己弄得像一个大权旁落、心有不甘的"苦主"。

李世民这样做，本质就是一场政治表演秀，既是给李治看的，更是给在场的四位大臣看的，如同当年的刘备向诸葛亮、李严等人托孤：你们要尽心尽力辅佐我儿子啊，否则就是对我做出巨大牺牲的辜负。

大事已定，剩下的事情就是召集百官宣布了。

李世民的儿子不少，但有资格参与立储的只有三个嫡子。现在，李承乾被废，众人只能在李泰和李治之间选一个了。在太极殿举行的会议上，身经百会的大臣们，决定先听听李世民表态再做决定。

果然，李世民表态了："承乾谋反，李泰也不是省油的灯，这俩人都不可能立为太子。你们看看，选谁当太子合适呢？"

这就是说，李泰也被排除了。这就好办了，众皆欢呼："立晋王。"

于是，李治顺利当选。

同一天，李世民传召魏王李泰入宫。

心眼儿足够多的李泰，意识到此行凶多吉少，但又不能抗旨不去，无奈之下，只好带着几百个随从骑马前往。刚到永安门，众多随从就被守门官拒之门外，李泰只好怀着忐忑的心情来到内宫大门之一的肃章门。刚进门就不出所料地被扣押，随后被软禁在太极宫北的西内苑（北苑）。

贞观十七年（643）四月初七，李世民亲临承天门，下诏册立晋王李治为太子，同时大赦天下。

全国同庆，只有李泰闹心。被软禁没几天，李泰就被李世民贬黜了魏王的爵位。至此，李泰彻底败北，再无翻身可能。爵位降为东莱郡王，所任雍州牧、相州都督、左武候大将军等职务全被解除，亲信全部被流放岭南。小跟班杜楚客论罪当死，但以其兄杜如晦之功而被赦免，废为庶人。

事情还未结束。

被降为东莱郡王后不久，李泰又被改封为顺阳王，虽然爵位有所上升，但从此远离长安政坛，只能徙居均州的郧乡县（今湖北郧县），与流放无异。

贞观二十一年（647），李泰再被改封为濮王，政治待遇略有提升。李世民去世后，李治顺利即位，念及兄弟之情，特准李泰开府置官，并赏赐给他大量钱物。

对于普通人来说，可以尽情吃喝玩乐，这已经是妥妥的幸福生活了，但李泰毕竟不普通，再优渥的生活也弥补不了他政治上的失意。

永徽三年（652），郁郁不得志的李泰卒于郧乡，年仅三十五岁。

在这场波谲云诡的政治博弈中，李承乾铤而走险，李泰处心积虑，最终都没吃到好果子，倒是年轻、幼稚的李治成了最后胜出的政治黑马。

扫除障碍

经过一番折腾，大唐储君人选终于定了下来，虽然不是李世民想要的最好的结果，但也不是最坏的。

现在最要紧的，是给太子李治安排一个可靠的幕僚团队。经过缜密思考，李世民做了如下安排：

太子太师由长孙无忌担任，太子太傅由房玄龄担任，太子太保由萧瑀担任，太子詹事由李世勣担任，太子宾客由褚遂良担任。此外，又任命左卫大将军李大亮领右卫率，前太子詹事于志宁、中书侍郎马周为左庶子，吏部侍郎苏勖、中书舍人高季辅为右庶子，刑部侍郎张行成为少詹事。

安排完了这个超豪华阵容，李世民即着手为年少仁厚的太子铲除政治障碍。首先遭殃的是崔仁师、岑文本和刘洎。

先是找了个"忤旨"理由将崔仁师给贬了，在征辽战争中将崔仁师与魏王泰的党羽韦挺绑在一起，韦任正职，崔任副职，共同主持海运事务，后又派去河南管理漕运。崔仁师认为漕运路线曲折遥远，恐怕所运物资不能及时到达，就自作主张征调近海租税充作军饷。因运输的兵卒逃亡没有奏闻获罪，被除官为民。

虽然崔仁师后来又被起用，先任中书舍人、检校刑部侍郎，后升任中书侍郎，参与主持机要事务，但不怕没好事，就怕没好人，深知此番被起用甚是不易的崔仁师，在"甚承恩遇"的同时，遭到不是好人的中书令褚遂良的忌恨，然后坏事也跟着来了，当时有人伏阁上诉，崔仁师没及时上报，最终以"罔上"之罪被黜配边远之地的龚州（今广西平南县），一辈子算是拉倒了。

对岑文本和刘洎，李世民的策略是明用暗防，表面上给他们升官晋职，分别提任中书令和侍中，与马周依照次序一天接一天地去李治处谈论治道，辅佐太子。

但岑文本早就看透了李世民的心思，虽然升官，却忧心忡忡。他的母亲感到奇怪，问他是咋回事，他说："我在朝里非勋非旧，过度承受荣宠，贵重位高，所以忧惧。"

亲朋好友听说他升了官，都前来庆贺，他却苦着脸说："今天只受吊，不受贺。"

有人劝他多置些田产，他叹道："我无汗马之劳，只因文墨致位中书令，这也到了极点了。承受俸禄之重，使我恐惧已经很多了，怎么还能再谈置买田产呢？"

后来，岑文本随李世民征辽东，被委以重任，但他神情恍惚，一直高兴不起来。在回师途中，病逝于幽州，享年五十一岁，算是善终。

相比较而言，刘洎就没岑文本那么识时务，人生结局也悲惨得多。

平时敢于谏言的刘洎，到了此时也没改掉他固执己见的本性。贞观十八年（644），李世民巡幸太平宫，又一次要大臣们讲讲他的过失。长孙无忌等人见风使舵，都说"陛下无失"，唯独刘洎当场唱了反调："近来有人上书时说了一些您不爱听的话，您当面就给了一顿斥责，让人下不来台，这恐怕不是广开言路的办法。"

征高丽前，李世民命刘洎与高士廉、马周留守，共同辅佐太子监国于定州。临行前，李世民交代刘洎说："我远征高丽，留下你辅佐太子，社稷安危都寄托在你身上了，你要明白我的深意。"

但刘洎随后说的一句冒失话，却直接惹怒了李世民。

刘洎说："您就放心吧。如果大臣犯了罪，我立杀无赦。"

本来是一句表忠心的话，但李世民却觉得有些怪异，认为是口出狂言，便告诫他说："君不密则失臣，臣不密则失身。你性情耿直，容易遭祸，应当慎重行事。"

贞观十九年（645），李世民征高丽失利，回到定州时病情严重。刘洎与马周觐见，在退出来后，褚遂良上前打探情况，刘洎说："皇上病情严重，令人担忧。"

但狡诈的褚遂良却背地里跟李世民打小报告："刘洎说，朝廷大事不足忧虑，只要依循伊尹、霍光的故事，辅佐年幼的太子，诛杀有二心的大臣就可以了。"

这个话，性质就很恶劣了：这是在盼着李世民早死。

躺在床上的李世民听了这番话，气得差点吐血，等到病愈，立刻找来刘洎当面质问。

刘洎以实相告，并说那天马周也在场。李世民又问马周，马周也证实，刘洎当时说的仅仅是"皇上病情严重"这些话。但褚遂良还是一口咬定刘洎说过"朝廷大事不足忧虑"那些话。

李世民因刘洎之前说过"如果大臣犯了罪，我立杀无赦"的话，便对褚遂良的话深信不疑，马上下诏，赐死刘洎。

可怜的刘洎，在临终前很想写点东西给李世民看，大概是想诉诉自己的冤屈吧，但狱吏不给纸也不给笔，于是最终也没有留下什么遗言。

这件事后来被李世民知道了，大怒之下处罚了狱吏，但并没有给刘洎平反。

从表面看，这事有点蹊跷。以李世民的聪明，基本不会相信褚遂良的一面之词，即使对刘洎不满，想处置刘洎，也会做深入调查，直到拿到有足够说服力的证据才行。但仔细想一想，褚遂良的话已经说到这份儿上了，那就表明要与刘洎鱼死网破。此时，李世民只能二选一：要么相信刘洎，褚遂良死；要么相信褚遂良，刘洎死。

在政治斗争中，李世民放弃了刘洎。

解决完刘洎，下一个就轮到了郧国公张亮。

贞观二十年（646），有陕人常德玄密告张亮谋反，私养五百义子。

张亮作为大唐的高级官员，他谋反，可不是小事。李世民立即派出马周等人前往调查。

马周领命后，即刻抓捕了张亮身边的两个术士程公颖与公孙常。这两人很快就招供了，将张亮的各项"谋逆"罪名统统抖了出来。他私养义子的事也属实。

但张亮拒不认罪。他辩解道："程公颖与公孙常这两人是怕死，所以诬陷我。"

马周听了呵呵一笑："冤枉不冤枉，我说了不算，你说了也不算，皇帝说了算！"

张亮又自述其辅佐之功，希望李世民能网开一面，宽大处理。

案件报到李世民那里，李世民询问群臣意见，大家都认为张亮谋反证据确凿，事实清楚，理当处斩。只有品级相对较低的李道裕上奏说，张亮"反形未具"，建议无罪释放。

李世民盛怒，说："张亮养了五百义子这是想干啥？这不就是想谋反吗？"说完，不再多言。

想当年，李世民发动玄武门之变时，手下也就八百人。按唐律，东宫太子的卫队也才六百人。一个大臣竟然敢私养五百义子，是何居心？李世民不盛怒才怪。

但念张亮之功，李世民派长孙无忌、房玄龄到狱中与张亮诀别，之后将他押到长安西市斩首，并没收了家中全部财产。

一年后，朝廷刑部侍郎一职有缺，刑部尚书推荐了好几个人，李世民都不满意，由此想到了张亮，忍不住发了一通感慨："处死张亮前，李道裕说他'反形未具'，现在看来，这话有道理呀！"

从这件事上，是不是可以断定张亮之死是冤案呢？是不是可以说李世民杀错了呢？

其实，张亮死得一点儿都不冤枉，李世民也没有杀错。因为张亮的私生活不检点，不但私养数百义子，而且崇信术士、迷信谶语，这些都是为人臣者大忌。

张亮是郑州荥阳人，因家里穷，供不起他读书，只能在家种地。但他性格里的不安分，注定他不会一辈子土里刨食，一有机会，便会乘势而上，干出一番事业。

机会终于来了。隋朝末年，天下大乱，张亮扔下锄头，投靠了瓦岗军，在徐世勣手下跟班。后来，徐世勣择良木而栖，投靠大唐李世民帐下，张亮也随之弃暗投明，投靠了大唐新政权。再后来，经房玄龄推荐，张亮进入秦王府，官职也由骠骑将军升为车骑将军，正式成为李世民的心腹。

在玄武门之变中，张亮坚决站在李世民一边，全力支持李世民与李建成一决高下，因而得到重用，历任御史大夫、工部尚书、洛州都督。在侯君集谋反时，张亮再立一功，改任刑部尚书。李世民征高丽，张亮任沧海道行军大总管，统领大军随李世民远征，一时风光无两。

可以说，在李世民手下，张亮得道升职，这与他的个人能力是分不开的，但他品行不端，为他引来了杀身之祸。

还是在张亮主政地方的时候，他就抛弃了结发妻子，娶了漂亮但有淫行的李氏。

自从李氏攀上了张亮这位大唐重臣之后，恃宠而骄，连张亮都不放在眼里，公开与人厮混。当时，张亮的儿子已经成年了，看到李氏如此放荡，就劝张亮，严格管束李氏。没想到，张亮不但不听劝，反而疏远了自己的亲儿子，令人百思不解。

当然了，如果仅仅是家务事，再乱也不至于丢了脑袋。让张亮丢脑袋的更大原因是宠信术士，这是为官之大忌。

张亮门下有两个术士，一个叫程公颖，另一个叫公孙常，经常合作给张亮出馊主意，而张亮竟然全盘接受。

当初张亮在相州任职的时候，曾经对程公颖说："相州形胜之地，人言不出数年有王者起，公以为何如？"

在一般人听来，张亮的话无异于谋反，要及时给张亮提醒，把事情压下去。但程公颖不怕事大，不但不压事，还故意渲染，说张亮睡觉时像一条卧龙，日后必大贵。

张亮只是说会有王者起，没说这个王者是谁，到程公颖嘴里，张亮就成了一条卧龙，而张亮居然信了。他也不想想，这可是妥妥的死罪呀！

公孙常是个能言善辩的家伙，自称会炼丹，有长生不老之术，张亮对他更是看重，奉为上宾。

一次，张亮问公孙常："我听八卦书上有一句话说'有弓长之君当别都'，你说这事是真是假？反正我是不大信。"

自己都不信的鬼话，还用得着问别人吗？所以，张亮明显是在试探。

相州是北朝旧都（相州的州治邺城是南北朝时期东魏、北齐国都），弓长合起来就是张亮的姓氏。

公孙常是何等聪明，还能听不出张亮话里的意思？他接过张亮的话顺杆往上爬着说："经我推算，八卦书上确实有'有弓长之君当别都'这句话，这是天授帝王之意呀！"张亮想要的就是这句天意，听后果然大喜。

作为开国功臣，张亮历任要职，理应起到模范带头作用，但他却任由老婆胡作非为，听任术士胡说八道，德不配位，智小谋大，最终被诛，也是李世民为下一任皇帝扫除了祸患。

除此之外，张亮被杀应该还有一个原因，那就是张亮在贞观七年（633）曾代替魏王李泰行相州大都督长史，这就在事实上成了李泰的党羽，想不死都不可能了。

还有李君羡。

李君羡是很受李世民重用的一个名将，从安排他镇守玄武门这一点就可以看出来。

李君羡也算是出身名门，父亲李虔是隋朝泗州刺史，后来李君羡加入瓦岗军，打算跟随李密创建一番事业，奈何李密这个人不行，所以就投靠李渊了。

"弃暗投明"之后，李君羡随李世民南征北战，参与过大破宋金刚之战、征讨王世充之战、攻打窦建德和刘黑闼等人的经典战役，在这些战役当中，李君羡表现不俗，逐渐得到李世民重用。

后来，李君羡在玄武门之变中坚定地站在李世民一边，在李世民登基之后，李君羡任左武候中郎将，继续建功立业。

李世民登基初期，突厥突然派兵挑衅大唐，李世民派李君羡以及尉迟敬德迎战突厥，最终解除了长安之危。能够与尉迟敬德搭档，共同解长安之围，这件事足以说明李君羡在李世民心中的地位了。

解了长安之围，李君羡继续升职，任左武卫将军，负责掌管重中之重且异常敏感的玄武门宿卫工作，此后又被封为武连县公。

在讨伐吐谷浑之战中，李君羡追随段志玄一起出征，立下赫赫战功，得到李世民的更多奖赏。

此时，刚刚四十出头的李君羡，职业生涯达到巅峰，要是继续按照这样的速度发展下去，必然会成为大唐更著名的人物。

可就在这时，一个莫名的预言以及一场激动人心的宴会，彻底改变了李君羡的人生。

这个预言就是唐初最为著名的"唐三世之后，女主武王代有天下"。

据现代史学家考证，这是一出子虚乌有的预言，这件事的整个经过都是武则天登基后杜撰出来的。但史书《旧唐书·李君羡传》对此记载得很详细，咱们不妨把这事的前因后果详细说一说。

贞观初年，有一段时间，太白星多次在白天出现。这种天文现象在现代很平常，但在古代就不一样了，这是天象异常，是很重要的，没人敢无视。

所以，李世民十分重视，立即将专门负责天文研究的太史局官员找来询问。

此人当场算了一卦，根据卦象，给出了一个精准预言：女主昌！

李世民听后感觉很纳闷。长孙皇后那么贤惠，又不干政，哪来的女主昌？

显然是半信半疑的，但也没过多地去追究，但没过多久，又出事了。长安街头突然流传起一则谣言：当有女武王者。

这内容跟之前太史说的"女主昌"高度相似啊，李世民十分不爽，可不爽也得忍着。

因为内容实在太有限了，就六个字儿，根本无法找到预言里说的是谁，想提前灭了都找不到对象。

没办法，日子还得照样过。正当大家快把这茬儿忘了的时候，一场寻常的宴会突然触动了李世民紧绷的神经！

这个宴会本来是李世民邀请了军中的高级将领们一起喝酒，可问题是总不能干喝吧？那多没劲。

但军中将领文化水平有限，像对诗啊、接对联啊之类的，他们都玩不转，弄不好还得冷场。

所以，李世民想了一招，让大家都说一下自己的乳名儿，以此助兴。

轮到李君羡的时候，他说自己的乳名儿叫"五娘子"！

人高马大、胡子拉碴的大男人，居然叫五娘子。现场立刻哄堂大笑。

李世民听完，也是当场大笑，还顺便调侃了一句：既然你是女子，为什么长得这么健壮勇猛？

正当大家喝得开心时，李世民突然感觉不对劲！

李君羡的家在武安，封邑叫武连，官职是左武卫将军，上班的地方叫玄武门，乳名儿还叫五娘子。

李世民仿佛忽然间明白了——原来这个"女武王"并不是女人，而是一个有着女人乳名的男人，一个手握重兵并且驻扎在玄武门的武将！

玄武门是什么地方？那是大唐的宫禁重地，是"玄武门之变"的发生地。

想到这儿，李世民冒出一身冷汗。

从此，李君羡就踏上了死亡车道。

史书上写的"遂下诏诛之"写快了一些，实际上李君羡死得没那么快。

李世民毕竟是明君，他不会因为自己的猜忌怀疑，就直接将李君羡杀掉，要说李君羡后来之所以落得一个凄凉结局，其实还是和他本人的行为有关。

已经对李君羡有所怀疑，再加上朝中官员的弹劾，李世民更是对他不满了，直接革除他左武卫将军的职位，贬官到华州担任刺史去了。

要是此时李君羡能学聪明一些，也许还有活命的机会，奈何他在这种关键时刻，居然还和一个名为员道信的人密切接触，直接触及了李世民的底线。

员道信是何方神圣？

此人是华州当地的一个布衣，因为对佛法比较了解，同时修炼辟谷术比较成功，声称不吃不喝还能活下去，刚到华州任职不久的李君羡，对员道信十分好奇崇拜，因此就在不知不觉中和他走得近了一些。

两人经常在私下交头接耳、窃窃私语，在旁人看来，就像在密谋什么大事一样，再结合李世民之前的担忧，很多人就把李君羡在华州的表现上报给李世民，并借机弹劾，说李君羡与妖人来往密切，恐怕是意图谋反。

对于一个皇帝而言，最忌讳的就是大臣意图谋反，况且李世民早就对李君羡严重怀疑了，现在他竟然搞了这么一出，于是于贞观二十二年（648）六月十三日"下诏诛之"，全家抄没。

李世民扫除障碍，也不全是"下诏诛之"，比如前面说的崔仁师，还比如咱们马上要说的李世勣。不同人要不同对待，对李世勣，李世民用的是一种新方法。

李世勣重情。

当年，旧主李密反叛被杀，李世勣不避嫌疑，上表请求收葬。得到李渊的同意后，李世勣披麻戴孝，与瓦岗旧部一起，把李密安葬在黎山之南，坟高七仞，时人无不称赞。

还是在瓦岗军时，彼时的徐世勣与单雄信结为兄弟，誓同生死。李密败亡后，单雄信归降王世充，徐世勣则转投大唐。后来，王世充势力覆灭，单雄信在洛阳被俘，依例应处死，李世勣上表用自己的官爵换单雄信免死，但李世民不许，他只得流泪而退。

单雄信临刑时，李世勣前去探望，并割下自己大腿上的肉给单雄信吃，说"生死永诀，此肉同归于土矣"。单雄信毅然吃下，随后赴死。单雄信死后，李世勣兑现诺言，抚养了他的儿子。

后来，李世勣为晋王李治行并州大都督府长史，兢兢业业工作十六年，很被李世民看重，因而得以参与立晋王李治为太子的密谋，并转任太子詹事兼左卫率，加位特进（官职名，位同三公），同中书门下三品，地位等同于宰相。

这个任命有点小问题。

李世勣原来的职务是兵部尚书，如今虽然加位特进、同中书门下三品，地位上等同于宰相，可是实际职务却降为太子詹事兼左卫率。为此，李世民特地向他解释："晋王刚当上太子，你以前就是他的长史，如今把宫中的事情委托给你，所以有这样的任命。为了太子，职务上委屈你了，希望你不要有心理异动。"

其实李世民这话有点反说，不用他解释，李世勣心里明白，皇帝这是给了他一个美好的未来，他感激还来不及呢，何况地位一下子到宰相级别。李世民故意用歉意的口吻说事，其实是变相讨好李世勣。

还有一次，在闲暇的宴会中，李民对李世勣说："朕想给太子寻托孤大臣，思来想去，没有比你更适合的。过去你不忘故主李密的恩情，如今怎么会有负于我呢？"

李世勣感动得眼泪哗哗的，咬破手指起誓，一定与大唐皇帝保持一致。

不知不觉，李世勣酩酊大醉，李世民解下身上的衣服，给李世勣盖上。关怀之情，无以言表。

李世民很清楚，只有李世勣这种人，才可能做得到在忠义面前不带任何杂质。由这样的人辅佐少主，他才能放心。

但李世民从来都是用人要疑、疑人要用的，对李世勣也不例外，所以决定进行一次特殊的考验，出其不意地将李世勣调离京师，出任叠州都督。

调动前，李世民对李治面授机宜：李世勣这个人太聪明太能干，朕担心朕死以后你驾驭不了他，朕现在就把他贬到外地去做官。你观察他，如果他毫无怨言，就说明这个人以后还能用。等朕死后，你就把他叫回来重新当宰相。如果他有怨气，你立刻把他杀掉。

这就是帝王，哪有什么情义？为什么李世民对李世勣用而起疑呢？咱们列举三件事，大概就能说清楚了。

第一件事，玄武门之变。玄武门之变是决定李世民生死的关键之战，更是决定大唐未来走向的道路之战。但是在如此重要的事情上，李世勣竟然坐山观虎斗，既不帮太子和齐王，也不帮秦王，始终保持中立态度。

第二件事，乾泰之争。李世勣明明知道李承乾和李泰已经势同水火，无法调和，但他还是中立，不拿主意不出力。

第三件事，御前会议。在李治被内定为太子的那场小型会议上，李世勣再次骑墙头装聋作哑，全程没有讲一句话。

这也就是李世民对李世勣用而要疑的原因。在关键时刻，他始终没有旗帜鲜明地支持过李世民。

而李世勣也早就摸透了李世民的心思，所以当接到把他贬到外地的旨意之后，马上叩首谢恩，连家都没回，骑马出城，直奔叠州上任去了。

这么一番神操作下来，死的死、贬的贬，再加上房玄龄、杜如晦、王珪、马周等人先后离世，李世民放心了，手里的权力终于可以平稳过渡给儿子了。

朝中重臣只剩下长孙无忌和褚遂良了。

但这哥儿俩也没得到啥好结果。

李治即位后，长孙无忌和褚遂良还能风光几天，每有进言，李治都优先采纳。但好景不长，在废后立后的问题上，二人均持异议，后被贬，一个死于任上，一个被逼自缢。

至此，李世民煞费苦心为李治所做的种种安排，都成了泡影。

开始放纵

《剑桥中国隋唐史》是这样评价李世民的：

太宗代表了一个文治武功理想地结合起来的盛世：国家由一个精力充沛但聪明而谨慎的皇帝治理，他牢固地掌握着他的帝国，同时又一贯谦虚耐心地听取群臣的意见，这些大臣本人也都是卓越的人物。太宗的施政作风之所以被人推崇，不仅由于它的成就，而且由于它接近儒家的纳谏爱民为治国之本这一理想，另外还由于它表现了君臣之间水乳交融的关系。

这当然都是好话，都是正面的评价，但纵观李世民的一生，并不是一块无瑕的白璧，缺点也不少。

李世民执政前期，励精图治，虚怀纳谏，一再表示要"善始慎终"，他治下的大唐帝国政治清明，政通人和。但是在他执政的中后期，逐渐背离了自己的诺言，到晚年就开始放纵了。

放纵是从修建宫殿开始的。

李世民一直想重修洛阳宫，因大臣反对，且内外环境不稳，此事一拖再拖。到了贞观八年（634），终于下决心，命将作大匠窦璡（jīn）修建洛阳宫。虽然窦璡因宫殿修得过于奢华，费用严重超预算，被李世民给免了职，但李世民的放纵心思却从这件事上开始"露马脚"了。

修完洛阳宫，李世民在洛阳添置了飞山宫，又嫌长安城夏天太热，便在城外选择"风水宝地"修建行宫，先在骊山顶上建造翠微宫，不久又嫌翠微宫太小，又在宜春凤凰谷重修了玉华宫，备设太子宫，规模之大，耗费之巨，令人咋舌。

在大兴土木之外，李世民还追求奇珍异玩，"求骏马于万里，市珍奇于域外"，致使"难得之货，无远不臻；珍玩之作，无时能止"。京师及四方所造宫殿内部用品以及诸王、妃、主之服饰，也都十分华丽，这与贞观初年的简朴之风形成很大反差。

奢侈铺张的巨大花费必然转嫁到百姓头上，加重了百姓徭役和赋税负担。很多轮番役守京师的府兵，都变成了"工程兵"，被派去穿凿池苑，应付各项重大工程。

在宫里服徭役的能工巧匠在期满后也不能回家，又以"和雇"（官府出钱雇用技工、民匠从事劳役）的方式被留下继续干活。

服徭役的农民越来越多，哥哥去了才能换回来弟弟，来来去去的首尾不绝。至于二五工作制，想都不要想，"九九六"都是奢望，因为根本就没有休息日。

当有大臣提出批评意见时，李世民也听不进去，早就忘了自己曾经说过的"治国犹如养病，大病初愈，还须细心护理；国家稍安，尤须兢慎"的话，反而抛出了"百姓无事则骄逸，劳役则易使"的话，用来掩饰自己的奢侈无度。因此，尽管连年丰收，老百姓却怨声载道，与执政初期"天下饥歉，斗米值匹绢，而百姓不怨"形成鲜明对比。

此外，李世民酷爱行幸和游猎，给沿途百姓尤其是游猎场所在地增加了很多额外负担。

贞观十一年（637），李世民去怀州打猎，有人上书说："当今劳役之重，已经和隋代不相上下了。怀州、洛水以东的百姓已经苦不堪言了，而皇上还时常到那里去打猎，真是个骄逸之主啊！"

有嘴上反抗的，就一定会有行动上反抗的。

贞观十五年（641）二月，李世民要行幸洛阳。卫士崔卿、刁文懿二人厌倦于行进之苦，希望太宗能因偶受惊吓而停止巡行，于是在夜里向李世民行宫射箭，有五支箭射入寝宫庭院。

虽然事发后，二人均以"十恶"中的大逆罪被处死，但此事也侧面反映出，李世民的巡幸已经引起下面人的严重不满，否则，谁都不会冒着掉脑袋的危险往宫里射箭玩。

李世民不仅大兴土木，穷奢极欲，而且贪恋女色。他经常命人四处搜罗美女，以充内庭。后来的武则天也是这个时期进了后宫。为满足欲望，李世民连弟媳都不放过，弟弟齐王李元吉死后，弟媳杨氏迅速成为李世民的枕边人。庐江王被杀后，他的爱姬也被纳入后宫。

到了贞观十五年，李世民奢纵和拒谏的习气越发严重。有一次，时任左右仆射的房玄龄和高士廉，在路上遇到专门负责宫室营造的少府少监窦德素，就问了一句："北门（玄武门）近来在营造什么？"这本来是随口问的一句，但李世民听说后竟然暴跳如雷，立刻命人把房玄龄和高士廉叫来训话，怒气冲冲地说："你们只要管好你们南衙（唐朝中央政府机构所在地）的事情就够了，北门一点小工程，关你们何事？"

房玄龄和高士廉当即吓得面无人色，不住地叩头谢罪。魏徵在旁边一看，忍不住发话了："臣不知陛下为何责备房玄龄他们，也不知道房玄龄等人何以谢罪。臣只知道，房玄龄他们是陛下的股肱耳目，朝野上下的事情岂有不应该知道的？如果北门的工程应该兴建，他们当辅佐陛下完成；如果不应该建，就请陛下马上停工。他们向主管部门询问，理所当然，不知陛下何罪而责，更不知他们何罪而谢？"

面对魏徵的铁齿铜牙，李世民顿时没了脾气，只好面露愧色，一言不发。

从这件小事情，就足以见出贞观后期的李世民实在是大不如前，而贞观的政风也已今非昔比了。

然而与前面这些事相比，李世民又做了一件更令人不齿的事。那就是，经过深思熟虑，他做出了一个违背祖宗的决定：亲眼看看《起居注》是怎么写的。

《起居注》记录的是古代帝王的一言一行，相当于皇帝的私人日记，但不是由皇帝本人来写，而且要把皇帝的所有言行都记录下来，事无巨细，有点像流水账。《起居注》虽然完整记录了皇帝的言行，但是皇帝是不能看的。有些皇帝就会忍不住，担心自己的不良行为会被记录下来，让自己的形象受损。李世民就是一个非常典型的例子。

贞观九年（635），李世民处理公务之余，忽然想看《起居注》，被谏议大夫朱子奢劝住了。

但他还是忘不了这事。过了几年，也就是贞观十六年（642），又提出要看《起居注》，负责此事的褚遂良回答说："历来史官记录皇帝的言行，好的和不好的都要记，只有这样皇帝才不敢为非作恶，所以从未听说哪个皇帝能亲自看关于自己的《起居注》。"

李世民又问："如果朕有不好的一面，你也如实记下来吗？"

褚遂良说："臣职当载笔，不敢不记。"

黄门侍郎刘洎在一旁"拱火"说："即使褚遂良不记，别人也得记。"

把李世民的脸整得一会儿红一会儿白的。

李世民之所以对《起居注》这么执着，就是想看看关于自己的历史是怎么记录的，最担心的就是自己发动宫廷政变、弑兄上位的这段历史被世人诟病。

这件事情几乎成了李世民的心病，贞观十七年（643），他又想要查看《起居注》，就明知故问地问房玄龄："以前史官所记的内容，都不让当朝皇帝看吗?"

房玄龄说："历来史官都不拍马屁，所记内容既不美化，也不隐瞒。倘若被皇帝看见了，必然生气，所以只能留给后人，不敢给当朝皇帝看。"

李世民说："朕的所作所为，和之前的任何皇帝都不一样。朕要看《起居注》的目的，是想以前人之恶为戒，你只管拿来给朕看就好了。"

话说到这个程度，忠心耿耿的房玄龄明白李世民在担忧什么，不得不将《起居注》拿出来给李世民过目。

李世民看完《起居注》后，就"玄武门之变"发表了意见，实际上是为此事定了调子，要史臣按照周公诛管、蔡来重新编撰他和父兄的关系。

房玄龄等人不得不从，开始重新对国史进行删减整理。其实李世民的言外之意，就是让史书留下那些说他好的言论，将不好的全部删除。房玄龄等人只能照办，为了补齐漏洞，他们还篡改了之前的历史，删减了很多李建成与李元吉的功劳，增加了一些恶评，这才让李世民彻底满意。

李世民的这个"违背祖宗的决定"，开了恶劣先例，此后唐代帝王纷纷效仿，直接影响了唐代官方史书的可信度。此后的《旧唐书》和《新唐书》也都受此影响，其中李建成的形象就成了昏庸之士，而李世民的形象则愈发高大上。

贞观十年（636）以后，李世民愈发骄横，听不进别人的意见。有的时候，虽然口头接受了，但在行动上依然我行我素。还有的时候是知道大臣们要谏，躲避不了，故意先行威怒，以势压人，吓得大臣不敢上言。魏徵对李世民后期的作为，曾连续上疏劝谏，但成效不大，大为痛心。

特别是贞观十三年（639）五月，魏徵提出"人主善始者多，克终者寡"的"十谏"，李世民将这份奏疏挂在屏障上，视为座右铭，表示朝夕观览，但这仅是表面文章，行动上没有丝毫改进。

贞观十六年（642）七月，魏徵临死前曾上言批评李世民："皇上在朝廷上经常讲一番爱国爱民的大道理，但看看您在退朝后的所作所为，未免言行不一。有的事情害怕别人知道，动不动就发淫威，欲盖弥彰，能有什么益处呢？"

魏徵这个人比较耿直，对所负责的工作也尽心尽力，每次向李世民提出谏言以后，都立刻去找史官褚遂良，让他把自己的话如实记下来。在魏徵死后多年，李世民才知道这件事，大发雷霆，不仅取消了衡山公主与魏徵长子的婚约，还将魏徵的墓碑给推倒了。

也因为这件事，李世民再也不相信什么直言纳谏的鬼话。他认为这些谏官不是真心为了督促皇帝，而是为了给自己博取一个好名声。

此后李世民更加刚愎自用，不听他人意见。不过两年以后，李世民亲征高丽归来，又开始怀念魏徵的好了，便给魏徵重新竖立了墓碑。

年轻时那些良好的作风，李世民为什么不能自始至终保持下去呢？原因有三。

一是忘了初心。贞观三年（629）以前，关中大饥，全国经济远未复苏，政局也不稳定，那时候李世民的头脑还是很冷静很清醒的，知道该做什么不该做什么。到了贞观四年（630），李世民率军击败了对大唐威胁最大的东突厥，并且被尊为"天可汗"，解决了历史上多次想解决而没有解决的大难题，他的个人威望达到了顶点。加上此后连续两年全国粮食大丰收，李世民的心理开始膨胀了。

二是一意孤行。李世民自小聪明，且不甘落于人后，年轻时看前面高人无数，这也促使他不断进步。做了皇帝后，尤其是摆平了国内外的各种政治势力后，忽然发现比他高的人没有几个了，从贞观七年到十七年，戴胄、王珪、魏徵等能臣先后离世，能让李世民看重的人就更没几个了，于是就开始一意孤行了。

第三，铠甲变糖衣。当年追随李世民的文臣武将，大多是靠跟随李家父子打拼上来的，一路走来很是艰辛。到了李世民时代，这些人的地位稳定了，要求也高了，腐败也就不可避免地滋生出来了。很多人沿用前朝惯例，想方设法献珍宝献殷勤，为自己谋取最大利益。开始时，李世民还能做到自觉抵制，时间久了，也不免心安理得、自我陶醉起来。

但李世民毕竟是李世民，即使到晚年执政能力有些退化，也远没达到荒淫无度、为所欲为的程度，很多时候还是能听进去谏言，也没有完全丢弃去奢从俭的思想。

比如，贞观十一年（637），洛阳水灾，一下子淹死六千多人，许多百姓无家可归，李世民看在眼里记在心里，下令废明德宫和刚修建的飞山宫玄圃院，腾出地方来给老百姓暂住。同时，将修建洛阳宫用的大批木料发给老百姓，让他们修建被大水冲毁的房舍。

再如，贞观二十二年（648）修成的玉华宫，虽然耗资很大，但由于李世民还没太昏聩，下令除了住宿的宫殿建成瓦房，其余的都用茅茨盖顶，成了茅草房。

这说明，李世民还是有些自知之明的。

贞观二十二年（648）正月，还有些自知之明的李世民，深感时日不多，总结了前人的政治智慧和自己一生的执政经验，撰写《帝范》十二篇交给了太子李治，并告诫他说："你应当以古代的圣哲贤王为师，像朕这样，是绝对不能效法的。因为如果取法于上，只能仅得其中，要是取法于中，就只能仅得其下了。朕自从登基以来，所犯过失是很多的：锦绣珠玉不绝于前，宫室台榭屡有兴作，犬马鹰隼无远不致，行游四方供顿烦劳。所有这些，都是朕所犯的最大过失，千万不要把朕做榜样去效法。"

金无足赤，人无完人。李世民在晚年能够如此清醒地看待自己的一生，并且能如此真诚地加以剖析，既不刻意隐恶，也不过分溢美，实属可贵。

难逃金石毒手

李世民的健康状况是从贞观十九年（645）冬天开始恶化的。

辽东一战没有彻底取胜，李世民心里是很窝火的，再加上气候不适，班师的途中就患上了痈病。靠不得背，也无法入睡，非常难受。不能骑马，只能乘坐软轿缓缓而行。

到并州时，太子李治用嘴给李世民吸脓，扶着轿子步行护送。几天后，病情稍微好转。

第二年三月回到长安后，虽然病情略有好转，但总是时好时坏，需静养治病。因此，命令李治全权负责处理军国大事。李治在听政的同时，每天陪着李世民，端茶倒水，亲自喂药。

同年十月，李世民从灵州回来，又患了重感冒，身心疲累，只好静心调养，于十一月又把一般政务交给了太子李治。

贞观二十一年（647）二月，也就是在李世民宣布二征高丽的同时，他再次患上风疾，直到十一月才基本病愈，不过只能"三日一视朝"。此时的李世民，体质已经非常虚弱了，而积极的药物治疗始终未能有效改善他的身体状况，李世民便开始迷信偏方，并加大了丹药的用量，希望能药到病除。

同年，长孙皇后的舅父、开国元勋高士廉去世，给病重的李世民很大的精神刺激。李世民极其悲痛，决定亲自上门吊唁，刚要出发，就被长孙无忌挡了路。长孙无忌劝告李世民："陛下饵金石，于方不得临丧，奈何不为宗庙苍生自重。"

意思是说，服药期间不得到处乱走，您要为天下苍生着想。金石，就是含有重金属的"神药"，长此以往吃下去能有什么结果也是可想而知了。

国产的"灵丹妙药"没起作用，李世民就将目光转向了国外，派人寻访"国际神医"。

大臣们为了迎合李世民，向他推荐了一位印度方士。贞观二十二年（648），王玄策借兵吐蕃、泥婆罗，打败中天竺帝那伏帝国，俘虏其国王阿罗那顺与方士那罗迩娑婆寐。同年五月，王玄策将此方士引荐给李世民。

印度方士见到李世民后，当面吹嘘自己已经两百多岁，懂长生不老之术。

如果在早年，光凭这句话，李世民肯定一下子就能断定，这家伙是个标准的大忽悠。

可现在不一样了。越是能忽悠的家伙，李世民就越是会以礼相待，还奉为上宾。总之，为了能造出长生药，印度方士的一切要求都尽可能满足。为了加快药品研发进度，李世民还动用国家资源，搜集各种珍贵药材，并命令兵部尚书负责督促。

经过近一年时间的研发，长生药终于研制成功，李世民吃了不但不见好，病情反而更加严重了。御医们急得满头大汗，却无计可施。

这哪是什么长生不老药啊，这简直就是催命夺魂丹！

本来，对丹药这类东西，李世民是很少信的，他年轻时还嘲笑过秦始皇和汉武帝为长生求仙的事，说："世上的神仙，都是人们杜撰出来的，空有其名，哪有人见过？所以，求仙求仙，根本就求不来。"但当他得上了不治之症后，竟然也开始求仙炼丹了。

贞观二十三年（649）三月，李世民拖着病体至显道门外，宣布大赦天下。这是他人生最后一次上朝理政了。随即，将国家政务全部交给太子李治，他则于四月入住翠微宫静养，并逐渐进入了弥留状态。

五月二十六日，李世民出现回光返照迹象，把李治和长孙无忌、褚遂良召进寝殿，正式交代政治遗嘱，并当面嘱托长孙无忌和褚遂良，要他们尽心辅佐李治。

之后，李世民便轻轻闭上了眼睛，平静地离开了这个生活战斗了五十一年的世界。

随后的几天里，周边少数民族在唐朝担任公职的人员以及正巧抵达长安朝贡的各国使节，听到"天可汗"驾崩的消息后，无不失声痛哭。前后有数百人依照各地风俗，或剪去头发，或用刀划脸，或割下一只耳朵，以表对"天可汗"的沉痛悼念之情。

一代帝王的精彩人生，就此落幕！